festhalle
100 | 1909–2009

100 Jahre unter einer Kuppel

Die Geschichte der Festhalle Frankfurt

Dr. Thomas Bauer

Herausgeber: Messe Frankfurt

Herausgeber: Messe Frankfurt GmbH
Verlag: Messe Frankfurt Medien und Service GmbH, © 2009
Alle Rechte vorbehalten
ISBN 978-3-9812980-0-0

Konzeption + Gestaltung:
Messe Frankfurt Medien und Service GmbH, Frankfurt am Main
Lithografie: Repro 45, Frankfurt am Main
Druck: Druckerei Otto Lembeck, Frankfurt am Main

Umschlagmotiv: Messebesucher vor der Festhalle, um 1923

Inhalt

4	**Zum Geleit**
5	**Vorwort**
6	**„Glanz und Schönheit dieses Saales"** Einweihung und Festbeginn der Sänger 19. Mai 1909
14	**„Ein Sieg der Idee über die Materie"** Entstehung der Festhalle am Hohenzollern-Platz 1901–1909
40	**„Die Festhalle hat sich glänzend bewährt"** Internationale Ausstellungen und Erster Weltkrieg 1909–1918
58	**„Brücke zwischen den Völkern"** Keimzelle der modernen Messe 1918–1933
78	**„Die Braune Messe"** Die Festhalle unter dem Hakenkreuz 1933–1945
98	**„Hier ist ja weniger als gar nichts!"** Trümmerbeseitigung und Wiederaufbau der Messe 1945–1950
112	**„Die Gudd Stubb"** Wirtschaftswunder in der Festhalle 1950–1972
140	**„Zweiter Frühling für die Grande Dame"** Von der Messe- zur Mehrzweckhalle 1972–1986
164	**„Man soll die Jahresringe abzählen können"** Tradition und Moderne 1986–2009
190	**Anhang** 190 Zeittafel 194 Anmerkungen 205 Literaturverzeichnis 207 Bildquellennachweis

Petra Roth

Zum Geleit

Das Porträt ist ein charakterisierendes Bildnis eines Menschen in der Malerei, Bildhauerei und heute in der Fotografie. Aber auch ein Gebäude kann sein „Gesicht" zeigen und sich dabei von seiner besten Seite präsentieren, mit all seinen Qualitäten und Eigenschaften. Das hier vorgelegte Buch ist ein Porträt der Frankfurter Festhalle und gibt einen umfassenden Einblick in das Werden dieser imposanten Halle, ihre historische Entwicklung sowie ihre heutige Bedeutung für Frankfurt und die gesamte Rhein-Main Region. Der Leser kann sich ein Bild davon machen, was unsere Festhalle ausmacht, die in nur 23 Monaten unter extremem Termindruck erbaut wurde. Seither ist die Festhalle ein Wahrzeichen, das jede Veranstaltung zum Fest macht, wie die legendären 6-Tage-Rennen, die ab 1951 wieder stattfanden. In jenen Jahren ging es bei den Preisen sowohl um dreistellige Geldprämien als auch um Sachpreise wie Zigaretten, einen Radiotisch oder eine „fette Gans".

Ich lade Sie herzlich zu einer Zeitreise durch die Geschichte dieser festen Frankfurter Institution ein. Vielleicht beginnen Sie gleich mit der „Weihe der Festhalle", wie im Juli 1908 die einwöchigen Feierlichkeiten im Vorfeld des XI. Deutschen Turnfests angekündigt wurden? Begeben Sie sich in die Kaiserloge, als Wilhelm II. die Festhalle eröffnete, und lesen Sie über die wechselhafte Vergangenheit dieses großen Hauses, das über ein Jahrhundert Frankfurts Geschichte in zahlreichen Facetten, auch den dunklen Seiten, widerspiegelt.

Ich wünsche Ihnen viel Freude bei Ihrer Entdeckungsreise durch die Historie der Frankfurter Festhalle!

Petra Roth
Oberbürgermeisterin der Stadt Frankfurt am Main und
Vorsitzende des Aufsichtsrats der Messe Frankfurt GmbH

Vorwort

Der Historiker Dr. Thomas Bauer ist in die Tiefen der Archive eingetaucht und legte zum 100. Geburtstag der Frankfurter Festhalle eine Gesamtbetrachtung vor. „100 Jahre unter einer Kuppel" geht dabei, sowohl beim Umfang wie auch beim Inhalt, weit über die Festschrift zum 70. Geburtstag – „Die Frankfurter Festhalle" – hinaus. Der Autor ist bei seinen Recherchen auf Einzelheiten gestoßen, die auch den Kennern der Festhalle – des bei seiner Fertigstellung größten Kuppelbaus Europas – nicht sämtlich bekannt sein dürften. Zum Beispiel wissen nur wenige, dass Max Schmeling 1928 vor mehr als 7.000 Zuschauern in der Festhalle gegen Gipsy Daniels geboxt hat. Beim lesen und stöbern wird dem einen oder anderen sicher auch eine ganz persönliche Geschichte zu seiner Festhalle einfallen.

Die Geschichte der Messe Frankfurt ist eng mit der Festhalle verbunden, denn anlässlich ihres Baus wurde 1907 die „Ausstellungs- und Festhallen-Gesellschaft mbH" gegründet. Die Festhalle wurde damit zur Keimzelle des heutigen Messegeländes.

Obwohl das Gebäude im damaligen Oberbürgermeister Franz Adickes einen großen Befürworter hatte und allgemein das Fehlen einer massiven Halle beklagt wurde, mussten zunächst zahlreiche Hürden überwunden werden. So wurde in der Öffentlichkeit angezweifelt, dass der Entwurf von Friedrich von Thiersch die denkbar beste Lösung war. Auch die Finanzierung des Neubaus war zunächst unsicher, bis sie anteilig, um die Stadtkasse zu entlasten, von den Spitzen des Frankfurter Bürgertums übernommen wurde. Hauptkritikpunkt war aber das hohe Tempo, mit dem der Magistrat die Beschlüsse für den „Jahrhundertbau" durchsetzen wollte, um für die bevorstehenden Großereignisse gewappnet zu sein. „Das Turnfest, das Sängerfest", prophezeite der „Frankfurter General-Anzeiger", „hat man nach einem Jahr vergessen. Aber die Halle bleibt da, sie wird ewig die Fehler ihrer Ueberstürzung zeigen." Das genaue Gegenteil ist der Fall und dieses Buch tritt den Beweis an, beinhaltet es doch alle wichtigen Details.

Heute können wir sagen, dass Frankfurt tatsächlich auf die Festhalle gewartet hatte. Turn- und Sängerfest waren der Beginn einer eindrucksvollen Geschichte. Heute verbindet die Festhalle unzählige Gedanken an unvergessliche Momente, an einmalige Ereignisse und traumhafte Augenblicke, aber auch Erinnerungen an ganz persönliche Dinge oder Schicksalsschläge. Das ist es wohl, was aus unserer Festhalle einen Mythos macht.

Mythen muss man pflegen und genau das haben wir getan. Zur diesjährigen 100-Jahr-Feier erstrahlt die Festhalle in alter Pracht. Beim Wiederaufbau war 1949/50 aufgrund des Baustoffmangels zum Beispiel auf die Jugenstilhelme über den Ecktürmen und die neobarocke Tambourkuppel auf der Rotunde sowie auf jeglichen Zierrat an den Fassaden verzichtet worden. Die vollständige Restaurierung und Rekonstruktion der unter Denkmalschutz stehenden Festhalle erfolgte in enger Zusammenarbeit mit dem Denkmalamt der Stadt Frankfurt. Man kann also sagen, die „Grande Dame" hat zum Geburtstag ihr Festkleid angelegt.

Michael von Zitzewitz
Vorsitzender der Geschäftsführung
der Messe Frankfurt GmbH

Uwe Behm
Geschäftsführer
der Messe Frankfurt GmbH

Einweihung und Sängerfest

„Glanz und Schönheit dieses Saales"

Einweihung und Festbeginn der Sänger 19. Mai 1909

Für die Frankfurter Festhalle ging am Abend des 19. Mai 1909 der Vorhang auf. Als kurz nach acht Uhr Wilhelm II. in Begleitung seiner Gemahlin Auguste Victoria die Kaiserloge betrat, herrschte in dem Kuppelsaal eine knisternde Spannung. Spontan erhob sich die Festgesellschaft, um voller Begeisterung und Inbrunst die Kaiserhymne „Heil dir im Siegerkranz" anzustimmen. Mit dem anschließenden „Begrüssungs-Konzert" wurde vor rund 11.000 Zuschauern der 3. Wettstreit Deutscher Männergesangsvereine eröffnet und die neu erbaute Festhalle ihrer Bestimmung übergeben.

dritter wettstreit deutscher männergesangvereine zu frankfurt a. m. 19.–22. mai 1909.

Der Festtag hatte mit einem gemeinsamen Frühstück der Organisatoren des Sängerwettstreits und Vertretern der Stadt Frankfurt begonnen. Oberbürgermeister Franz Adickes lobte in seiner Tischrede die Leistungen der am Bau des „Riesenwerks" beteiligten Ingenieure und Handwerker in den höchsten Tönen. Zugleich erinnerte das Stadtoberhaupt daran, dass die Halle bis zur Verwirklichung des an der Nordostecke vorgesehenen, mehr als siebzig Meter hohen Turms und des geplanten Konzertsaalflügels nur ein Torso bleibe. Indem er den ebenfalls anwesenden Architekten der Festhalle, Friedrich von Thiersch, hochleben ließ, beendete Adickes die Ansprache. Wenig später wurde die Frühstückstafel aufgehoben. Für den hohen Besuch und die musikalische Großveranstaltung am Abend waren letzte Vorbereitungen zu treffen.[1]

Europas größter Kuppelbau prangte am Eröffnungstag im Festschmuck. An der in strahlendem Weiß gehaltenen Brüstung des ersten Rangs waren goldene Lorbeerkränze angebracht, die zweite Galerie zierten Girlanden aus Tannengrün. In der Mitte des ersten Rangs hatten fleißige Hände vis-à-vis dem an der Hallensüdseite platzierten Sängerpodium das prächtige purpurfarbene Kaiserzelt aufgeschlagen. Der mit Krone und Adler ausstaffierte Baldachin beschirmte zwei vergoldete Sessel für das Kaiserpaar sowie sechs weitere Sitzgelegenheiten für das Gefolge. Die Hoheiten mussten von der Kaiserloge bis zu dem unmittelbar dahinter gelegenen Empfangssalon der Rotunde nur wenige Schritte zurücklegen. Die Wände des Ehrengästen vorbehaltenen Saals waren mit rotem italienischen Damast bespannt, die Fenster und Spiegel mit Marmorrahmen eingefasst. Die Inneneinrichtung des kleinen Kuppelsaals im ersten Stock des Rundpavillons bestand aus zwei mächtigen Büfetts, einigen ausgewählten Möbeln und zwei antiken Japanvasen aus dem Besitz des Großindustriellen Carl von Weinberg sowie zwei für einen Imbiss im Anschluss an das „Begrüssungs-Konzert" eingedeckten Tischen.[2]

Aus allen Himmelsrichtungen trafen am Nachmittag des 19. Mai 1909 die Teilnehmer des Sängerwettstreits mit Sonderzügen im Frankfurter Hauptbahnhof ein, wo sie von einer riesigen Menschenmenge und einer Musikkapelle empfangen wurden. Insgesamt konkurrierten rund 7.200 Sänger aus 35 Vereinen um den Wanderpreis des Kaisers. Vom Hauptbahnhof begaben sich die Schaulustigen zur Mainzer Landstraße und an den Hohenzollern-Platz (heute: Friedrich-Ebert- und Ludwig-Erhard-Anlage), um das Eintreffen der kaiserlichen Autokolonne aus Wiesbaden mitzuerleben. Gegen acht Uhr brach in der Ferne Jubel aus, der rasch näher kam. Die auf der Balustrade der Festhalle postierten Bläser konnten gerade noch rechtzeitig ihre Fanfaren erklingen lassen, da „sauste das stattliche, hellgelbe Automobil mit den Majestäten in die Einfahrt des Festplatzes."[3] Als der Mercedes-Simplex in der überdachten Auffahrt der Rotunde zum Stehen kam, salutierten die beiden in voller Landsknechtmontur aufgezogenen Wachposten des in Frankfurt stationierten Infanterieregiments 81 nach altem Brauch, indem sie ihre Schwerter erhoben. Während Wilhelm II. der Kaiserin, die ein elegantes, perlgraues Kostüm und einen gleichfarbigen Rembrandthut mit violetter Feder trug, aus dem Wagen half, wartete Oberbürgermeister Adickes bereits im Eingang der Rotunde, um das Herrscherpaar zu begrüßen und nach oben zu geleiten. Im Empfangssalon wurden der Kaiser und sein Gefolge, darunter auch Reichskanzler Fürst von Bülow, von den Mitgliedern des Organisationskomitees und den Preisrichtern des 3. Wettstreits Deutscher Männergesangsvereine offiziell willkommen geheißen.

Die Gäste aus Berlin waren von der neuen Festhalle Frankfurt sichtlich beeindruckt. Beim Betreten der Kaiserloge bewunderten sie „den Glanz und die Schönheit dieses Saales, der seinesgleichen auf dem Kontinent nicht hat."[4] Nach der spontanen Einlage des Publikums intonierten der aus Mitgliedern Frankfurter Gesangsvereine gebildete 2.100 Sänger zählende Chor und das auf 160 Musiker verstärkte Orchester des Opern-

Vorherige Doppelseite: „Begrüssungs-Konzert" und Einweihungsfeier der Festhalle am 19. Mai 1909. Links im Bild befindet sich die Kaiserloge, von der Kuppel hängt ein schallschluckendes Netz herab

Plakat für den dritten Sängerwettstreit von Joseph Correggio. Der mittelalterliche Minnesänger verleiht dem nationalen Sängerfest eine historische Dimension

Einweihung und Sängerfest

Sängerpodium und Orgel an der Südseite der Halle

hauses den „Kaisermarsch" von Richard Wagner. Bei der Zusammenstellung der Musikstücke für den Konzertabend hatte das vorbereitende Komitee die Vorliebe Wilhelms II. für deutsche Volkslieder berücksichtigt und zum Beispiel Friedrich Silchers „Die Loreley" oder Thomas Koschats „Die Heimkehr" ausgewählt. Während sich die Chorsänger und die Musiker ins Zeug legten, hielt der Architekt Thiersch aus Sorge um die Akustik der Festhalle die Luft an. Im Vorfeld durchgeführte Tests hatten ergeben, dass der mehr als 111 Meter lange, 67 Meter breite und 39 Meter hohe Saal aufgrund des starken Nachhalls für konzertante Aufführungen denkbar ungeeignet war. Daraus konnte aber dem Münchner Architekturprofessor kein Strick gedreht werden, denn Thiersch hatte den klaren Auftrag erhalten, eine Ausstellungshalle zu bauen, die nur in Ausnahmefällen auch für Musik- und andere Festveranstaltungen genutzt werden sollte. Mittels einer Stoffbespannung des 2.000 Quadratmeter großen Oberlichts und eines von dort abgehängten großflächigen Netzes war es Thiersch gelungen, zumindest die von der Kuppel zurückgeworfenen Schallwellen einzudämmen.[5]

Auf der Souvenirkarte überreicht die Schutzgöttin der Stadt, „Francofurtia", einem Minnesänger den Siegerpokal

Die „Frankfurter Nachrichten" bescheinigten in ihrem Bericht über das „Begrüssungs-Konzert" den Veranstaltern alles Menschenmögliche getan zu haben, um eine einwandfreie Klangqualität zu gewährleisten. Gleichwohl konnte es sich der Berichterstatter nicht verkneifen, ein viel sagendes Bonmot des berühmten Naturforschers und Begründers der modernen musikalisch-akustischen Forschung, Hermann von Helmholtz, zu zitieren: „Akustik ist Zufall."[6] Das Lokalblatt „Kleine Presse" zollte den Konzertveranstaltern eben-

Rein wie Gold Stark wie Erz
Sei des deutschen Sängers Herz!

Dritter-Wettstreit-Deutscher-Männergesangvereine
Frankfurt a/M. 19.-22. Mai 1909.

Einweihung und Sängerfest

Abfahrt der kaiserlichen Autokolonne vom Sängerwettstreit in der Festhalle, 19. Mai 1909

falls Respekt und urteilte über die Akustik der Festhalle differenziert: „Einfache Volkslieder klangen bei dem Begrüßungskonzert weit besser als vielgliedrige Kompositionen mit Orchester und Orgel."[7] Das hatte Wilhelm II. offenbar genauso empfunden, denn auf seinen persönlichen Wunsch sang der Chor als Zugabe noch einmal Koschats „Die Heimkehr".

Über die Akustik der Festhalle gingen die Meinungen auseinander, das Bauwerk als solches fand viele Bewunderer. „In diesem Bau", urteilte die „Kleine Presse" am 21. Mai 1909, „hat aber nicht nur das Ohr, sondern auch das Auge zu entscheiden. Und mag das Urteil des Ohres nicht ganz und gar von Zweifeln frei sein, umso bedingungsloser gibt sich das Auge dem hinreißenden Schwung dieser Linien, dem gewaltigen Eindruck dieses gebändigten Riesenwerks hin, zumal am Begrüßungsabend, wo zum ersten Mal die Tausende von Lichtern in allen Bogen, Bindern und Trägern aufflammten, eins nach dem andern, bis die ganze berauschende und blendende Fülle auf Sänger und Hörer eindrang. Es gibt, das kann ruhig gesagt werden, keinen Bau in der ganzen Welt, der bei solchen Riesenmaßen so festlich, so leicht und freundlich wirkt."[8] Zu den Freunden der Festhalle gehörte auch Kaiser Wilhelm II. Bei einem Imbiss, der im Anschluss an das „Begrüssungs-Konzert" im Empfangssalon der Rotunde gereicht wurde, ließ sich das Staatsoberhaupt von Thiersch die Architektur der Festhalle erläutern und rühmte dabei „den ästhetischen Wert des konstruktiven Aufbaues, der gerade deshalb schön und elastisch wirke, weil er sich fern halte von allem schnörkelhaften Beiwerk."[9]

Das Kaiserpaar war längst wieder nach Wiesbaden zurückgekehrt, da erreichte die Stimmung auf dem Festgelände am Hohenzollern-Platz ihren Höhepunkt. Die Zeitungen berichteten am nächsten Tag über eine weit nach Mitternacht in einem Bierrestaurant improvisierte „Thierschfeier": „Als der breitschultrige graubärtige Hallenerbauer den Raum betrat, gab es eine spontane Huldigung, eine echte Begeisterung, die durch die Münchner Braukünste sicher noch um mehrere Grade gesteigert wurde. Die Stimmung war so, daß Thiersch schließlich auf einen Tisch stieg und eine kleine Ansprache an das versammelte Volk hielt."[10] Zum Auftakt des Wettsingens am 20. Mai kam der Kaiser erneut an den Ort des Geschehens zurück. Im Gepäck hatte Wilhelm II. zahlreiche Orden für die Erbauer der Festhalle und die Organisatoren des Sängerwettstreits. Unter den Geehrten waren auch Oberbürgermeister Franz Adickes, der den Stern zum Roten Adlerorden zweiter Klasse mit Eichenlaub erhielt, und der vermutlich noch leicht verkaterte Architekt Friedrich von Thiersch, der mit dem Stern zum Kronenorden zweiter Klasse dekoriert wurde. Aus dem viertägigen Gesangswettbewerb ging der Kölner Männergesangsverein als Sieger hervor. Zu den Gewinnern zählte aber auch die Frankfurter Festhalle, die ihre Bewährungsprobe erfolgreich bestanden hatte.[11]

Entstehung der Festhalle

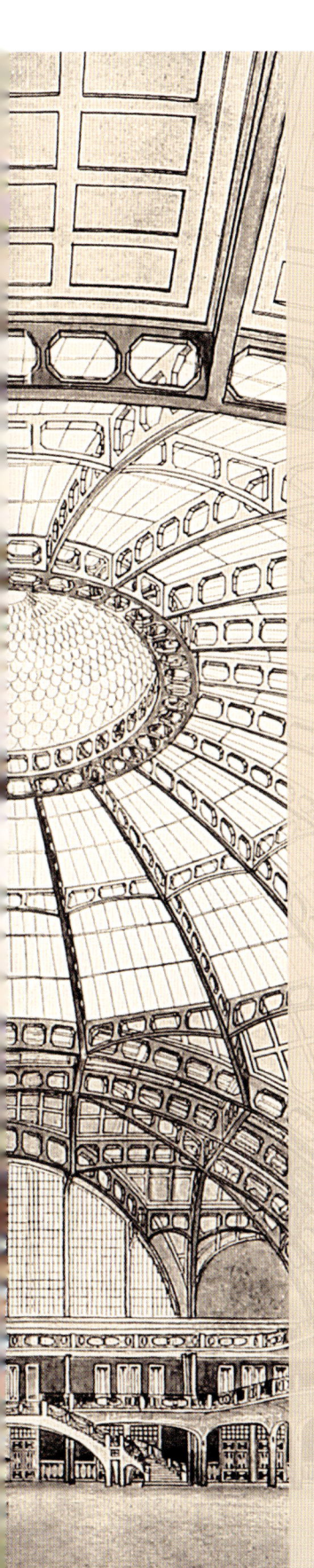

„Ein Sieg der Idee über die Materie"

Entstehung der Festhalle am Hohenzollern-Platz 1901–1909

Das Fehlen einer massiven Halle für große Ausstellungen und Festveranstaltungen wurde an der Jahrhundertwende für die aufstrebende Mainmetropole zum Problem, zumal das 19. Jahrhundert auch als das „Zeitalter der Ausstellungen" in die Geschichte eingehen sollte. Der überwältigende Erfolg der 1851 im Londoner Hyde Park eröffneten Weltausstellung hatte der Ausstellungsidee zum Durchbruch verholfen. In Frankfurt am Main traten Gewerbeausstellungen und Kongresse sowie nationale Feste der Schützen, Sänger und Turner an die Stelle der zu bloßen Jahrmärkten herabgesunkenen Frühjahrs- und Herbstmessen. Für die viel beachtete Patent- und Musterschutzausstellung (1881), die noch bedeutendere Internationale Elektrotechnische Ausstellung (1891) oder die Besuchermassen der Nationalfeste waren die vorhandenen Hallen entschieden zu klein.

Festhalle für den 2. Wettstreit Deutscher Männergesangsvereine, Juni 1903

Vorherige Doppelseite: Das Innere der Festhalle nach Thierschs drittem und preisgekrönten Entwurf, 1907

Die Grundfläche der 1882 an der Ostendstraße erbauten Landwirtschaftshalle maß lediglich 72 mal 30 Meter. Das Gebäude des Landwirtschaftlichen Vereins, in dem 1904 zum Beispiel die Internationale Automobil-Ausstellung gastierte, litt nicht nur unter Platzmangel, sondern auch unter ungünstigen Lichtverhältnissen, weshalb die Halle zu Beginn des 20. Jahrhunderts als nicht mehr zeitgemäß erachtet wurde. Die 1898 an der Ecke Wilhelm- und Forsthausstraße (heute: Stresemann- und Kennedyallee) verwirklichte größte öffentliche Reithalle Deutschlands, das „Hippodrom", besaß einen mobilen Bodenbelag, so dass die Halle im Handumdrehen für Konzerte und Versammlungen mit bis zu 5.500 Personen umgerüstet werden konnte. Allerdings stand das vom Frankfurter Renn-Klub errichtete und zumeist von den Pferdesportlern in Beschlag genommene „Hippodrom" nur sehr selten für Sonderveranstaltungen zur Verfügung. Die „Frankfurter Zeitung" brachte es im Februar 1902 in einem Bericht über das vorhandene Hallenangebot auf den Punkt: „Frankfurt braucht eine Ausstellungshalle."[12]

Bis zur Eröffnung der Festhalle am Hohenzollern-Platz kam die Stadt Frankfurt als Gastgeberin von Großveranstaltungen nicht umhin, bei Bedarf kostspielige Provisorien aus Holz zu errichten. Im Juni 1903 musste die Kommune anlässlich des 2. Wettstreits Deutscher Männergesangsvereine ein letztes Mal in den sauren Apfel beißen und nördlich der Wilhelmstraße einen provisorischen Festbau finanzieren. Die dreischiffige, basilikale Holzhalle war eine Meisterleistung des Zimmerhandwerks und fasste mehr als 7.650 Zuschauer. Auf dem Podium fanden 1.700 Sänger und 130 Musiker Platz. Großflächige Dachverglasungen und ein weißer Anstrich verliehen dem repräsentativen Holzbauwerk einen lichten Eindruck. Die für vier Tage im Juni 1903 erbaute und anschließend wieder niedergelegte Festhalle riss ein Loch von 165.000 Mark in den Frankfurter Stadtsäckel.[13]

Die kostspieligen Provisorien waren Wasser auf die Mühlen des „Comités zur Errichtung einer Industrie- und Festhalle in Frankfurt a. M." Im März 1901 von der Gartenbaugesellschaft, dem Club der Landwirte und fünf technischen Vereinigungen, darunter auch zwei Instituten der Polytechnischen Gesellschaft[14], ins Leben gerufen, machte sich das Comité für die Verwirklichung einer massiven Mehrzweckhalle am Hohenzollern-Platz stark. „Zu dem Stadtbilde von Frankfurt", rührte das Comité im September 1902 die Werbetrommel, „wie es das letzte Jahrzehnt hat entstehen lassen, gehört eine würdige Halle zur Aufnahme ernst arbeitender sowie frohe Feste feiernder Versammlungen. Dies Ziel lässt sich zugleich mit einer Industrie- und Gewerbe-Halle vereinigen, die inmitten eines grösseren gärtnerisch angelegten Platzes stehen müsste."[15] Den Aufruf, sich an der Finanzierung einer solchen Industrie- und Festhalle zu beteiligen, hatten im öffentlichen Leben stehende Mitglieder des Comités wie der Herausgeber der „Frankfurter Zeitung", Leopold Sonnemann, oder der Präsident der Frankfurter Handelskammer, Johann Valentin Andreae, unterzeichnet. Der Appell ging trotzdem ins Leere, die Initiative drohte im Sande zu verlaufen.

Kaiser Wilhelm II. brachte den Stein erneut ins Rollen. Der Liebhaber der Gesangskunst zeigte sich im Sommer 1905 gewillt, die Ausrichtung des alle vier Jahre stattfindenden Wettstreits Deutscher Männergesangsvereine auf Dauer nach Frankfurt zu vergeben, sofern die Stadt für eine adäquate Festhalle Sorge trug. Der Wink des Kaisers war für die Stadtregierung der willkommene Anlass, um das Projekt einer Ausstellungs- und Festhalle wieder auf die Agenda zu setzen, zumal 1908 mit dem XI. Deutschen Turnfest ein weiteres Großereignis nach einer Lösung des Raumproblems verlangte. Oberbürgermeister Adickes rief am 14. Juli 1905 Mitglieder des Magistrats, einige handverlesene Stadtverordnete und den Mitbegründer des Comités für eine Industrie- und Festhalle, H. Becker, zu einer geheimen Sitzung im Römer zusammen. Im engsten Kreis berichtete Adickes, dass bereits seit Jahren magistratsintern das Festhallen-Projekt vorangetrieben worden sei und er nun den Zeitpunkt für gekommen hielt, der Stadtverordnetenversammlung den Bau am Hohenzollern-Platz vorzuschlagen. Die Sitzungsteilnehmer kamen überein, zunächst einen Finanzplan für das auf drei bis vier Millionen Mark veranschlagte Gebäude aufzustellen, bevor das Projekt den Stadtverordneten zur Beschlussfassung vorgestellt und in Anbetracht der angespannten Etatlage womöglich abgelehnt werde. Der Oberbürgermeister sagte zu, sich um die Finanzierung zu kümmern, und machte die geplante Festhalle zur Chefsache.[16]

In der Ära Adickes gelang Frankfurt der Durchbruch zur modernen Großstadt. Auf Betreiben des einflussreichen Zeitungsverlegers und Stadtverordneten, Leopold Sonnemann, war das Stadtoberhaupt von Altona, Franz Adickes, 1891 an den Main gewechselt. Der Stadtplaner und Sozialreformer aus dem Norden sollte Frankfurt ins 20. Jahrhundert führen. Mit großem Weitblick verfolgte Oberbürgermeister Adickes eine systematische Eingemeindungspolitik, die 1895 die benachbarte Industriestadt Bockenheim und bis 1910 weitere 14 Vororte erfasste. Eingemeindungen und Zuwanderung führten zwischen 1890 und 1910 in Frankfurt zu einer sprunghaften Bevölkerungszunahme von 180.000 auf mehr als 414.000 Einwohner. Die Verdoppelung des Stadtgebiets auf rund 13.500 Hektar schuf die Voraussetzung für den Bau von zusätzlichen Wohnsiedlungen und die Ausweisung neuer Industriegebiete. Mit dem 1907 begonnenen Bau des Osthafens und der Erschließung des Ostends entlang der Hanauer Landstraße als Industriegebiet bewies der Visionär einmal mehr ein sicheres Gespür für die Fortentwicklung der Stadt. Die Investition der damals astronomischen Summe von circa 72 Millionen Mark in eines der größten kommunalen Infrastrukturprojekte vor dem Ersten Weltkrieg sollte sich für Frankfurt am Main schon bald bezahlt machen, denn die Stadt stieg zu einem der bedeutendsten deutschen Binnenhäfen und zu einem wichtigen Glied der Rhein-Main-Donau-Schifffahrtsstraße auf.[17]

Entstehung der Festhalle

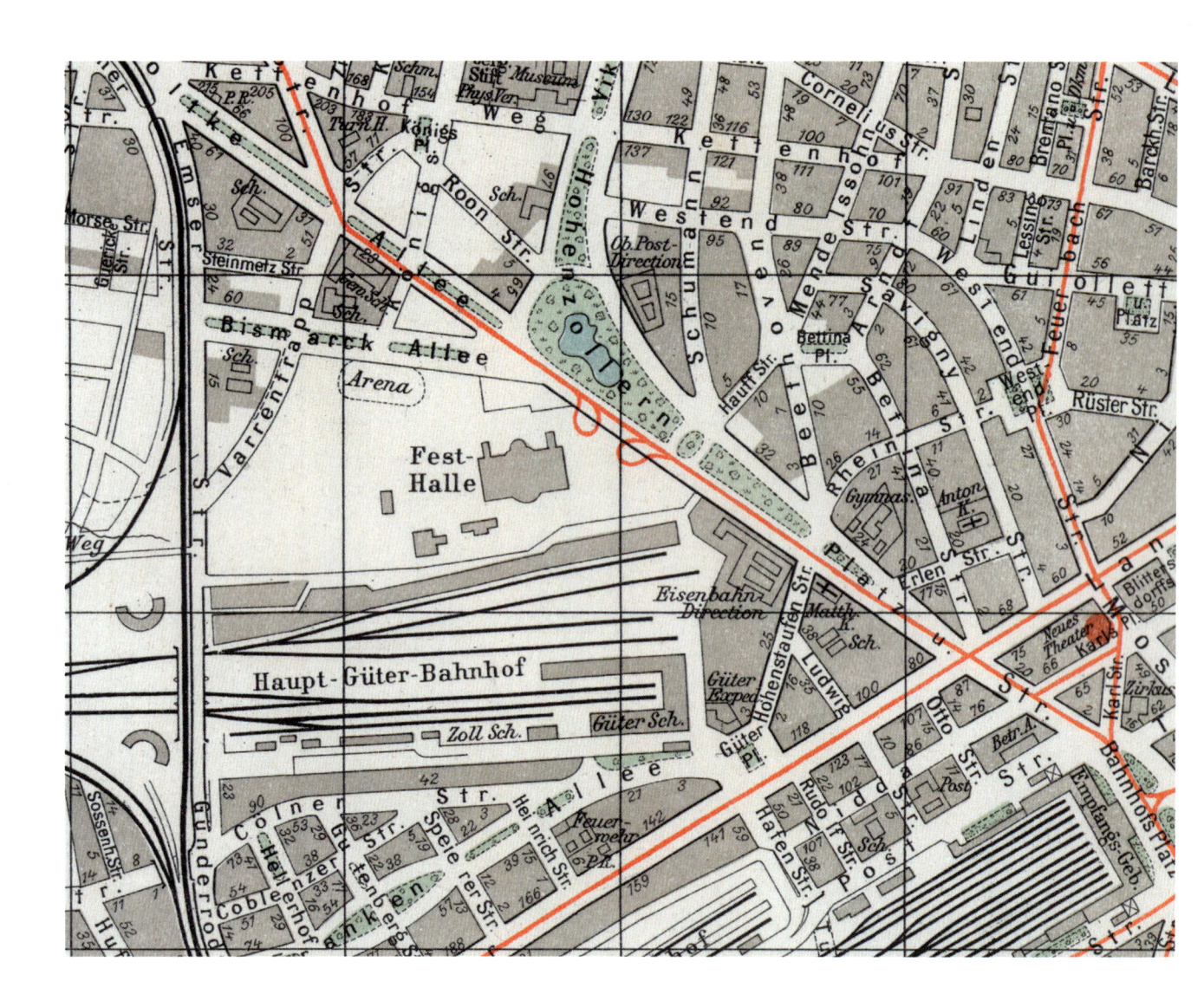

Ausschnitt aus dem Frankfurter Stadtplan, 1912.
Die Anschrift der Festhalle hat sich mehrfach geändert: Hohenzollern-Platz (bis 1923 und 1933–1945), Platz der Republik (1923–1933 und 1945–1955), Friedrich-Ebert-Anlage (1955–1981) und Ludwig-Erhard-Anlage (seit 1981)

Der traditionelle Handels- und Finanzplatz entwickelte sich unter Adickes sowohl zu einem Industriestandort als auch zu einer Stadt der Wissenschaft. Da von staatlicher Seite keine Unterstützung kam, verfolgte das Stadtoberhaupt mit der ihm eigenen Zähigkeit den Plan einer bürgerlichen Stiftungsuniversität. Dank bedeutender Zuwendungen des Metallindustriellen Wilhelm Merton und anderer Wohltäter belief sich das Startkapital für die geplante Universität auf rund zwanzig Millionen Mark. Zum Ende seiner Amtszeit fasste Adickes im September 1912 im Gründungsvertrag bereits vorhandene wissenschaftliche Einrichtungen zur Universität zusammen. Kaiser Wilhelm II. genehmigte am 10. Juni 1914 die Errichtung und Eröffnung der in Sichtweite zur Festhalle an der Victoria-Allee (heute: Senckenberganlage) gelegenen Stiftungsuniversität. Bürgermeister Adolf Varrentrapp ehrte den am 4. Februar 1915, kurz vor seinem 69. Geburtstag verstorbenen Franz Adickes in seiner Trauerrede als den Schöpfer von Frankfurts „neuzeitlicher Gestalt." Oberbürgermeister Adickes habe der Stadt „den Stempel seines Geistes aufgedrückt" und durch seine Stadtplanung die Grundlagen geschaffen, „auf denen die nachfolgenden Geschlechter weiterbauen können."[18]

Die Stadt Frankfurt stand am Ende der Ära Adickes vor einem Schuldenberg. Der stürmische Ausbau hatte die Verschuldung der Mainmetropole im Zeitraum zwischen

Oberbürgermeister Franz Adickes (1846-1915). Ölgemälde von Max Liebermann aus dem Jahr 1911

1886 und 1905 von 44 auf 182 Millionen Mark in die Höhe geschraubt. Ohne die Gründung von Aktiengesellschaften für einzelne Infrastrukturmaßnahmen wäre der städtische Haushalt in eine noch bedenklichere Schieflage geraten. Indem vermögende Bürger Aktien der „Quellwasser AG", der „Palmengartengesellschaft" oder der „Stadt-Theater AG" zeichneten, entlasteten sie die Stadtkasse.[19] Für seine Ausgabenpolitik musste Oberbürgermeister Adickes insbesondere von der seit 1901 in der Stadtverordnetenversammlung vertretenen Sozialdemokratie herbe Kritik einstecken. Mit dem Redakteur der „Volksstimme", Max Quarck, der den Sozialdemokratischen Verein in der Wahlperiode von 1901 bis 1903 zunächst als „Einmannfraktion" im Stadtparlament vertrat, lag der konservativ-nationalliberal gesinnte Adickes im Dauerclinch. Stimmengewinne bei den Kommunalwahlen stärkten nach und nach die Position der Sozialdemokraten. Zu Adickes Leidwesen stellten Quarck und seine Mannen 1909 mit 15 von insgesamt 64 Stadtverordneten erstmals neben der Demokratischen Partei die stärkste Fraktion in der Stadtverordnetenversammlung. Die Kritiker störten sich weniger an den inhaltlichen Zielen des Oberbürgermeisters, der zum Beispiel eine für die damalige Zeit fortschrittliche Sozialpolitik betrieb, als vielmehr an dessen Politikstil. Ob Adickes Vorgehensweise als „Überrumpelungspolitik" beanstandet oder als „Durchsetzungsvermögen" bewundert wurde, hing vom jeweiligen Standpunkt des Betrachters ab. So zeigte sich Bürgermeister

Varrentrapp vom „ausdauernden Willen" des Oberbürgermeisters beeindruckt: Adickes gehe „ein fernes Ziel im Auge, das andere nicht erblickend, unbeirrt und stetig auf das Geschaute los […] er strebt nicht nach Beifall, ihm genügt es, das Gewollte zustande zu bringen."[20]

Für Oberbürgermeister Adickes war die Ausstellungs- und Festhalle am Hohenzollern-Platz unverzichtbar. Der Magistrat beantragte daher am 9. Februar 1906 in einer von Adickes unterzeichneten Beschlussvorlage bei der Stadtverordnetenversammlung 40.000 Mark für einen allgemeinen Architektenwettbewerb. Die Bewilligung der Mittel für den Wettbewerb kam einer Vorentscheidung für den Bau der Halle gleich. Anfang April 1906 erschien der Ausschreibungstext mit den Teilnahmebedingungen im städtischen Anzeigeblatt und in überregionalen Fachzeitschriften. In einer Vorbemerkung wies der wegen des 1908 in Frankfurt geplanten Deutschen Turnfests unter Zeitdruck stehende Magistrat darauf hin, dass Wettbewerbsbeiträge nur in Kombination mit dem verbindlichen Kostenangebot einer Baufirma Aussicht auf Erfolg hätten. Neben dem Urteil der Jury über die Qualität des Bauentwurfs und die Höhe der Baukosten werde die Zuverlässigkeit des Voranschlags, die Leistungsfähigkeit des Bauunternehmens und der Fertigstellungstermin in die Entscheidung über den Preisträger mit einbezogen.[21]

Im Mittelpunkt der Ausschreibung stand eine 6.000 Quadratmeter große, vom Tageslicht erhellte Halle, „welche in erster Linie für die Veranstaltung großer Ausstellungen aller Art, in besonderen Fällen auch für musikalische Aufführungen, Gesangsfeste und andere ähnliche Veranstaltungen dienen soll."[22] Damit das Gebäude seinen Zweck erfüllte, sollte es „durchaus akustisch gebaut sein."[23] Für publikumsträchtige Sonderveranstaltungen war die Möglichkeit einer Hallenerweiterung durch den Anbau eines Sängerpodiums und eines Amphitheaters für 5.000 Zuhörer einzuplanen. Nebenräume wie Garderoben, Toiletten oder Rettungswachen mussten beheizbar sein. Das Material und die Form der Gebäude sollte der „Bedeutung des Bauwerks und seiner Stellung im Straßenbild entsprechen"[24], wobei für die rückseitigen Fassaden lediglich eine einfache Architektur gefordert wurde. Außer der zunächst alleine zu errichtenden Ausstellungs-

Das Innere der Halle mit der schwer wirkenden Kassettendecke nach Thierschs erstem Entwurf, Sommer 1906

halle verlangte das Ausschreiben einen Entwurf für die auf dem Gelände am Hohenzollern-Platz vorgesehene Gesamtanlage. Das vollständige Gebäudeensemble sollte einst ein Konzerthaus mit drei Sälen für 2.500, 800 und 400 Personen, eine Halle für Dauerausstellungen von Industrie- und Gewerbeerzeugnissen sowie eine Kunsthalle für wechselnde Präsentationen umfassen. Während die zentrale Ausstellungshalle und das Konzerthaus für etwaige gemeinsame Veranstaltungen miteinander in Verbindung stehen sollten, hatten die Architekten bei der Anordnung der anderen Gebäude freie Hand.

Auf dem circa 18 Hektar großen Gelände am Hohenzollern-Platz war westlich des geplanten Gebäudekomplexes zwischen der Bismarck-Allee (heute: Theodor-Heuss-Allee) und dem Güterbahnhof ein weitläufiger Park vorgesehen. Im Rahmen von Großveranstaltungen boten die Grünanlagen Platz für zusätzliche Ausstellungsstände, Restaurants oder Musikpavillons. Den Schlusspunkt an der westlichen Geländegrenze bildete ein Sportplatz für „Lauf- und Bewegungsspiele". Die Teilnehmer des Wettbewerbs hatten ihre vollständigen, nur mit einem Motto beschrifteten Bewerbungsunterlagen, das heißt einen Lageplan, einen Entwurf des Gebäudeensembles sowie die Bauzeichnungen, einen Erläuterungsbericht und einen Kostenvoranschlag für das zentrale Ausstellungsgebäude zusammen mit einem verschlossenen Briefumschlag, der die verbindliche Erklärung der Baufirma und den Namen des Architekten enthielt, beim Hochbauamt der Stadt Frankfurt einzureichen. Einsendeschluss war der 20. September 1906.[25]

Das Preisgericht trat am 12. Oktober 1906 unter dem Vorsitz von Oberbürgermeister Adickes in der Aula der Musterschule zusammen. Unter den elf eingegangenen Beiträgen sollte die mit den renommierten Architekturprofessoren Friedrich Bluntschli (Zürich), Georg Christoph Mehrtens (Dresden), Gabriel von Seidl (München) und Paul Wallot (Dresden) sowie den Frankfurter Sachverständigen Stadtrat Ferdinand Abt, Stadtbaurat Gustav Schaumann, Stadtverordneter Georg Seeger und Stadtverordneter Johann Christoph Welb besetzte Jury den Siegerentwurf ermitteln. Bei der Urteilsverkündung gaben sich die Preisrichter am darauf folgenden Tag diplomatisch und bescheinigten mehr oder weniger allen Beiträgen ein „gereiftes künstlerisches Verständnis."[26] Von keinem der

Friedrich von Thierschs unter dem Kennwort „Adler" eingereichter Beitrag zum Architektenwettbewerb um die Ausstellungs- und Festhalle. Der mit vier Ecktürmen markierten Halle sind ein Konzert- und ein Kunstausstellungsflügel (re.) vorgelagert, Sommer 1906

Entstehung der Festhalle

Entwürfe restlos überzeugt, vergab die Jury drei gleiche Preise in Höhe von 12.000 Mark an den Darmstädter Architekturprofessor Friedrich Pützer, die Frankfurter Architekten und Bauunternehmer Schaffner & Albert und den Professor für Höhere Baukunst Friedrich von Thiersch aus München. An Thierschs Vorschlag, der im Ganzen als „imposante und schön gegliederte Lösung der Bauaufgabe"[27] eingestuft wurde, bemängelten die Juroren mit der zentralen Ausstellungshalle ausgerechnet das Herzstück der Anlage. Speziell die Dachform und die als drückend empfundene Decke missfielen. Zusammen mit zwei weiteren auf Empfehlung der Jury von der Stadt Frankfurt angekauften Wettbewerbsbeiträgen wurden die prämierten Entwürfe zwei Wochen lang in der Musterschule öffentlich ausgestellt und heftig diskutiert. Der Tenor der Besucherkommentare gab den Preisrichtern recht: Kein Projekt war wirklich baureif, die Entscheidungsfindung musste in die nächste Runde gehen.[28]

Oberbürgermeister Adickes lud die drei Preisträger persönlich ein, ihre überarbeiteten Entwürfe am 24. und 26. November 1906 im Frankfurter Römer nacheinander einer Spezialkommission vorzustellen. „Gestern früh", berichtete Thiersch daraufhin am 25. November, „gab ich meine neuen Hallenpläne auf dem Römer ab, wo ich sie dem Oberbürgermeister und einer Anzahl von Stadträten erläutern mußte. Ich wurde hochnotpeinlich ausgefragt und examiniert wie ein unglücklicher Kandidat und habe nicht den Eindruck, dass ich an Terrain mehr erobert habe. Morgen werden die beiden anderen Preisträger ähnlich vernommen, und da der Stadtbaurat Pützer auffallend protegiert, kann die Sache schief für mich gehen. Natürlich klammert man sich an den Hoffnungsfaden fest, doch noch durchzudringen."[29] Allem Anschein nach hatte sich Thiersch in Zweckpessimismus geflüchtet, denn nicht er sondern Schaffner & Albert mussten das Feld räumen. Die Entscheidung zwischen den beiden Favoriten Pützer und Thiersch sollte auf der Grundlage eines auf die zentrale Ausstellungshalle und das angrenzende Konzertgebäude beschränkten Bauprogramms gefällt werden. Für die große Halle wurde jetzt ein Oberlicht von 2.000 Quadratmetern gefordert, damit sich der Bau für unterschiedlichste Ausstellungen eignete. Das um drei Magistratsmitglieder erweiterte Preisgericht kam am 12./13. April 1907 zusammen, um anhand der neuen Entwürfe endlich den Sieger des Architektenwettbewerbs zu küren.[30]

Die Jury votierte einstimmig für den Außenseiter Friedrich von Thiersch. In der Urteilsbegründung verwiesen die Preisrichter – unter denen sich mit den Professoren Bluntschli, Seidl und Wallot drei befreundete Kollegen Thierschs befanden – auf die unterschiedlichen Lösungen für das Oberlicht und die Dachkonstruktion. Pützer hatte

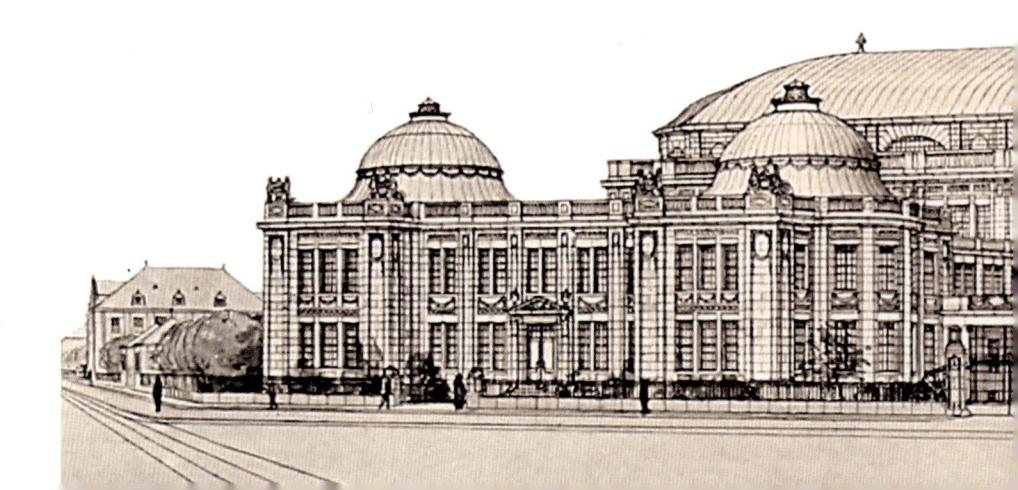

Friedrich von Thiersch (1852-1921). Fotografie von Theodor Hilsdorf, um 1912

Thierschs Siegerentwurf mit nur noch einem etwa 75 Meter hohen Turm an der Nordostecke und dem an der Ostseite der Festhalle angrenzenden Musikflügel, 1907

seinen bislang favorisierten Entwurf lediglich um das Oberlicht ergänzt, indem er nachträglich eine Durchbrechung des Tonnengewölbes einarbeitete. Bei Thiersch hatte das neue Bauprogramm „zu einer gänzlich veränderten neuartigen und grosszügigen Raumbildung Anlass gegeben"[31], indem er das Oberlicht auf einen zentralen elliptischen Kuppelraum konzentrierte, der sich zu einem Rechteck von etwa 110 Meter Länge ausdehnte. Während Pützer die Eisenkonstruktion des Dachs zwischen der Außenhaut und der Hallendecke verbarg, lag bei dem Konkurrenten die Saaldecke über der tragenden Konstruktion. Die Eisenbinder waren nach einem neuen System, dem Viergelenkbogen, konstruiert und prägten den künstlerischen Gesamteindruck des Innenraums. Nach eingehender Prüfung der Bewerbungen und unter Berücksichtigung der zugesagten Fertigstellungstermine sowie ungeachtet der um 224.000 Mark höheren Baukosten empfahl das Preisgericht am 13. April 1907 den städtischen Behörden, Friedrich von Thiersch in Verbindung mit der Maschinenbauanstalt Augsburg-Nürnberg AG, Zweiganstalt Gustavsburg, und dem Bauunternehmen Philipp Holzmann & Cie. GmbH den Zuschlag zu erteilen. Die in der Jury vertretenen auswärtigen Architekturprofessoren beglückwünschten die Stadt Frankfurt, „eine so hervorragende Lösung der Aufgabe gefunden zu haben."[32]

Friedrich von Thiersch war in Frankfurt am Main kein Unbekannter. Der 1852 in Marburg geborene Professorensohn hatte nach der Schulzeit in München am Stuttgarter Polytechnikum studiert und war dort bereits durch sein zeichnerisches Talent aufgefallen. Im Anschluss an die Militärdienstzeit arbeitete Thiersch von 1874 bis 1877 im Büro der bekannten Frankfurter Architekten Carl Jonas Mylius und Friedrich Bluntschli. An dem bedeutendsten Projekt der Architektengemeinschaft, dem Hotel „Frankfurter Hof", hat Thiersch 1875/76 mitgewirkt. Von einer zweijährigen Studienreise nach Italien und Griechenland zurückgekehrt, eröffnete er 1879 in Frankfurt sein eigenes Büro. Erste Aufträge betrafen die Ausschmückung des Frankfurter Opernhauses und des großen Saals im Palmengarten-Gesellschaftshaus. In den Frankfurter Jahren sammelte Thiersch Berufserfahrung für die eigene Selbstständigkeit. Zugleich begann er ein Netzwerk mit befreundeten Kollegen zu knüpfen, dem sein ehemaliger Chef Friedrich Bluntschli, der zehn Jahre ältere Paul Wallot oder auch der Bauunternehmer Philipp Holzmann angehörten. Dass sein Entwurf für den 1880 ausgeschriebenen Wettbewerb um den Bau des Frankfurter Hauptbahnhofs, an dem sich alle damaligen Architekten von Rang beteiligt hatten, in die engere Wahl gekommen war, verlieh Thiersch zusätzliches Renommee.

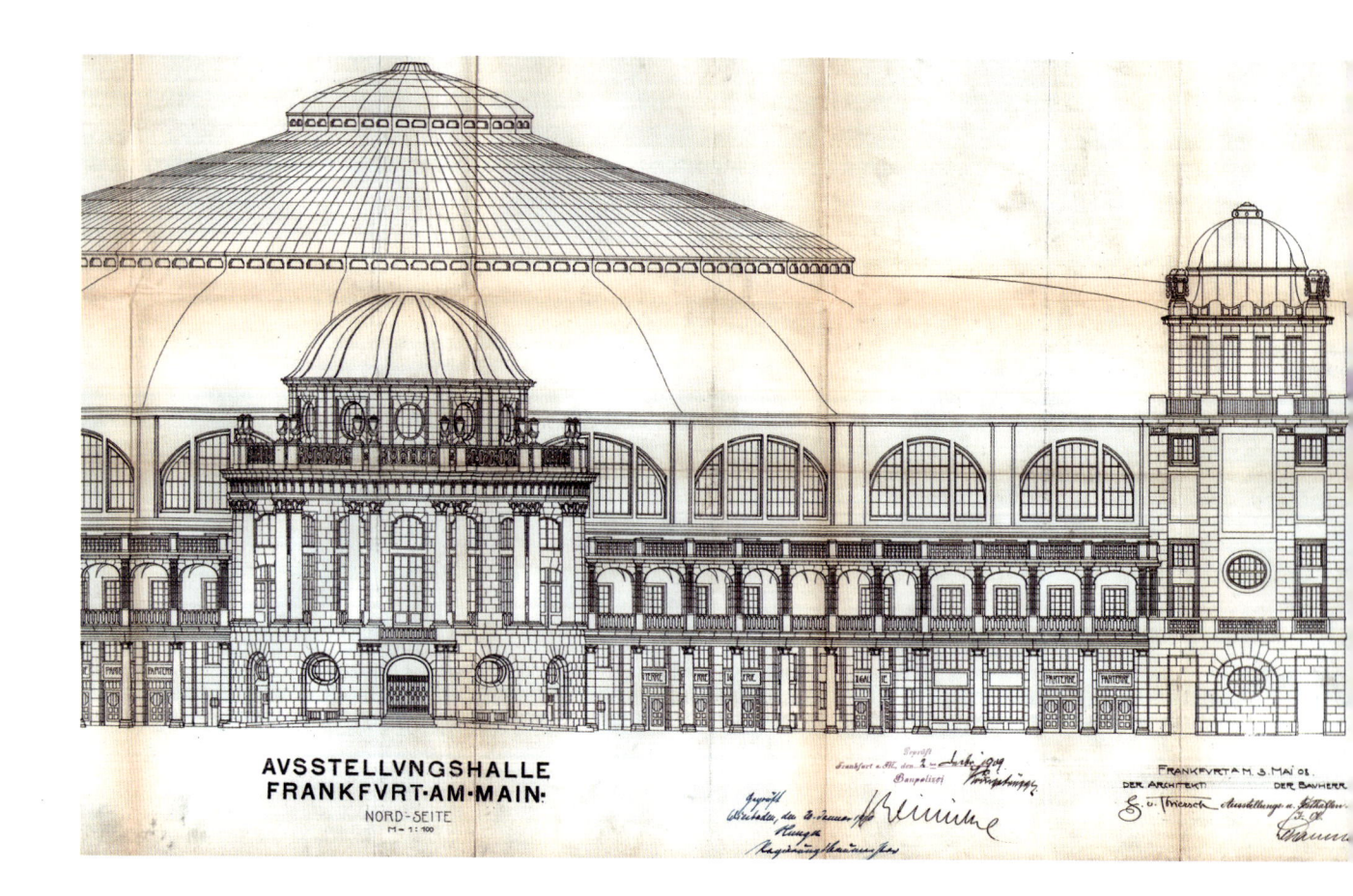

Entstehung der Festhalle

AVSSTELLVNGSHALLE FRANKFVRT·AM·MAIN·
NORD-SEITE
M = 1:100

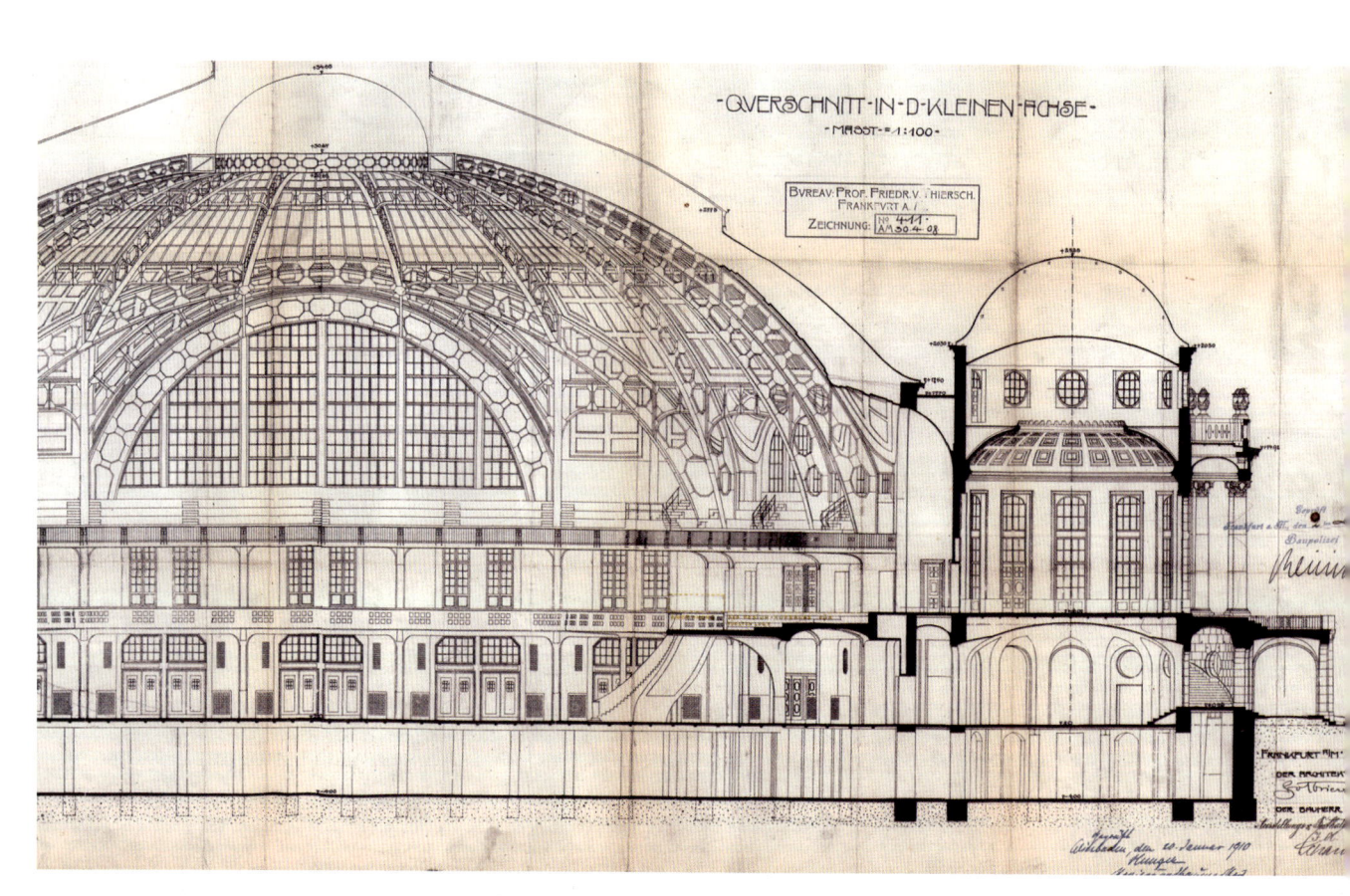

·QVERSCHNITT·IN·D·KLEINEN·ACHSE·
MASST = 1:100

BVREAV·PROF·FRIEDR·V·THIERSCH·
FRANKFVRT A./
ZEICHNUNG: N° 411

Der prämierte Architekt lehrte seit April 1880 als außerordentlicher Professor für Höhere Baukunst an der „Königlichen Technischen Hochschule" in München. 1882 vom Bayerischen Kultusminister zum ordentlichen Professor ernannt, verband Thiersch die Lehrtätigkeit bis zu seinem Tod im Jahr 1921 mit der praktischen Arbeit in seinem Münchner Architekturbüro, die ihn zu einem der bekanntesten Vertreter des Späthistorismus machte. Den Megaauftrag für das Berliner Reichstagsgebäude verpasste Thiersch 1882 nur um Haaresbreite. Die Jury hatte im Wettbewerb um das Parlamentsgebäude zwei erste Preise an die miteinander befreundeten Konkurrenten Paul Wallot und Friedrich Thiersch vergeben. Beide Entwürfe entsprachen der damals für Staatsbauten üblichen Grundform mit vier Ecktürmen und einer zentralen Kuppel. Überraschenderweise hatte der Münchner Lehrstuhlinhaber den Eingang nicht an der zum Königsplatz gelegenen Hauptschauseite, sondern an der zum Brandenburger Tor gerichteten Schmalseite platziert. Wenngleich letztendlich Wallot und nicht Thiersch den Auftrag zum Bau des Reichstagsgebäudes bekam, so konnte der Zweitplatzierte eine enorme Steigerung seines Bekanntheitsgrades verbuchen. Mit dem Münchner Justizpalast erfüllte sich 1887 für Thiersch der lang gehegte Wunsch nach einem eigenen Großprojekt. Die Fertigstellung des Monumentalbaus im Stil des Historismus belohnte Prinzregent Luitpold 1897 mit Thierschs Ernennung zum Ritter des Verdienstordens der Bayerischen Krone, die mit der Erhebung in den persönlichen Adelsstand einherging.[33]

Als Architekt kannte Friedrich von Thiersch keine Berührungsängste. Von Fabrikgebäuden über Gotteshäuser bis zu Brücken oder Grabmälern verwirklichte er, alle historischen Stile virtuos einsetzend, unterschiedlichste Bauwerke. Geradezu detailbesessen war Thiersch als „Meister aller Architekturzeichner" bestrebt, möglichst jedes Element eines Gebäudes bis in seine Verzierung hinein in die Planung einzubeziehen. „Die Trennung von Ingenieur- und Hochbaukunst", so Thierschs Credo, „ist eine minderwertige moderne Erfindung. Die beiden Berufe waren früher eins, und nur die Vielfächerei unseres Schulwesens hat sie zu Unrecht auseinander gerissen. Die Entwicklung der Technik hat zu dem Glauben geführt, daß im Gebiet des Ingenieurbaus die ‚Kunst' keine Heimat habe. Das ist längst überwunden, und unsere Zeit sieht ein, daß jedes Werk menschlicher Konstruktion künstlerischen Charakter hat."[34] Die Festhalle Frankfurt gibt von Thierschs architektonischem Glaubensbekenntnis Zeugnis.

Mit dem Sieg im Architektenwettbewerb war das Frankfurter Hallenprojekt für Thiersch noch nicht in trockenen Tüchern. Das letzte Wort hatte die Stadtverordnetenversammlung. Der Magistrat beantragte am 30. April 1907 beim Stadtparlament die Zustimmung zu dem preisgekrönten Entwurf und die Bewilligung einer Stammeinlage der Kommune bei der geplanten Ausstellungs- und Festhallen-Gesellschaft mbH in Höhe von 1,5 Millionen Mark. Die Mittel sollten dem allgemeinen Baufonds der Stadt entnommen werden.[35] Die Stadtverordneten bildeten zur Prüfung der weit reichenden Magistratsvorlage einen elfköpfigen Sonderausschuss, dem auch die beiden Architekten und Jurymitglieder Seeger und Welb angehörten. Den Ausschussmitgliedern blieb nicht viel Zeit, denn laut Vortrag des Magistrats musste die Halle bis zum 1. Juni in Auftrag gegeben werden, damit sie im Juli 1908 als Rohbau für das Deutsche Turnfest zur Verfügung stand. Während der Ausschuss im Mai mehrmals tagte, geriet die Vorgehensweise des Magistrats zunehmend in die Kritik. Der „General-Anzeiger" wunderte sich in dem am 8. Mai 1907 veröffentlichten Beitrag „Wohin treiben wir mit unserer Festhalle?" über die Teilnahmslosigkeit der Bürgerschaft. Schließlich sei die Dimension des Vorhabens unter den aktuellen Großprojekten im Deutschen Reich nur noch mit dem Ausbau der Berliner Museumsinsel vergleichbar. Um den Lesern das Ausmaß der geplanten zentralen Ausstellungshalle plastisch vor Augen zu führen, listete der Artikelschreiber die großen Säle des Zoologischen Gartens, des Palmengartens, des Saalbaus und der Börse auf, die alle

Im Architekturbüro Friedrich von Thiersch angefertigter Aufriss der Hallen-Nordseite, Dezember 1907

Querschnitt der Ausstellungs- und Festhalle, April 1908

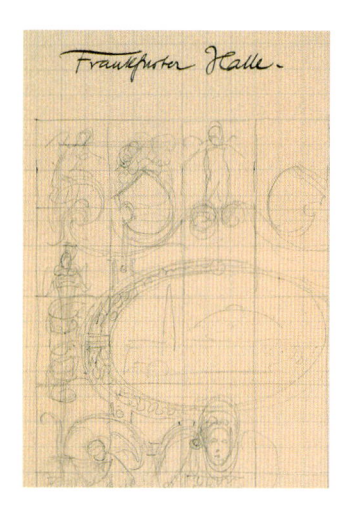

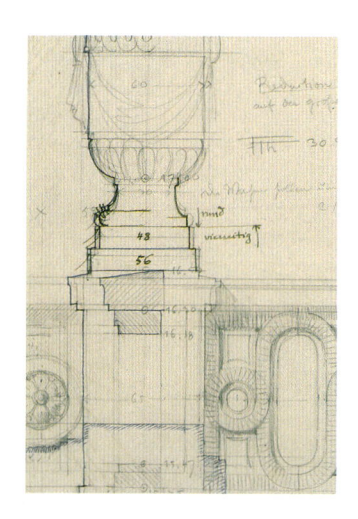

Im Architekturbüro Friedrich von Thiersch angefertigte Detailskizzen, 1907/08

zusammen bequem zweimal in die künftige Riesenhalle hineinpassten. „Es handelt sich also", gab der in Frankfurt erscheinende „General-Anzeiger" zu bedenken, „um eine Monumentalaufgabe ersten Ranges, die bedeutendste, die in Frankfurt je in Angriff genommen worden ist."[36]

Der Mitarbeiter des „General-Anzeigers" hegte starke Zweifel, dass die denkbar beste Lösung für das Jahrhundertbauwerk gefunden worden war. Durch die Verknüpfung des Architektenwettbewerbs mit der Abgabe verbindlicher Kostenvoranschläge und Fertigstellungstermine habe der Magistrat viele potentielle Bewerber von vornherein ausgegrenzt. So waren auf die 1906 erfolgte Ausschreibung der Ausstellungshalle lediglich elf Entwürfe beim Hochbauamt eingegangen, während sich zum Beispiel an der Konkurrenz um das Empfangsgebäude des Frankfurter Hauptbahnhofs 1880/81 insgesamt 59 Bewerber beteiligt hatten. Außerdem wurde die einseitige Besetzung des Preisgerichts mit vier dem Historismus verpflichteten Architekturprofessoren bemängelt. Mit Friedrich von Thiersch habe sich die Jury prompt für einen Vertreter jener rückwärtsgewandten Kunstrichtung entschieden, die „nicht die höchste Blüte der Kunst unserer Zeit bedeutet."[37] Die Hauptsorge der Kritiker galt dem Eiltempo, mit dem der Magistrat die Beschlüsse für den „Monumentalbau" durchzupeitschen suchte, nur um für die bevorstehenden Großereignisse gewappnet zu sein. „Das Turnfest, das Sängerfest", prophezeite ein Zeitungsjournalist, „hat man nach einem Jahr vergessen. Aber die Halle bleibt da, sie wird ewig die Fehler ihrer Ueberstürzung zeigen."[38] Der Bericht gipfelte in einem Appell an die Stadtverordneten zur Kurskorrektur. Um des Bauwerks willen sollten die Magistratsvorlage abgelehnt, für die kommenden Großveranstaltungen auf Provisorien zurückgegriffen und die Pläne für die Ausstellungshalle am Hohenzollern-Platz noch einmal gründlich überdacht werden.

Der Frankfurter Architekten- & Ingenieur-Verein schlug am 18. Mai 1907 in einem an die Stadtverordnetenversammlung gerichteten Schreiben in die gleiche Kerbe wie der „General-Anzeiger". Die Interessenvertretung fühlte sich in der „größten baukünstlerischen Aufgabe, die Frankfurt beschäftigt hat"[39], sowieso sträflich übergangen. Den wichtigsten Ansatzpunkt zur Kritik bot auch aus Sicht des Vereins der viel zu eng gesetzte zeitliche Rahmen für die Realisierung der Ausstellungshalle. Der Vereinsvorsitzende Carl Wolff hielt den mit Friedrich von Thiersch vereinbarten Übergabetermin im Sommer 1909 für absolut illusorisch, da selbst die Verwirklichung der Börse fünf, des Opernhauses sieben und des Hauptbahnhofs acht Jahre in Anspruch genommen habe. Wolff riet zur

Errichtung provisorischer Hallen für das Turner- und das Sängerfest, damit dem „Schöpfer einer ständigen monumentalen Festhalle die unbedingt notwendige Zeit zur Ausreifung und künstlerischen Durcharbeitung seines Entwurfs"[40] eingeräumt werden könne. Thiersch beobachtete die Frankfurter Ränkeschmiede mit Sorge und vermerkte unter dem Datum des 23. Mai 1907: „Der hiesige Architekten- und Ingenieurverein macht gewaltige Anstrengungen, uns aus dem Sattel zu heben. Es wird ihm aber kaum gelingen. Hingegen müssen wir arg auf der Hut sein, daß wir nicht an der Stadtverordnetenklippe scheitern."[41]

Der Zeitfaktor sollte auch am 4. Juni 1907 in der entscheidenden Sitzung der Stadtverordnetenversammlung eine wichtige Rolle spielen. Nachdem der Vorsitzende des Stadtparlaments, Fritz Friedleben, die Versammlung um Punkt 17 Uhr eröffnet und die Anwesenheit von 53 Stadtverordneten sowie von Oberbürgermeister Adickes und zehn weiteren Magistratsmitgliedern festgestellt hatte, berichteten Moritz Philipp Hertz von der linksliberalen Demokratischen Partei und der nationalliberale Architekt Julius Hermann Lönholdt über die Arbeitsergebnisse des Sonderausschusses. Zuvorderst wurde die Errichtung einer Ausstellungs- und Festhalle grundsätzlich als eine kommunale Aufgabe eingestuft. Ausstellungen belebten den Handel, die Industrie, das Gewerbe und nicht zuletzt die Kunst, was der Allgemeinheit zugute komme. Darüber hinaus befürwortete die überwältigende Mehrheit der Ausschussmitglieder die zusätzliche Verwendung des Gebäudes als Festhalle. Die Veranstaltung von Sportfesten, Konzerten oder Theateraufführungen befruchteten sowohl das wirtschaftliche als auch das kulturelle Leben, „indem sie das Verständnis für künstlerische Dinge wecken, mithin die allgemeine Bildung fördern."[42]

Während die Stadt den Bau in eigener Regie überwachen sollte, empfahl der Sonderausschuss, den Betrieb in die Hände der in Vorbereitung befindlichen Ausstellungs- und Festhallen-Gesellschaft mbH zu legen, denn nur ein „nach kaufmännischen Grundsätzen geleitetes, leicht und schnell arbeitendes Unternehmen bietet [...] die Gewähr für die erfolgreiche Lösung der gestellten Aufgaben."[43] Der Sonderausschuss übernahm sämtliche Anträge des Magistrats vom 15. März und 30. April 1907 unverändert und empfahl den Stadtverordneten, dem Gesellschaftsvertrag, der Stammeinlage von 1,5 Millionen Mark, einer Bürgschaft für die Anleihe der GmbH in Höhe von einer Million Mark und der zeitlich befristeten Überlassung des städtischen Geländes am Hohenzollern-Platz zuzustimmen. Der Magistrat sollte grünes Licht erhalten, die Firmen Philipp Holzmann und

Entstehung der Festhalle

Vereinigte Maschinenfabrik Augsburg-Nürnberg (MAN) mit dem auf 2.458.265 Mark veranschlagten Rohbau der Halle auf Rechnung der Ausstellungs- und Festhallen-Gesellschaft mbH zu beauftragen. Bis zum Turnfest im Juli 1908 mussten die Mittelhalle, die Ecktürme und die Gürtelbauten im Rohbau stehen. Der auf 1.541.735 Mark berechnete Ausbau des Jahrhundertbauwerks hatte fristgerecht bis zum 1. Juli 1909 zu erfolgen.[44]

Mit einem Antrag zur Geschäftsordnung versuchte der sozialdemokratische Stadtverordnete Wilhelm Dittmann am 4. Juni 1907 die Beschlussfassung zu torpedieren. Der Parteisekretär beantragte, die Verhandlung der Vorlage zu vertagen. Zur Begründung verwies Dittmann auf die erst vor drei Tagen erfolgte Zustellung des umfangreichen Ausschussberichts. Den Stadtverordneten habe somit nicht genügend Zeit zur Verfügung gestanden, um sich mit den Einzelheiten des Großprojekts vertraut zu machen. Bei der sofort durchgeführten Abstimmung fand der Schachzug der Sozialdemokraten keine Mehrheit. Im Verlauf der Debatte erläuterte der Gewerkschafter Heinrich Hüttmann den Standpunkt der sozialdemokratischen Fraktion, die den Bau einer Ausstellungshalle im Prinzip befürwortete. Mit dem Osthafen und der Festhalle stünden jedoch zeitgleich zwei „Millionenprojekte" an, die über Jahre hinweg die Finanzkraft der Stadt auf Kosten von Sozialleistungen absorbierten. Im Namen seiner Fraktion beantragte Hüttmann, das Projekt der Ausstellungs- und Festhalle jedenfalls zum damaligen Zeitpunkt abzulehnen, da die Vorlage nicht genügend „durchberathen" sei, die Besitzverhältnisse des 18 Hektar umfassenden Geländes am Hohenzollern-Platz nicht abschließend geklärt waren und der Entwurf des Gesellschaftsvertrags keine Bestimmungen enthielt, „nach denen die Festhalle nicht nur zu Fest- und Volksvorlesungs-, sondern auch zu Volksversammlungszwecken von der Festhallen-Gesellschaft an alle Parteien hergegeben werden muß."[45] Schützenhilfe bekamen die Sozialdemokraten von dem Rechtsanwalt und Mitglied der demokratischen Fraktion, Ludwig Bruck, der sich in seiner Wortmeldung vor allem über die Art und Weise, wie das Projekt durch das Parlament geboxt werden sollte, empörte. So habe der Magistrat den Stadtverordneten erst eine Stunde vor Sitzungsbeginn Einblick in die Baupläne gewährt. Unter diesem Zeitdruck war Bruck, der sich grundsätzlich zu dem Hallenbau bekannte, nicht bereit, eine vorschnelle Entscheidung zu treffen. Bei der Abstimmung über die Ausstellungs- und Festhalle werde er sich, so Bruck, der Stimme enthalten.

Der nationalliberale Stadtverordnete Welb konnte die Bedenken in der sozialdemokratischen und in Teilen der demokratischen Fraktion nicht nachvollziehen. Schließlich wiege das Urteil erfahrener Koryphäen wie Bluntschli, Seidl oder Wallot schwerer als die Meinung einer „Anzahl jüngerer Architekten." Laut Welb gab es an Thierschs Zeitansatz von einem Jahr zur Fertigstellung des Rohbaus nichts zu deuten, da es sich bei der Festhalle um eine vor Ort zügig zu montierende Eisenkonstruktion handelte. Als Architekt und ehemaliges Jurymitglied empfahl Welb die Genehmigung des Bauprojekts.[46] Als sich die Debatte ihrem Ende zu neigte, trat Oberbürgermeister Adickes ans Rednerpult, um seinen Einfluss als Stadtoberhaupt zugunsten der projektierten Festhalle in die Waagschale zu werfen. Zunächst spielte er die verspätete Präsentation der Baupläne als „Panne" herunter, dann gab er der Berichterstattung in der Presse eine gehörige Mitschuld daran, dass der Hallenbau ins Kreuzfeuer der Kritik geraten war. Der Oberbürgermeister hatte an dem Ergebnis des Architektenwettbewerbs sowie der gründlichen Vorbereitung des Bauvorhabens nicht den leisesten Zweifel und war zutiefst davon überzeugt, „daß dasselbe der gesamten Bevölkerung der Stadt zum Vortheil gereichen werde."[47]

Als letzter Redner appellierte der Stadtverordnete der Fortschrittspartei, Emil Rieß, an die Courage seiner Kollegen. „Alle großen Monumentalbauten", so der Schullehrer, „müßten mit einem gewissen Wagemuth unternommen werden."[48] In namentlicher

Aktenmappe der Baupolizei mit Bauzeichnungen der Festhalle aus dem Zeitraum von 1907 bis 1910

Muster für einen Anteilschein der Ausstellungs- und Festhallen-Gesellschaft mbH aus dem Jahr 1907

Abstimmung votierten 42 Stadtverordnete für die Anträge des Sonderausschusses. Neun Abgeordnete, darunter die komplette sozialdemokratische Fraktion sowie zwei Demokraten und ein Mitglied der Forschrittspartei, stimmten mit „Nein". Zwei Angehörige der demokratischen Fraktion enthielten sich der Stimme. Dem Bau der Ausstellungs- und Festhalle stand nun nichts mehr im Weg.

Die Bauarbeiten begannen am 11. Juni 1907 mit dem obligatorischen ersten Spatenstich. Bei Philipp Holzmann und im MAN-Werk Gustavsburg waren die Vorbereitungen für den Großauftrag schon nach der endgültigen Entscheidung des Preisgerichts im Architekturwettbewerb angelaufen. Friedrich von Thiersch konnte sich erst nach der am 11. Mai 1907 gefeierten Eröffnung des von ihm entworfenen Wiesbadener Kurhauses voll und ganz auf den Hallenbau zu Frankfurt konzentrieren. Während in Gustavsburg bei Mainz die Einzelteile der Eisenkonstruktion geplant und gefertigt wurden, begann die Firma Holzmann mit den umfangreichen Erd- und Maurerarbeiten am Hohenzollern-Platz. Bis zum Jahresende war das Mauerwerk der Halle bis über die zweite Galerie ausgeführt, so dass im Januar 1908 mit der Montage der eisernen Binderkonstruktionen begonnen werden konnte.[49]

Als neue Bauherrin war am 22. November 1907 die Ausstellungs- und Festhallen-Gesellschaft mbH an die Stelle der Stadt Frankfurt gerückt. Laut Beschluss der Stadtverordnetenversammlung sollte der städtische Haushalt durch die Übertragung des auf vier Millionen Mark kalkulierten Projekts auf eine GmbH geschont werden, indem das Stammkapital der Gesellschaft in Höhe von drei Millionen Mark zu gleichen Teilen auf Privatleute und auf die Kommune verteilt wurde. Die fehlende Million musste sich die GmbH durch die Aufnahme einer Anleihe auf dem Kapitalmarkt beschaffen, deren Bürgschaft wiederum die Stadt übernahm. Die Geschäftsanteile an der Ausstellungs- und Festhallen-Gesellschaft mbH wurden in einer Stückelung à 25.000 Mark ausgegeben. Ab 1915 sollte die Stadt pro Jahr Anteilscheine für eine halbe Million Mark zum Nennwert zurückkaufen, so dass sie ab dem 1. Januar 1918 als Alleingesellschafterin über die GmbH verfügte. Für Oberbürgermeister Adickes war es ein Leichtes, unter den circa 550 in Frankfurt lebenden Millionären 16 Gesellschafter zu finden, die bereit waren, zwei bis vier Anteilscheine zu erwerben. Unter den Anteilseignern befanden sich mit den Bankiers Maximilian Benedikt von Goldschmidt-Rothschild und Albert von Metzler, den Chemiefabrikanten Leo Gans und Arthur Weinberg oder dem Metallindustriellen Wilhelm Merton die Spitzen des Frankfurter Bürgertums.[50]

Der im November 1907 von der Stadtgemeinde und den Gesellschaftern besiegelte und bis zum 1. Januar 2010 befristete Gesellschaftsvertrag erklärte „die Errichtung, Ausstattung und den Betrieb von Hallen und sonstigen Bauten zur Veranstaltung dauernder oder vorübergehender Ausstellungen aller Art, sowie zur Abhaltung von Konzerten, Versammlungen, Kongressen u. a. m. auf eigenem oder fremden Gelände"[51] zum Gegenstand des Unternehmens. Der Aufsichtsrat der Ausstellungs- und Festhallen-Gesellschaft mbH umfasste acht Personen, wobei der Vorsitzende und zwei Mitglieder vom Frankfurter Magistrat ernannt wurden. Zwei Stadtverordnete und drei aus dem Kreis der Gesellschafter erwählte Mitglieder vervollständigten das Gremium. Unter dem Vorsitz von Oberbürgermeister Adickes zählten Bürgermeister Otto Grimm, Stadtrat Joseph Moritz Baer, Stadtverordnetenvorsteher Fritz Friedleben, Stadtverordneter Georg Wedel sowie die drei Gesellschafter Jean Andreae-Passavant, Leo Gans und der 1908 geadelte Arthur von Weinberg zu den Aufsichtsräten der ersten Stunde. Zu nebenamtlichen Geschäftsführern wurden Wilhelm Loewenstein und Georg Benkard berufen. Um den Direktor der Stadtkämmerei und den Rechtsanwalt zu entlasten, stellte die GmbH zum 1. Februar 1909 den bisherigen ersten Assistenten der Berliner Ausstellungshalle GmbH,

Der Bau der Festhalle. Ölgemälde von Franz Graf aus dem Jahr 1908

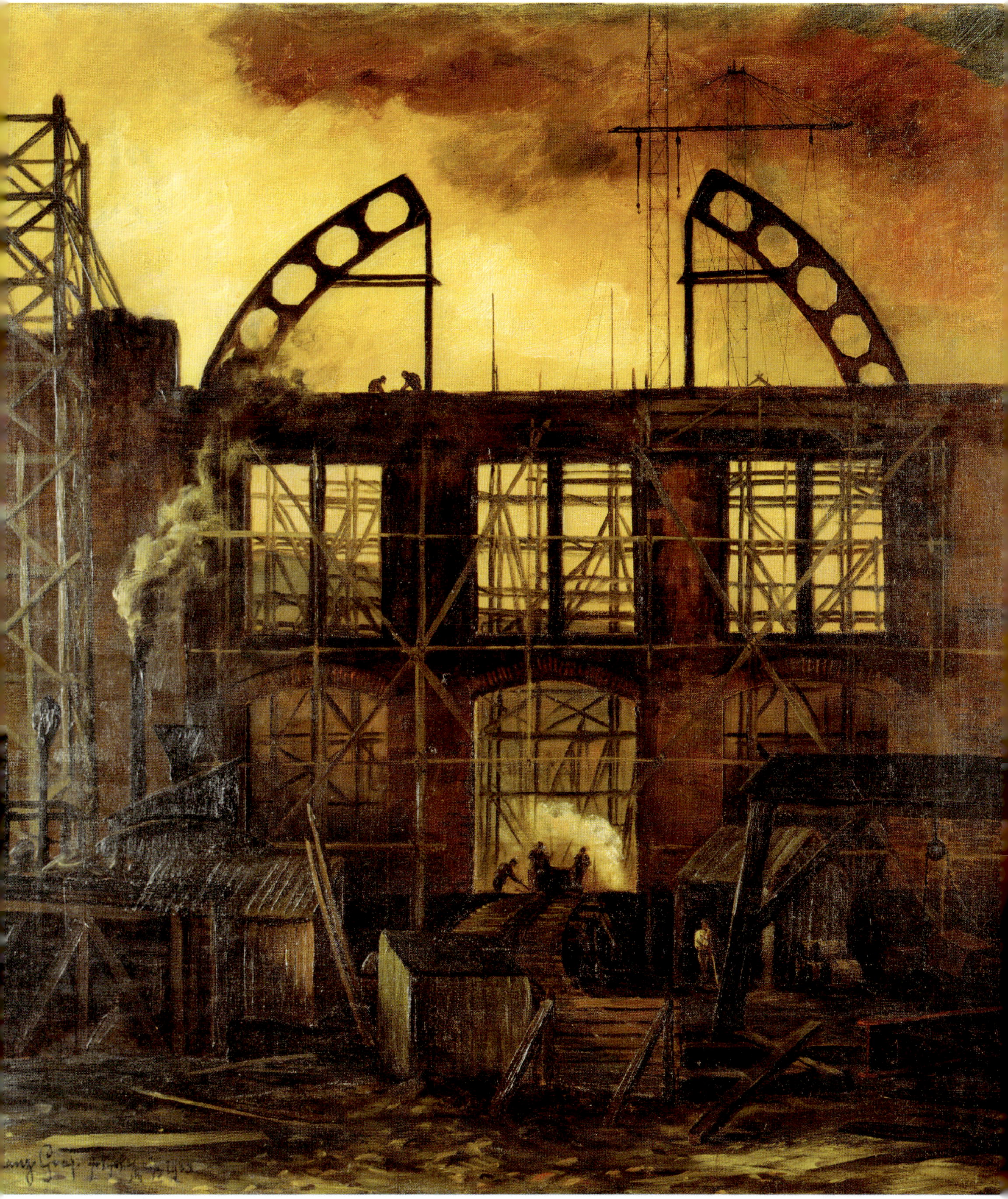

Fortschritte am Bau: Nordostecke im Rohbau, Montage des Druckrings und der Tonnenbinder sowie die Betonierung der ersten Galerie. Fotografien vom 25. März, 15. April und 9. Mai 1908

Joseph Modlinger, als Geschäftsführer ein. Bis die Festhalle bezugsfertig war, nutzte Modlinger ein Büro in der Stadtkämmerei am Paulsplatz.[52]

Der Architekt Friedrich von Thiersch feierte die Montage der Eisenkonstruktion für die Festhalle als einen Beweis dafür, „daß unsere deutsche Ingenieurbaukunst auf der höchsten Weltstufe der Vollendung steht."[53] Ein Vortrupp des MAN-Werks hatte noch in 1907 auf der Baustelle am Hohenzollern-Platz Gleise verlegt, sechs 35 Meter hohe Pfeilkräne aufgestellt, elektrische Winden zum Heben der bis zu 14 Tonnen schweren Bauteile montiert und eine komplette Schlosserwerkstatt eingerichtet, damit die Montage am 2. Januar 1908 unverzüglich beginnen konnte. Als Fixpunkt der eisernen Binderkonstruktion wurde als erstes der im Scheitel der Kuppel vorgesehene, 18 Meter Durchmesser aufweisende Druckring auf einer dreißig Meter hohen Plattform exakt ausgerichtet. Unterdessen fingen Metallarbeiter mit der Montage der Binder an, die quasi als Dachstuhl den Raum überspannten und auf den Millimeter genau mit Gelenken an dem Druckring angeschlossen wurden. Die Vernietung der vorgefertigten Einzelelemente erfolgte unter Einsatz von Pressluft. Auf den mit Zwischenbindern verstrebten Tragkonstruktionen der Kuppel und der beiden Tonnengewölbe ruhte die Bedachung.

Monteure und Maurer arbeiteten parallel. Während die einen das Aufstellen der Binder besorgten, trieben die anderen die Fertigstellung der Gürtelbauten, der vier Ecktürme und der Betondecken mit Hochdruck voran. Für die Betonierung der zehn Meter breiten ersten Galerie benötigten die „Holzmänner" lediglich sechs Wochen. Mit berechtigtem Stolz empfing am 15. April 1908 Friedrich von Thiersch auf der Baustelle eine von Journalisten begleitete Besuchergruppe mit Vertretern des Magistrats sowie Mitgliedern der Stadtverordnetenversammlung und des Architekten- & Ingenieur-Vereins, um sie über den Stand der Bauarbeiten zu informieren. Vor den Augen der Besucher wurden zur

Demonstration der Arbeitsabläufe zwei 7,5 Tonnen schwere Diagonalrippen in die Höhe gehievt und in der Kuppel vernietet. „Ein ganzes Eisenbahnnetz", berichteten die „Frankfurter Nachrichten" tags darauf über den Arbeitsplatz Festhalle, „durchquert ihn; vom Boden der Halle bis hinauf in den Kuppelring, der soeben montiert wird, wimmelt es von Menschen; ein ohrenbetäubender, sinnverwirrender Lärm herrscht in dem riesigen Raum, wenn die Maschinen in Tätigkeit sind, wenn genietet, geschmiedet und das Eisenwerk eingerüstet wird."[54] Beim Abschied versicherte Thiersch den Vertretern der Stadt, dass die Halle in zehn Wochen zum Deutschen Turnfest wie vereinbart als Rohbau in Betrieb genommen werden könnte. Da auf der Baustelle weiterhin alles wie am Schnürchen klappte, konnte am 13. Mai 1908 der letzte Kuppelbinder in die Eisenkonstruktion der Halle eingefügt werden. Den Dachdeckern verblieben knapp zwei Monate zum Aufschlagen des provisorischen Holzdachs. Mit dem Verglasen des großen Oberlichts wurde am 12. Juni begonnen.

Auf den Tag genau 13 Monate nach dem Baubeginn fand am 11. Juli 1908 in der Festhalle die Eröffnung der einwöchigen „Vorfeier" des XI. Deutschen Turnfests statt.[55] In großformatigen Zeitungsanzeigen kündigten die Veranstalter zugleich die „Weihe der Festhalle" an. Über den Rohbauzustand des Gebäudes wurde bei der „Einweihung" hinweggesehen. Die unverputzten Außenmauern, der mit Kies bedeckte Hallenboden, die unfertigen mit Tüchern verhängten Wände und Decken oder die fehlende zweite Galerie taten an jenem Samstagabend im Juli 1908 der Feststimmung keinen Abbruch. Das Provisorium hatte sogar ein Gutes: Aufgrund der weißen Wandbespannungen und des roten Mennigeanstrichs[56] der Eisenträger präsentierte sich der Innenraum in den traditionellen Frankfurter Farben. Für das im Anschluss an den offiziellen Teil geplante „Festessen mit Damen" hatte die Hallenleitung um eine hufeisenförmige Ehrentafel lange Tischreihen für rund 3.000 Gäste aufgestellt. Mit Wolfgang Amadeus Mozarts „Weihe des Gesanges"

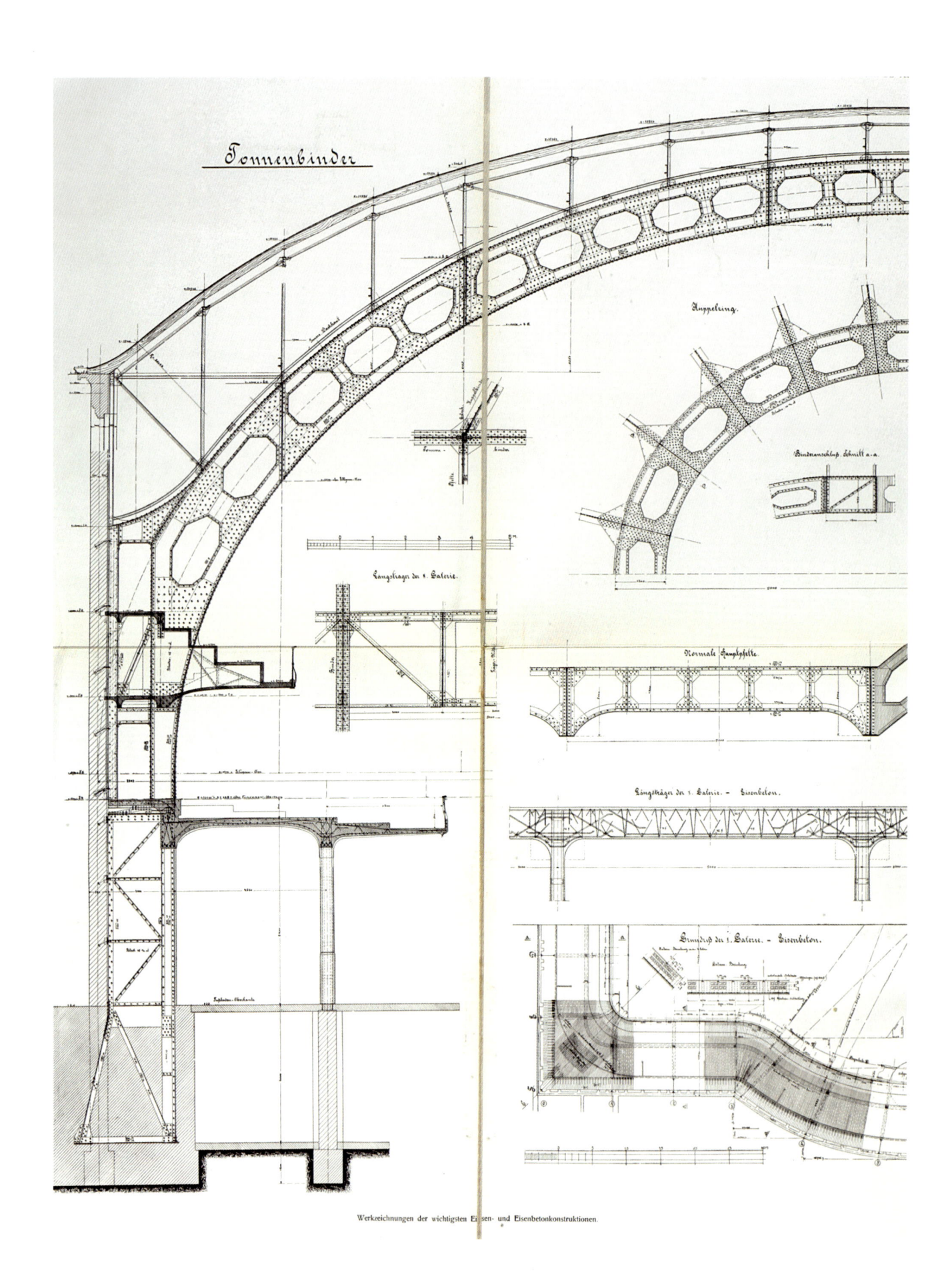

Werkzeichnungen der wichtigsten Eisen- und Eisenbetonkonstruktionen.

Weihe der Festhalle im
Rohbauzustand am 11. Juli 1908

eröffnete die Gesangsriege des Frankfurter Turngaus die Festveranstaltung. Anschließend begrüßte Oberbürgermeister Franz Adickes die Anwesenden „in dieser lang ersehnten, endlich erstandenen Halle."[57] Der Dank des Stadtoberhaupts ging an den Architekten Friedrich von Thiersch, an Philipp Holzmann und an die Maschinenfabrik Augsburg-Nürnberg sowie an mehr als achtzig Frankfurter Handwerksbetriebe, die das scheinbar Unmögliche möglich gemacht hatten. Den Ausruf des Oberbürgermeisters: „Das alles ist wie ein Wunder anzuschauen!"[58] quittierten die Festgäste mit lang anhaltendem Beifall.

Das Premierenpublikum konnte sich an dem Jahrhundertbauwerk gar nicht satt sehen, zumal mit Einbruch der Dämmerung unzählige Bogenlampen und Glühbirnen die wesentlichen Elemente der Hallenkonstruktion illuminierten. Die Grundform der Halle entspricht einem Rechteck mit einer elliptischen Ausbuchtung in der Mitte der Längswände. Der in eine Ellipsoidenkuppel und zwei Seitenflügel mit Tonnenwölbungen gegliederte Raum weist eine lichte Weite von 111,5 Metern Länge und eine Maximalbreite von 67,5 Metern auf. Da bei ähnlichen Hallenprojekten bis dato noch nie ein Raum von nahezu 6.000 Quadratmetern umbaut worden war, bildete die Frankfurter Ausstellungs- und Festhalle seinerzeit den gewaltigsten Kuppelbau Europas, der „wie eine Verkörperung des Sieges der Idee über die Materie"[59] anmutete.

Um den Besuchern ein spektakuläres Raumerlebnis zu vermitteln, nutzte Thiersch die Stahlkonstruktion zur künstlerischen Ausgestaltung des Innenraums. Im elliptischen Mittelteil steigen zwanzig radial angeordnete Bogenbinder von den Betonfundamenten zum Druckring im Hallenfirst empor. Über dem Druckring ist eine gläserne Laterne aufgesetzt, aus deren Mittelpunkt in 39 Metern Höhe eine 18 Meter lange Fahnenstange ragt. Innerhalb der Kuppel werden die Bogenbinder durch drei ringförmig verlaufende Stränge von Verstrebungen stabilisiert, die sich in den Tonnenwölbungen entsprechend fortsetzen.

Konstruktionszeichnungen der
Tonnenbinder aus dem Jahr
1907/08

Äpfelweinglas-Deckel als Turnfest-Souvenir, Juli 1908

Das Deutsche Turnfest auf dem Festhallengelände mit einer Sondervorführung von 3.000 Turnern im Keulenschwingen am 19. Juli 1908

Die markanten achteckigen Öffnungen der Eisenträger sind nicht nur ein dekorativer Aspekt, sondern auch ein statisches Erfordernis, da die Ober- und Untergurte zur Abtragung von Biegemomenten und Normalkräften gebraucht werden. Darüber hinaus sind die Binder nach einer patentierten Erfindung der MAN als Viergelenkträger ausgeführt, wodurch eine günstigere Anpassung der Stützlinien für die maßgeblichen Belastungszustände erreicht und das Auftreten erhöhter Spannungen vermieden wird. Bei symmetrischer Belastung der Kuppel verläuft die Drucklinie durch alle vier Gelenke, bei ungleichmäßiger Last schließt sich das Gelenk der unbelasteten Seite, so dass der Binder mit drei Gelenken statisch bestimmt ist.[60]

Das Dach der Festhalle sollte nach der turnfestbedingten Zwangspause mit Kupfer auf Holzschalung eingedeckt und innen mit einer flach kassettierten Decke aus Rabitz beziehungsweise Rohrputz versehen werden. Die Oberlichtflächen waren aus Sicherheitsgründen mit Drahtglas doppelt verglast. Am vertikalen Ast der Eisenträger sind die beiden Galerien befestigt. Die untere Galerie besteht aus Stahlbeton und ruht zum Halleninneren hin auf Stützpfeilern. Durch das Umlegen der beiden oberen Stufen konnte der ansteigende Fußboden des ersten Ranges für Ausstellungszwecke in eine ebene Fläche verwandelt werden. Der zweite Rang kragt fünf Meter und siebzig Zentimeter frei aus und ist über Stahlkonsolen an den Bindern verankert. In ihrer Formgebung vom Jugendstil beeinflusst unterstreichen die beiden Galerien die weiche Linienführung des Raumes. Die vorspringenden Emporen geben den dort platzierten Zuschauern das Gefühl am Geschehen teilzuhaben. Der zentrale Lichteinfall durch das Kuppeloberlicht unterstützt dieses Gemeinschaftsgefühl. Durch die beiden riesigen an ein Fabrik- oder Bahnhofsgebäude erinnernden Fenster an den Schmal- und die 17 Fensteröffnungen an den Längsseiten fällt zusätzliches Tageslicht in die Festhalle.[61]

In den Außenfronten der Festhalle halten sich dem Frankfurter Architekturkritiker Dieter Bartetzko zufolge „byzantinisierende, antik-römische und barocke Imitate […] die Waage mit konstruktivistischen Tragewerken, folgen auf die gloriosen Säulen- und Bogenstellungen der äußeren Wandelgänge die riesigen Fenster am unteren Kuppelrand."[62] Die Gürtelbauten hinter den Nord- und Südfassaden dienen dem Publikumsverkehr und enthalten Treppen, Garderoben, Toiletten und Verwaltungsräume. Zu den Galerien führen „Schachteltreppen", deren Läufe rangweise voneinander getrennt übereinander liegen. In der Mitte der aus rot und weiß geflammtem Mainsandstein erbauten

Nordfront erhebt sich die Rotunde mit Doppeltreppe. In ihrem Obergeschoss liegt der Empfangssalon für Ehrengäste, der direkt mit der Kaiserloge der Galerie in Verbindung stand. Von der Loge führten zwei geschwungene Treppen, die so genannte Kaisertreppe, in den Innenraum hinab. Im Erdgeschoss befinden sich 57 Flügeltüren aus Eichenholz. Nach der stimmungsvollen Illumination strömten am 11. Juli 1908 die Besucher der Eröffnungsfeier ins Freie, um den Abend in dem zwischen der Festhalle und den Turnplätzen aufgebauten Vergnügungspark ausklingen zu lassen. Die „Kleine Presse" hatte in ihrer Wochenendausgabe ein von Julius Jakob Strauß zum Auftakt der Turnfest-Vorfeier und der Inbetriebnahme des Festhallen-Rohbaus verfasstes Gedicht „Zur Eröffnung" abgedruckt (siehe untenstehenden Kasten).

Im Juli 1908 stand Frankfurt unter dem Motto der Turner: Frisch, Fromm, Fröhlich, Frei! Mit fast 55.000 Festteilnehmern aus 3.326 Turnvereinen und schätzungsweise 400.000 Besuchern übertraf das XI. Deutsche Turnfest alle vorausgegangenen Zusammenkünfte. Der Andrang von Besuchern war zeitweilig so stark, dass Turner und Schiedsrichter kaum zu ihren Geräten kamen. Den Dreh- und Angelpunkt der mit Vor- und Nachfeier vom 11. bis zum 26. Juli dauernden Großveranstaltung bildete die Festhalle am Hohenzollern-Platz. Täglich fanden dort Konzerte, musikalische Darbietungen mit lebenden Bildern und turnerische Sondervorführungen statt. Für die beeindruckenden Massenvorführungen und das mit Spannung erwartete Wettturnen standen auf dem Festhallengelände ein Freiübungs- und ein Geräteturnplatz sowie drei große Zelte zur Verfügung. Das Frankfurter Turnfest setzte Akzente mit neuen Wettbewerben wie dem Fünfkampf und den volkstümlichen Turnübungen, bei denen Freiübungen und Geräteturnen gleichgestellt wurden. Das Wettkampfprogramm beschränkte sich keineswegs auf die traditionellen Disziplinen Barren, Reck und Seitpferd, sondern umfasste auch Schwimmen, Faustball, Ringen oder Fechten. „Man müßte", seufzte ein vom Turnfest gestresster Zeitungsreporter, „zehn Beine und hundert Augen haben, wenn man überall dabei sein wollte."[64] Den einzigen Siegerkranz für die Mainmetropole holte Heinrich Mayer vom Frankfurter Turnverein 1860 im Säbelfechten. Die bislang etwa 8.000 Mitglieder zählenden Frankfurter Turnvereine verzeichneten im Festjahr 1908 rund 1.000 Neuzugänge. Das XI. Deutsche Turnfest war auch wirtschaftlich ein Gewinn. Der Besucherrekord hatte der Deutschen Turnerschaft ein Plus von 150.000 Mark eingebracht. Mit der Hallen- und Geländemiete in Höhe von 15.000 Mark verbuchte die Ausstellungs- und Festhallen-Gesellschaft mbH ihre erste Einnahme.[65]

Zur Eröffnung.

Festverankert in der Erden
Ragt der Halle Riesenbau;
Zeuge stolzen Werks zu werden
Drängt die Bürgerschaft zur Schau.

Was die Zweifler nimmer glaubten
Ist geschicktem Fleiß geglückt;
Die geschweißten und geschraubten
Bögen sind zum Fest geschmückt.

Deutsche Turner zu empfangen
Oeffnet sich der Riesensaal;
Frankfurts alte Farben prangen
Grüßend überm Hauptportal.

Um die Festzeit einzuleiten
Oeffnet heut zum erstenmal,
Seine mächtigen und weiten
Tore all' der Riesensaal.

Riesig wölbt und spannt die Decke
Einem Himmel gleich sich aus;
Turmgekrönt an jeder Ecke
Glänzt und grüßt das schmucke Haus.

Freude soll heut' Einzug halten
Und mit Frieden im Verein
Immer in der Halle walten
Eintracht soll ihr Hausgeist sein![63]

Entstehung der Festhalle

Die Festhalle mit der Rotunde im Fahnenschmuck am 19. Mai 1909

Als die Turner abgereist waren, kehrten die Handwerker wieder in die Festhalle zurück und errichteten zunächst unter der Kuppel und der Tonnenwölbung im westlichen Seitenflügel ein Baugerüst. Der zweite Bauabschnitt begann mit der Ausführung der Saaldecken, dem Anstrich der Eisenbinder in dem von Thiersch ausgewählten matten Bronzeton und der Installierung der Hallenbeleuchtung. Die Allgemeine Elektricitäts-Gesellschaft (AEG) bestückte das Gebäude mit rund 3.700 Lampen und 19.000 Glühbirnen, die als Lichterketten die Eisenbinder der Halle schmückten. Die Illumination der Hallenkonstruktion folgte dem Vorbild der Halle des Pariser Grand Palais. Zur Stromversorgung war die Festhalle an die in der Speicher- und in der Kuhwaldstraße gelegenen Elektrizitätswerke I und II der Stadt Frankfurt angeschlossen. Vom E-Werk I wurde Wechselstrom für die Konturenbeleuchtung und aus Bockenheim der für die Bogenlampen sparsamere Gleichstrom bezogen. An der Grenze der beiden Versorgungsgebiete erbaut nutzte die Festhalle den Standortvorteil für die eigene Betriebssicherheit.

Die erforderliche Wärmeenergie wurde in einem hinter der Festhalle erbauten Kesselhaus erzeugt. Das von der Frankfurter Baufirma Theodor Streit zusammen mit einem 42 Meter hohen Schornstein errichtete kleine Heizkraftwerk verfügte über einen begehbaren Verbindungstunnel zur Festhalle, in dem die Hauptdampfleitung verlief. Außer den im Gebäude verteilten „Niederdruckdampfheizkörpern" gab es zum Beispiel über der unteren Verglasung der Kuppel zur Verhütung von Kondenswasser und zum Abtauen von Schneelasten eine „Dampfschlange". In den Sommermonaten sorgte ein ausgeklügeltes Umluftkanalsystem für eine Vorkühlung der Halle bei Nacht und für die Abkühlung der Raumluft in den Kellerschächten bei Tag. Im Dezember 1908 gingen die beiden schmiedeeisernen Wasserrohrkessel in Betrieb, so dass trotz winterlichem Kälteeinbruch in der Festhalle weiter gearbeitet werden konnte. Nach und nach wurden der Einbau der zweiten Galerie beendet, das vielfältige schmiedeeiserne Gitterwerk angebracht oder zur Bestuhlung 6.000 einfache Sitzgelegenheiten zum Preis von rund 30.000 Mark angeschafft. Obwohl die Festhalle unter extremem Termindruck in nur 23 Monaten erbaut wurde, kam auf der Baustelle niemand zu Schaden und auch der Kostenvoranschlag konnte eingehalten werden. Der Architekt Friedrich von Thiersch notierte am 5. April 1909 in Frankfurt zuversichtlich: „Hier herrscht das Vollendungsfieber wie in jenen Wiesbadener Tagen. Die Halle wird fertig."[66]

Die Zeitschrift „Die Rheinlande" war sich im Juli 1907 im fernen Düsseldorf in einer Tirade über die Architektur der geplanten Festhalle und über die Frankfurter Baupolitik im Allgemeinen ergangen. In der Mainmetropole würden Millionen verpulvert für „Merkwürdigkeiten wie den Eisen-Glas-Zirkus der Festhalle" und die „Hasenbratenarchitektur eines sogenannten Barock, zur größten Freude der Stilenthusiasten herzhaft gespickt mit deutscher Renaissance und Spätgotik feiert Triumphe."[67] Nachdem aber die „Kleine Presse" schon den im Juli 1908 in Betrieb genommenen Rohbau als die „schönste Festhalle Deutschlands"[68] gepriesen hatte, verstummten nach der offiziellen Einweihung der Ausstellungs- und Festhalle im Mai 1909 auch die letzten Kritiker. Die Frankfurter Festhalle ist eine der bedeutendsten Eisenkonstruktionen des Industriezeitalters in Deutschland. Dem Erbauer der international gerühmten Breslauer „Jahrhunderthalle", Max Berg, diente Friedrich von Thierschs Hallenbau zu Frankfurt am Main als Vorbild. Die 1913 an der Oder eröffnete „Jahrhunderthalle" gilt als die erste große frei gespannte Stahlbetonkonstruktion und ist im Grunde eine Weiterentwicklung der Festhalle in einem anderen Material. Der renommierte Architekturhistoriker Henry-Russel Hitchcock hat die beiden Hallenbauten zu gleichrangigen Marksteinen der Architekturgeschichte erklärt.[69]

40|41 Ausstellungen und Bewährungsprobe

Frankfurt a. M.
Internationale Luftschifffahrt-Ausstellung 1909
Aufstieg von Freiballons.

„Die Festhalle hat sich glänzend bewährt"

Internationale Ausstellungen und Erster Weltkrieg 1909–1918

Die Festhalle war zu allen Zeiten ein Politikum. An den bürgerlichen Turn- und Sängerfesten hatten die Arbeiter nur als Zaungäste teilgenommen. Auf die am 19. Mai 1909 im Beisein Kaiser Wilhelms II. gefeierte Eröffnung der Festhalle folgte am 30. Mai 1909 mit dem Gewerkschaftsfest die Einweihung „von unten". Der zwischen dem Frankfurter Gewerkschaftskartell und der Ausstellungs- und Festhallen-Gesellschaft mbH für den 30. Mai vereinbarte Mietvertrag war nur mit Müh und Not zustande gekommen. Das Kartell hatte erstmals Anfang 1908 die Geschäftsführung ersucht, den Rohbau der Festhalle kurz vor oder nach dem Deutschen Turnfest für das traditionelle Gewerkschaftsfest zu vermieten. Der Antrag wurde postwendend unter Verweis auf die ausstehenden Bauarbeiten und den herrschenden Zeitdruck abgelehnt.

Festhallen-Brosche zum Deutschen Turnfest 1908

Die Arbeitervertretung ließ sich nicht entmutigen und bat nun die GmbH, ihr in dem Zeitraum von Juni bis September 1909 einen freien Termin zu benennen, an dem die Festhalle noch nicht belegt war. Als sich die Gewerkschafter erneut eine Absage einhandelten – diesmal mit der Begründung, dass, solange die Verhandlungen über die Ausrichtung und die Dauer der Internationalen Luftschiffahrtausstellung (Ila) noch in der Schwebe seien, keine Einzeltermine vergeben werden könnten – fühlten sie sich verschaukelt. Das Organ des Sozialdemokratischen Vereins, die „Volksstimme", berichtete an Heiligabend 1908 über die vergeblichen Bemühungen des Gewerkschaftskartells und stellte die Behauptung auf, dass die Arbeiterschaft aus der Festhalle ferngehalten werden sollte. „Es ist", so die Verschwörungstheorie des Vereinsorgans, „der Geist Adickes, der aus dieser Ablehnung spricht."[70]

Nur die sozialdemokratische Partei vermochte mit ihrer breiten Anhängerschaft die Festhalle zu füllen. Den anderen im Stadtparlament vertretenen Parteien fehlte dafür die Massenbasis. Somit leitete die Sozialdemokraten ein besonderes parteipolitisches Interesse an der Vergabepraxis der Ausstellungs- und Festhallen-Gesellschaft mbH. Als die Stadtverordnetenversammlung am 9. Februar 1909 die Übernahme einer Bürgschaft für eine Anleihe der GmbH diskutierte, nutzte der Sozialdemokrat Max Emanuel Cohen die Gelegenheit, um das ablehnende Verhalten der Geschäftsführung gegenüber dem Gewerkschaftskartell zur Sprache zu bringen. Schließlich habe im Stadtparlament bei der Verabschiedung des Gesellschaftsvertrags Konsens darüber bestanden, dass die Festhalle allen Bevölkerungskreisen ohne Unterschied der Parteizugehörigkeit zur Verfügung gestellt werden sollte. Die Ila sei inzwischen auf den Zeitraum von Juli bis Oktober 1909 befristet worden, so dass dem Kartell ohne weiteres für das Gewerkschaftsfest ein Termin im Juni zugewiesen werden könnte. Der Magistrat sollte endlich Farbe bekennen und mit der von der Parteizugehörigkeit unabhängigen Vermietung der Festhalle Ernst machen. Mehrere Redner der Demokratischen Partei teilten die Ansicht der Sozialdemokraten, dass die Festhalle allen Gruppierungen, also auch dem Gewerkschaftskartell, offen stehen sollte. Hinter den Absagen der Festhallen-Gesellschaft stecke jedoch kein böser Wille, sondern der Zeitdruck der Bauarbeiten und die Verhandlungen mit dem Frankfurter Verein für Luftschiffahrt über die Ila. Der Abgeordnete Cohen fühlte sich bestätigt und kündigte ein erneutes Gesuch des Gewerkschaftskartells an die Geschäftsführung der Halle an. Die Stadtverordnetenversammlung verlieh dem Antrag des Kartells Nachdruck, indem sie die Zustimmung zur Übernahme der Bürgschaft mit der Erwartung verknüpfte, „dass der Magistrat seinen Einfluss dahin geltend machen werde, dass die Festhalle allen Interessenten, ohne Unterschied der Parteirichtung überlassen werde."[71]

Ein Original des Mietvertrags für das Gewerkschaftsfest am 30. Mai 1909 liegt nicht vor. Rückschlüsse auf den Inhalt erlaubt der für die zweite Feier der Gewerkschafter in der Festhalle am 21. August 1910 ausgefertigte Kontrakt. Bis auf eine Zusatzbestimmung enthielt der Vertragstext die üblichen Vereinbarungen. Die GmbH erhob für die Nutzung der Halle und des Geländes einen Mietzins von 1.000 Mark. Außerdem musste das Kartell die Kosten für die Beleuchtung oder die Bestuhlung sowie für das erforderliche Aufsichts- und Sanitätspersonal übernehmen. Die Einnahmen aus der Bewirtschaftung verblieben dem Mieter, nur am Bierausschank war die GmbH prozentual beteiligt. Im Anschluss an die Feier hatte das Kartell die Festhalle besenrein zurückzugeben, für Schäden am Gebäude oder am Inventar haftete der Mieter. Der elfte Paragraph des Mietvertrags war dem regierungsfeindlichen Potenzial einer Gewerkschaftsfeier im monarchischen Obrigkeitsstaat geschuldet: „Das Kartell verpflichtet sich tendenziöse und politische Embleme, Fahnen, Reden und Gesänge, welcher Art sie auch seien, weder selbst anzubringen oder zu veranstalten noch seitens Dritter zuzulassen und steht der Gesellschaft für die Innehaltung dieser Verpflichtung ein."[72]

Gewerkschaftsfest am 30. Mai 1909

Das Gewerkschaftsfest verlief am 30. Mai 1909 ohne Zwischenfälle und entwickelte sich zu einer machtvollen Demonstration der Frankfurter Arbeiterschaft. Auf eine Matinee unter Mitwirkung des Opernhaus-Orchesters folgten am Nachmittag in der mit annähernd 20.000 Besuchern total überfüllten Halle Auftritte der Schauspielhaus-Gartenkapelle und eines 1.000-köpfigen Chors des Arbeiter-Sängerbundes. Bei einem Eintrittspreis von nur 25 Pfennigen verlustierten sich weitere 40.000 Festbesucher auf dem mit Schießbuden, Schiffsschaukeln oder Imbissbuden belegten Festgelände. Arbeiterradfahrer und -turner zeigten unter freiem Himmel ihr Können, Letztere bildeten bei einbrechender Dunkelheit im Scheinwerferlicht eine Menschenpyramide. Alles in allem bescheinigte die „Kleine Presse" dem Gewerkschaftsfest einen großartigen Verlauf.[73]

Der uralte Menschheitstraum vom Fliegen lockte zwischen dem 10. Juli und dem 17. Oktober 1909 rund eineinhalb Millionen Besucher zur Internationalen Luftschiffahrtausstellung auf das Festhallengelände, das zum Forum für eine zukunftsorientierte Technologie wurde. Während sich das Fliegen im 19. Jahrhundert auf das Aufsteigen mit Gas- und Heißluftballonen beschränkt hatte, richtete sich um 1900 das Interesse der Erfinder mehr und mehr auf das Abheben mit Fluggeräten, die schwerer waren als Luft. Otto Lilienthal lieferte von 1891 bis 1896 mit Gleitflügen von einem Hügel in der Nähe von Berlin den Beweis für die Tragfähigkeit des Flügels. Nachdem sich das erste lenkbare Motorflugzeug der Brüder Orville und Wilbur Wright am 17. Dezember 1903 bei Kitty Hawk in North Carolina für zwölf Sekunden in die Lüfte erhoben hatte, glückte Albert Santos-Dumont 1906 der erste Motorflug in Europa. „Es ist", schrieb der Zeitungsjournalist

Ausstellungen und Bewährungsprobe

Festhallen-Brosche zur Internationalen Luftschifffahrtausstellung 1909

Norbert Jacques am Eröffnungstag der Internationalen Luftschiffahrtausstellung in Frankfurt am Main, „die Mobilmachung des heißesten Fortschrittglaubens unserer Zeit. Es ist ein Greifen nach der Zukunft."[74]

Im Zentrum der Luftschifffahrtausstellung erhob sich unter der Kuppel der Festhalle in voller Größe der Ballon „Preußen". Mit dem gelben Ungetüm waren die Meteorologen Arthur Berson und Reinhard Süring im Jahr 1901 in eine Rekordhöhe von 10.500 Metern aufgestiegen. Vor dem „Preußen" als Kulisse eröffneten am 10. Juli 1909 der Präsident der Ausstellung, Leo Gans, und der Frankfurter Oberbürgermeister, Franz Adickes, mit der Ila „ein völlig eigenartiges, nie gesehenes Kulturwerk."[75] In der bis auf den letzten Quadratmeter belegten Festhalle gliederte sich die Ausstellung in zwölf Abteilungen zu Schwerpunktthemen wie Ballonfabrikation, Militärluftschiffahrt, Nachrichtenübermittlung oder Flugapparate. Mit drei Gleitflugzeugen und vier Doppeldeckern, darunter einem großen Zweidecker Voisinscher Bauart mit einem neuen vierzylindrigen Flugzeugmotor der Adlerwerke, war der Frankfurter Konstrukteur und Flugpionier, August Euler, als einer von 500 Ausstellern auf der Ila vertreten. Der Star unter den Flugapparaten war ein „Wright-Flieger", der auf den Betrachter einen „ungemein vertrauensvollen" Eindruck machte.

Fachleute und Entscheidungsträger, so zum Beispiel der damals noch wenig bekannte Handelsminister Großbritanniens, Winston Churchill, informierten sich in der Festhalle über den Stand der Luftfahrt am Beginn des 20. Jahrhunderts. Vom Fliegen faszinierte Laien kamen für zwei Mark Eintritt auf dem Freigelände auf ihre Kosten, wo im Verlauf der Ila rund 1.200 Ballonaufstiege erfolgten und „tollkühne Männer in ihren fliegenden Kisten" waghalsige Runden drehten. Zwischen der von einem Vergnügungspark umgebenen Festhalle und dem Rebstöcker Wald erstreckte sich das Freigelände mit Ballon- und Flugzeughallen sowie Start- und Landeplätzen. Viel umjubelter Höhepunkt der Ila war die Landung des Grafen Zeppelin mit dem 136 Meter langen Luftschiff Z II am 31. Juli 1909 auf dem Rebstockgelände, woran bis heute in Bockenheim der Straßenname „Zeppelinallee" erinnert. Im Anschluss an die Ila wurde in Frankfurt mit der Deutschen Luftschiffahrts-AG die erste Luftverkehrsgesellschaft gegründet. Mit der Internationalen Luftschiffahrtausstellung begann Frankfurts Aufstieg zum Luftverkehrszentrum. Die Festhalle bestand ihre Bewährungsprobe als Ausstellungsgebäude.[76]

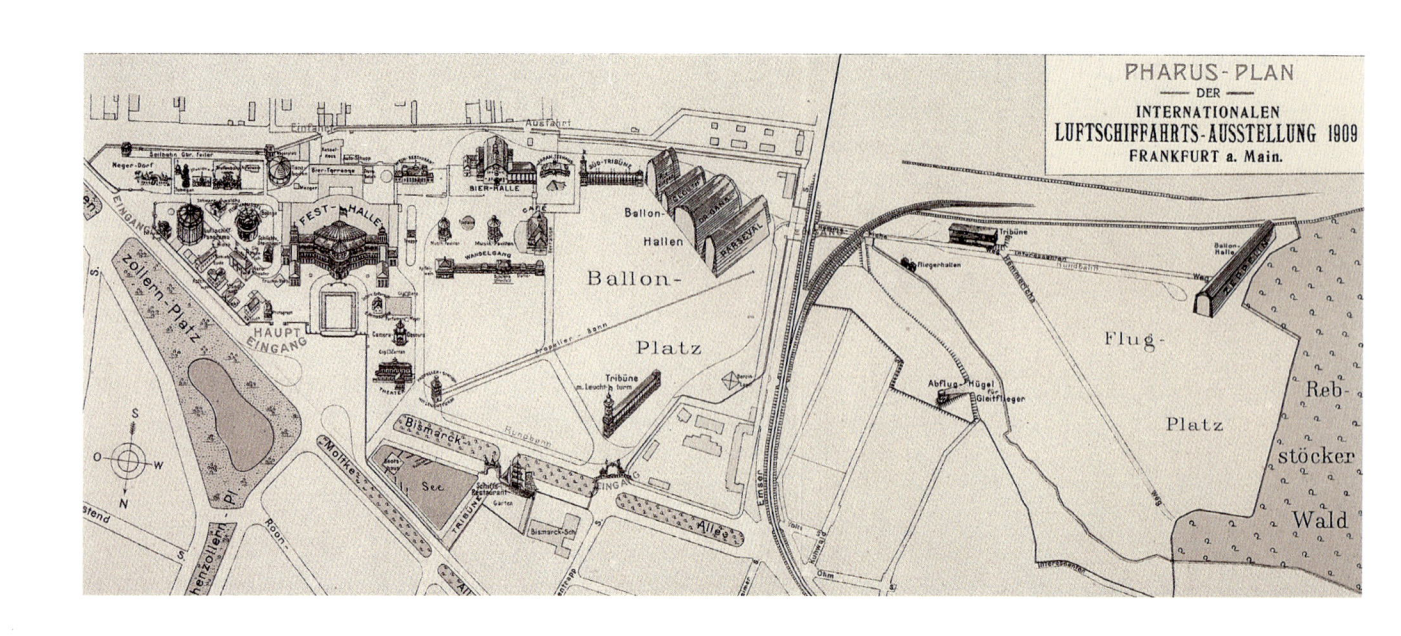

Um die Ausstellungs- und Festhallen-Gesellschaft mbH in die Gewinnzone zu bringen, musste die Geschäftsführung die Halle vermieten. Im Geschäftsjahr 1909 sorgten die dreimonatige Luftschifffahrtausstellung und der am 19. November aufgenommene Betrieb einer Rollschuhbahn für eine hohe Auslastung der Festhalle. Die von dem Amerikaner C. P. Crawford und dem Engländer F. A. Wilkins gegründete „American Roller Rink Co." managte in ganz Europa 52 Bahnen und wollte nach dem in Paris, Wien oder St. Petersburg bewährten Geschäftskonzept nun auch in Frankfurt am Main einen „Rollschuhpalast" eröffnen. Seitdem sich das Rollschuhlaufen in England zu einer Trendsportart entwickelt hatte, wuchsen neue Bahnen wie Pilze aus der Erde. Die Rollschuhbahn-Compagnie verlegte in der von November 1909 bis zum 1. April 1910 gemieteten Frankfurter Festhalle einen fugenlosen, keinerlei Unebenheiten aufweisenden Holzboden als Lauffläche. Zur Bahneröffnung am 19. November 1909 boten 16 von Crawford und Wilkens in England engagierte professionelle Lauflehrer den 3.000 Gästen Anschauungsunterricht in der Kunst des Rollschuhlaufens. Die Sportler liefen ausdrucksstarke Figuren und schwebten scheinbar mühelos über das Parkett. Im Anschluss an das Showprogramm durften die Eröffnungsgäste den englischen Profis nacheifern.

„Dem Auge des Zuschauers", schilderten die „Frankfurter Nachrichten" den Publikumslauf am Abend der Bahneröffnung, „bot sich nun bald ein buntes Tohuwabohu dar. Ein Summen und Surren, ein fortgesetztes donnerähnliches Gepolter erfüllte die Festhalle. Dort fliegt ein Jüngling aalglatt dahin. Eben war er noch uns vis-à-vis, jetzt weilt er schon am anderen Ende der Halle. Hier eilt ein Pärchen flott über den geschliffenen Boden. Da wieder führt ein werdender Meister des Rollschuhsports erstaunliche Drehungen und Wendungen aus, während sich in der Nähe der Barriere ein Dutzend Neulinge in schüchternen Rollversuchen ergeht und den Weisungen der Instruktoren folgt. Welch ein Hallo unter den Zuschauern, wenn ein Anfänger seine Voreiligkeit mit einem unfreiwilligen Kniefall und Sturz büßt. Andere rollen nach den Walzermelodien der Musik über die glatte Fläche."[77] Die Sanitäter waren im Dauereinsatz. Neben der Verarztung kleinerer Blessuren mussten drei Rollschuhsportler, die sich einen schweren Unterschenkelbruch, eine Armfraktur und eine Gehirnerschütterung zugezogen hatten, zur stationären Behandlung in das nächstgelegene Krankenhaus eingeliefert werden. Als die „American Roller Rink Co." im Frühjahr 1910 von dem auf mehrere Wintersaisons vereinbarten Mietvertrag überraschend zurücktrat, erwarb die Festhallen-Gesellschaft den

Steherrennen auf der Arena-Radrennbahn, 1910

Ausstellungen und Bewährungsprobe

eigens angefertigten Holzfußboden. In dem Frankfurter Gastwirt und Stadtverordneten der Fortschrittspartei, Emil Goll, fand die GmbH einen ortsansässigen Unternehmer, der in den Wintermonaten 1910/11 und 1911/12 die Rollschuhbahn in der Festhalle betrieb. Als das Interesse am Rollschuhsport abflaute und die Festhalle immer stärker für Ausstellungen und andere Veranstaltungen in Anspruch genommen wurde, öffnete der „Rollschuhpalast" am Hohenzollern-Platz im Herbst 1912 und 1913 nur noch für vier bis fünf Wochen seine Pforten.[78]

Sportartikelhersteller aus aller Welt präsentierten vom 15. Mai bis zum 15. Juli 1910 in der Festhalle vom Rollschuh bis zum Rennrad alles, was das Sportlerherz begehrte. Der hierfür ins Leben gerufene Verein Internationale Ausstellung für Sport und Spiel e. V. hatte die Halle und das Freigelände für 25.000 Mark gemietet. Darüber hinaus musste der Verein die Festhallen-Gesellschaft zu einem Viertel an den Platzmieten, dem Getränkeumsatz und gegebenenfalls an dem erzielten Reingewinn des Ausstellungsprojekts beteiligen. Den Ausstellern berechnete der Verein im exponierten Innenraum der Festhalle eine Platzmiete von dreißig Mark pro Quadratmeter. Der Leiter der allumfassenden „Sportschau", der Mitbegründer des Frankfurter Renn-Klubs und des „Hippodroms" August Friedrich von Bissing, betonte bei der Eröffnungsfeier am 14. Mai 1910 in dem „Wunderbau" Festhalle den friedlichen Wettbewerb als Grundidee der Ausstellung und würdigte den Beitrag von Sport und Spiel „zur Hebung nationaler Kraft und internationaler Freundschaft."[79]

Das Konzept der Ausstellung beinhaltete auf dem Gelände der Festhalle und im Stadtgebiet zugleich eine Serie international besetzter Wettkämpfe. Zur Errichtung eines multifunktionalen Stadions für mehr als 12.000 Zuschauer auf dem Ausstellungsgelände am Hohenzollern-Platz gründeten sportbegeisterte Bürger in Verbindung mit der Festhallen GmbH die „Arena, Frankfurt a. M. G.m.b.H." Das Stadion an der Festhalle sollte als nachhaltiger Beitrag zur Förderung des Frankfurter Sports über das Ende der Ausstellung hinaus fortbestehen. Der zwischen der Arena- und der Festhallen-Gesellschaft vereinbarte Mietvertrag war bis zum 31. Dezember 1912 befristet, enthielt aber eine Option für eine zweijährige Verlängerung. Zwischen den Zuschauerrängen und dem Innenraum des Ovals

Die „Kleine Presse" würdigte am 20. November 1909 die Eröffnung des „Rollschuhpalasts" mit einer Bildergeschichte auf der Titelseite

Rollschuhlehrer und „Roller Rink" in der Festhalle, 1910

Rollschuhsport in Frankfurt.
Die Festhalle als Rollbahn.

Blick auf die Bahn — *Interessante Fälle* — *Kniefall* — *Liebevolle Umarmung* — *Rücksall* — *Glatter Fall* — *Auf allen Vieren* — *Immer an der Wand lang*

verlief eine 500 Meter lange, acht Meter breite und in den Kurven um viereinhalb Meter überhöhte Radrennbahn. Wenn nicht gerade die Radsportler auf der Holzbahn ihre Runden drehten, zeigten Fechter, Fußballer, Hockeyspieler, Ringer, Reiter oder Turner auf der Rasenfläche des Innenraums ihr Können. Zu den am ersten Ausstellungswochenende in der Arena veranstalteten internationalen Radrennen strömten an beiden Tagen jeweils rund 8.000 Zuschauer an das Oval. Die Frankfurter Radsportfans bekamen an dem Pfingstwochenende in der Mainmetropole erstmals auch Steherrennen geboten. Das Dröhnen der schweren Schrittmachermaschinen und die erbitterten Positionskämpfe der Rennfahrer, die im Windschatten der im Stehen gefahrenen Motorräder Höchstgeschwindigkeiten erreichten, faszinierte das Publikum auf Anhieb. Selbst weit gereiste Radsportler bezeichneten die Holzbahn an der Festhalle als „die schönste und die schnellste der ganzen Welt."[80]

Die Arena an der Festhalle bewog den Deutschen Radfahrer-Bund, die Deutschen Meisterschaften und das 28. Bundesfest 1911 in Frankfurt am Main abzuhalten. Die Festhalle war vom 5. bis zum 9. August 1911 Sitz des Organisationsbüros sowie Schauplatz der Eröffnungsfeier und der Meisterschaften im Kunstradfahren und im Radball. Frankfurter Radsportler gingen sowohl bei den Saalsportdisziplinen als auch bei den in der Arena ausgetragenen Bahnmeisterschaften leer aus. Den einzigen Titel holte der Frankfurter Radfahrverein Germania im 100-Kilometer-Mannschaftsrennen auf der Straße. Auf das offizielle Festende in dem Vergnügungspark am Hohenzollern-Platz folgte eine viertägige „Nachfeier" mit Konzerten, Tanz und Brillantfeuerwerk. Die „Kleine Presse" nahm den großen Erfolg der „Nachfeier" beim Publikum zum Anlass, um bei der Festhallen-Gesellschaft die Ausrichtung von sommerlichen Open-Air-Konzerten in eigener Regie anzuregen. Zuvor musste die Geschäftsführung allerdings die an den Konzertplatz auf der Westseite der Festhalle angrenzende Wüstenei beseitigen. „Jetzt", so der gut gemeinte Rat der Redaktion, „gleicht das hintere Gelände einer großen Streusandbüchse, die außerhalb der begangenen Tage mit Unkraut bedeckt ist. Wenn man A gesagt hat, sollte man auch einmal B sagen und den gesamten Festplatz in einen Zustand bringen, der den Aufenthalt zu einer Lust macht."[81]

Die Kultivierung des „Ausstellungsparks" dauerte bis zum Jahresende 1913 und ging mit dem Abriss der Arena-Radrennbahn einher. Auf der westlichen Brachfläche des Festhallengeländes entstanden eine moderne Sportplatzanlage mit Hockey- und Rugbyfeld sowie sechs Tennisplätze und ein Klubhaus. Die Tennisanlage hatte die Ausstellungs- und Festhallen-Gesellschaft an den neu gegründeten Lawn-Tennis-Verein Ausstellungspark e.V. vermietet. Auf den beiden Rasenplätzen genossen ab März 1914 die Hockey- und Rugbyteams des Fußball-Clubs „Frankfurt 1880" Heimrecht. Die Tenniscracks des FC 1880, darunter Spitzensportler wie Oskar Kreuzer und Moritz Freiherr von Bissing, bildeten mit Spielern des Lawn-Tennis-Vereins eine der besten Tennismannschaften Deutschlands. Die vornehmlich aus dem Westend stammenden Mitglieder des später in Sport-Club „Frankfurt 1880" umbenannten vermeintlichen Fußball-Clubs machten die Sportanlage an der Festhalle zum „Mittelpunkt für das sportliche Leben der ersten gesellschaftlichen Kreise unserer Vaterstadt."[82]

Außer den großen nationalen Festen und internationalen Ausstellungen gab die Festhalle einer Vielzahl von kleineren Veranstaltungen Raum. Unter den im Jahresdurchschnitt zehn Veranstaltungen ragen die Internationale Kochkunstausstellung im Oktober 1911, das 17. Deutsche Bundes- und goldene Jubiläums-Schießen im Juli 1912 und das Gastspiel des Circus Sarrasani im November/Dezember 1912 heraus. Der Sechstagekreisel der Radprofis drehte sich im Dezember 1911 erstmals in der Festhalle. Neben den Leistungsschauen der Geflügelzüchter und der Obst- und Gartenbauern kam auch die Kultur

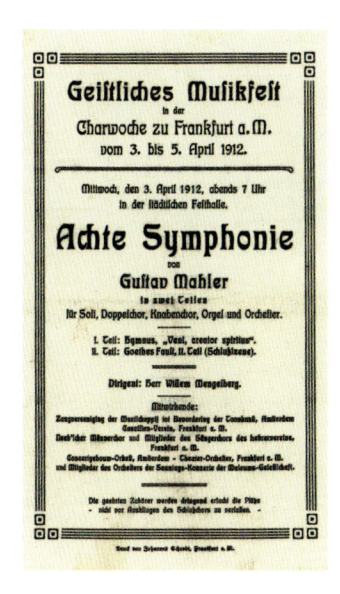

Bürgerliche und sozialdemokratische Musikkultur in der Festhalle. Auf der Titelseite des Programmhefts für das Gausängerfest weht auf dem Kuppelbau die rote Fahne

zu ihrem Recht. In der Karwoche 1912 fand vom 3. bis zum 5. April unter der Leitung des Dirigenten Willem Mengelberg und unter der Mitwirkung Amsterdamer und Frankfurter Orchester und Chöre in der Festhalle ein geistliches Musikfest statt. Zum Auftakt gab es die „Achte Symphonie" von Gustav Mahler, womit Mengelberg einen Herzenswunsch seines 1911 verstorbenen Förderers und Freundes erfüllte. Noch zu Lebzeiten Mahlers hatten die beiden Dirigenten vereinbart, die „Achte" einmal im ganz großen Rahmen aufzuführen. Mengelberg leitete am 3. April 1912 die auf einem Podium an der Westseite der Festhalle platzierten 2.000 Musiker und Sänger mit meisterhafter Ruhe und Sicherheit. Die Konzertbesucher bekamen trotz kleinerer Akustikprobleme an den „bewegteren Stellen" der Symphonie einen wahren Kunstgenuss geboten. Noch unter dem Bann der Konzertveranstaltung stehend räumte das Publikum nur langsam den Saal, in dem, so ein Frankfurter Musikkritiker, „ein in der musikalischen Chronik unserer Stadt auf einem besonderen Blatt einzutragendes künstlerisches Ereignis stattgefunden hat."[83] Den Schlussakkord des Musikfests setzte Mengelberg am Karfreitag 1912 mit der Aufführung der „Großen Passionsmusik" von Johann Sebastian Bach.

Der Arbeiter-Sängerbund zog dem Barockmusiker Bach die Werke des Komponisten Felix Mendelssohn Bartholdy vor. Mit Mendelssohn Bartholdys „Italienischer Symphonie" begann am Pfingstsonntag 1912 eine Matinee des Arbeiter-Sängerbundes für den Rhein- und Maingau in der vollbesetzten Festhalle. Der Deutsche Arbeiter-Sängerbund war 1907 in Berlin mit dem Ziel gegründet worden, „dem internationalen Proletariat für das freie Lied einen Weg zu bahnen."[84] Die 230 Vereine mit 16.000 Mitgliedern, die allein der

Rhein- und Maingau zählte, stärkten das Kunstverständnis und den Zusammenhalt der Arbeiter. Beim Frankfurter Gau-Sängerfest folgte am 26. Mai 1912 auf die Matinee am Nachmittag das stimmgewaltige „Singen der Massenchöre."

Die Festhalle musste 1912 noch immer als Konzertbühne herhalten, weil der geplante Gebäudekomplex ein Torso geblieben war. Die Pläne für den Konzertsaalflügel schlummerten seit Februar 1910 in einer Schublade bei der Ausstellungs- und Festhallen-Gesellschaft mbH still vor sich hin. Friedrich von Thiersch hatte sich unmittelbar nach der Übergabe der Festhalle an die Ausarbeitung der Entwürfe für das an der Ostseite angrenzende Konzerthaus begeben. Der Baubeginn wurde jedoch wegen der angespannten Finanzsituation der Stadt und der Konzentration aller Kräfte auf die Gründung der Stiftungsuniversität auf die lange Bank geschoben. Als das mehrfach überarbeitete und abgespeckte Bauvorhaben im Frühjahr 1912 wieder aus der Versenkung auftauchte, reiste Thiersch Anfang April umgehend nach Frankfurt. Dort besuchte er die von Willem Mengelberg dirigierte Aufführung der Bach'schen „Passionsmusik" und gewann bei dem gesundheitlich angeschlagenen Oberbürgermeister den Eindruck, dass Adickes, bevor er aus dem Amt schied, noch unbedingt die politischen Beschlüsse für den Bau des Konzertsaalflügels herbeiführen wollte. „In Frankfurt soll", schrieb Thiersch am 21. August 1912, „solange Adickes noch am Ruder ist, der musikalische Flügel der Festhalle, den ich nun schon achtmal umprojektiert habe – da braucht's schon eine gewisse Zähigkeit! – gesichert werden. Das wird sich hoffentlich jetzt machen lassen, nachdem die Universität unter Dach gebracht ist."[85] Als Thiersch dies niederschrieb waren Adickes Tage im Amt bereits gezählt.

Das aufreibende Amt des Frankfurter Oberbürgermeisters hatte auf Dauer Adickes Gesundheit ruiniert. Nach mehr als 21-jähriger Amtszeit bat Adickes im März 1912 krankheitsbedingt um die vorzeitige Entbindung von seinen Pflichten, führte dann aber die Amtsgeschäfte so lange weiter, bis der Osthafen am 23. Mai eingeweiht und der Gründungsvertrag der Universität am 28. September 1912 unterschrieben war. Am Tag der Vertragsunterzeichnung ehrte die Stadt den „großen Beweger der Frankfurter Geschicke"[86] mit einer Feier in der Festhalle. Adickes erschien zu dem Festakt in Begleitung seiner Familie und mit einigen ihm besonders verbundenen Mitstreitern wie zum Beispiel Friedrich von Thiersch im Schlepptau. Frankfurter Turner stellten zum Beginn der Feier drei lebende Bilder, die mit der Altstadtsanierung, dem Osthafenbau und der Universitätsgründung an die zentralen Verdienste des scheidenden Stadtoberhaupts erinnerten. In seiner Festrede rekapitulierte der Präsident der Handwerkskammer und Stadtverordnete der Mittelstandspartei, Adolf Jung, die Höhepunkte der „Ära Adickes" und fand auch einige passende Worte zur Persönlichkeit des zum überzeugten Frankfurter gewandelten Norddeutschen. Betuchte Bürger übereigneten dem zum „Ehrenbürger" der Stadt Frankfurt ernannten Adickes das Anwesen Oberlindau 3 als Altersruhesitz.

In einem bewegenden Abschiedsgruß formulierte der bis heute dienstälteste Frankfurter Oberbürgermeister sein politisches Vermächtnis: „Mein Wunsch, den ich der Stadt zum Abschied zurufe, ist: Möge der alte, gute Frankfurter Geist, der Geist der Aufopferung, der Geist des hingebenden Glaubens an die wunderschöne Vaterstadt, alle Zeiten bestehen bleiben! Möge er alle Kreise immerdar erfüllen und dafür sorgen, daß die Bürgerschaft nicht auseinander fällt in eine Anzahl von Klassen und verschiedene Kooperationen, daß vielmehr der Geist der einen, unteilbaren Bürgerschaft fort und fort alle Herzen bewege. Nur dann kann Großes geschaffen werden."[87]

Ausstellungs- und Festhalle
Hohenzollern-Platz.

10,000 qm deckende Halle mit 18 ha grossem Gelände, auf dem umfangreiche Restaurationsräumlichkeiten errichtet sind, in unmittelbarer Nähe des Hauptbahnhofes. Hervorragend geeignet zur Abhaltung von Ausstellungen, Konzerten, Festlichkeiten, Kongressen etc.

Jede Auskunft erteilt die

Telefon: Amt II. 1930. **Ausstellungs- u. Festhallengesellschaft m. b. H.** **Telegr.-Adr.:** Festhalle.
Frankfurt a. M. — Festhalle — Hohenzollern-Platz.

Zeitungsanzeige, um 1912

Anstelle versöhnlicher Signale ertönten am 20. Oktober 1912 in der Festhalle klassenkämpferische Parolen. Der Sozialdemokratische Verein hatte unter dem Motto „Teuerung, Reichstag und preußisches Dreiklassenhaus" zur ersten parteipolitischen Veranstaltung in der Geschichte des Kuppelbaus eingeladen. Im Aufsichtsrat der Ausstellungs- und Festhallen-Gesellschaft war der Nutzungsantrag der Sozialdemokraten am 11. Oktober 1912 unter dem Vorsitz des neuen Oberbürgermeisters Georg Voigt kontrovers diskutiert worden. Geschäftsführer Modlinger befürchtete infolge der regierungsfeindlichen Kundgebung im Landtagswahlkampf einen immensen Imageverlust. Das Wohlwollen der übergeordneten Behörden und des Hofes werde leichtfertig aufs Spiel gesetzt, was schlimmstenfalls die Verlegung des alle vier Jahre unter der Schirmherrschaft des Kaisers in Frankfurt ausgerichteten Sängerwettstreits an einen anderen Ort zur Folge haben könnte.[88] Von den Mitgliedern des Aufsichtsrats lehnte allerdings nur der Großindustrielle Leo Gans eine Vermietung der Halle an die Sozialdemokraten strikt ab. In den Augen der privaten Anteilseigner, so der Chemiefabrikant, stelle die geplante Wahlveranstaltung eine „unsympathische und nicht vorgesehene Benutzung"[89] dar. Weil aber vom Stadtverordnetenvorsteher Friedleben bis zum demokratischen Entwicklungen aufgeschlossener gegenüberstehenden Oberbürgermeister Voigt Konsens darüber herrschte, dass die Festhalle allen politischen Parteien offen stehen sollte, wurde das Mietgesuch des Sozialdemokratischen Vereins am 11. Oktober 1912 bei nur einer Gegenstimme genehmigt.[90]

„Die Festhalle", schrieb die „Frankfurter Zeitung" in der Ausgabe vom 21. Oktober 1912, „erlebte gestern ihre Weihe als politisches Versammlungslokal und hat sich auch in

DER CIRCUS DER FÜNFZEHNTAUSEND

FRANKFURT AM MAIN

FESTHALLE ERBAUT VON PROFESSOR VON THIERSCH FÜR 4,5 MILL. MARK

NOVEMBER-DEZEMBER 1912

SARRASANI

Der Umbau der Frankfurter Festhalle zum Riesencircus ist ein Werk von **GABRIEL A. GERSTER** Zimmergeschäft u. Sägewerk in Mainz

200 PFERDE
Der kostbarste und grösste Marstall, den Europa je sah

200 EXOTISCHE TIERE
Elefanten, Löwen, Kamele, sibirische Tiger, Renntiere, Nilpferde, Affen, Känguruhs, Zebras, Zebroide, Seelöwen, Hunde, Tapire, indische Büffel

400 MITWIRKENDE
Die Elite der europäischen Artistenschaft. Trupps von Chinesen, Japanern, Tripolitanern, Türken, Cowboys, Indianern, Russen usw. usw.
Eigene Feuerwehr
DREI MUSIKKORPS
Ungarn, Deutsche, Bersaglieris

---

z. Zt.: Frankfurt a. M., 29. November 1912
Fernruf: II.2200   Dikt.: JP   Maschine: A
Ständiger Wohnsitz: Radebeul bei Dresden.

Eing. 30. NOV. 1912
J. No. 820

An die sehr verehrliche
Direction der Festhallen-Gesellschaft
  Frankfurt a. M.

Hiermit beehre ich mich Ihnen ganz ergebenst mitzuteilen, dass wir die Brandwache in der Festhalle während des Tages bis zu Beginn der Vorstellung von unserer Hausfeuerwache in der rigorosesten Weise ausüben lassen wollen.

Die gleiche Erklärung haben wir dem Herrn Brandmeister B u c k abgegeben.

Mit vorzüglichster Hochachtung
ergebenst

Stosch-Sarrasani

WANDERSCHAU MIT PRACHTFASSADE | MONUMENTALBAU IN DRESDEN | BERLINER WINTER-CIRCUS

dieser Eigenschaft glänzend bewährt."[91] Am Vortag hatten rund 15.000 Anhänger der Sozialdemokratie auf den Rängen und auf der Rollschuhbahn im Innenraum den von der Kaiserloge (sic!) aus gehaltenen Reden gelauscht. In seiner Begrüßungsansprache rief die Galionsfigur des Sozialdemokratischen Vereins für den Wahlkreis Frankfurt a. M., Max Quarck, Arbeiter und Bürger auf, Schulter an Schulter gegen die ostelbischen Gutsbesitzer und den von ihnen verschuldeten Anstieg der Lebensmittelpreise vorzugehen. Im Anschluss an Quarck warnte der Nürnberger Reichstagsabgeordnete Joseph Simon vor dem Aufziehen eines europäischen Krieges und appellierte an die Friedensliebe des Proletariats. Mit der Parole „Nieder mit dem Krieg, es lebe der Frieden, nieder mit dem Kapitalismus, es lebe der Sozialismus!"[92] brachte Simon die Genossen in Fahrt.

Der Hauptredner des Abends, der Berliner Reichstagsabgeordnete Karl Liebknecht[93], ging in seinen mehrfach von Beifallsjubel unterbrochenen Ausführungen mit der Ungerechtigkeit des preußischen Dreiklassenwahlrechts hart ins Gericht. Das nach der Steuerleistung in drei Klassen abgestufte Wahlrecht zementierte die bestehenden politischen Verhältnisse. Die erste Klasse umfasste die Wahlberechtigten, die als Höchstbesteuerte ein Drittel der direkten Steuern aufbrachten. Zur zweiten Klasse zählten die Bezieher weniger hoher Einkommen, die das zweite Drittel der Steuern entrichteten. Der dritten Klasse wurde das Heer der gering oder gar nicht Direktsteuerpflichtigen, die das letzte Steuerdrittel beitrugen, zugerechnet. Das Votum der „Bourgeoisie" – 1908 vier Prozent der Gesamtbevölkerung – wog somit genau so schwer wie die Stimmen der großen Masse der Geringverdiener (82 Prozent). Das Dreiklassenwahlrecht stand jahrzehntelang im Mittelpunkt der preußischen Verfassungskämpfe und wurde erst 1918 mit der Novemberrevolution beseitigt. Die Teilnehmer der sozialdemokratischen Wahlveranstaltung in der Frankfurter Festhalle hatten sich am 20. Oktober 1912 mit einer Resolution der Forderung nach einem allgemeinen, gleichen und geheimen Wahlrecht angeschlossen. Ein Hoch auf das freie Wahlrecht und die Ermahnung, friedlich auseinander zu gehen, beendeten die Kundgebung. Die „Kleine Presse" konnte ihre Leser am nächsten Morgen im Hinblick auf die Festhalle beruhigen, „daß der stolze Bau noch auf dem alten Fleck steht."[94]

Die Festhalle wurde im Januar 1913 nicht durch die klassenkämpferische Sozialdemokratie, sondern wegen des noch immer fehlenden Erbbauvertrags für das Gelände am Hohenzollern-Platz kurzzeitig in ihren Grundfesten erschüttert. Der Stadtkämmerer hatte den Finger auf die Wunde gelegt und daran erinnert, dass die Festhalle zu vier Fünfteln auf einem Grundstück der Stiftung Waisenhaus erbaut worden war, für das nur ein oberflächlicher auf zehn Jahre befristeter Mietvertrag existierte. Da der Kontrakt keine Option auf eine Verlängerung enthielt, unkte die Presse, dass die Festhalle nach Ablauf der Vertragsdauer theoretisch an das Waisenhaus falle. Die sozialdemokratische Fraktion und die Vertreter der Demokraten sowie der Fortschrittspartei, die am 4. Juni 1907 im Stadtparlament gegen die übereilte Beschlussfassung zum Bau der Festhalle gestimmt hatten, fühlten sich im Nachhinein bestätigt. Die Schuld an dem Versäumnis, die Grundstücksverhältnisse am Hohenzollern-Platz verbindlich geregelt zu haben, liege beim damaligen Oberbürgermeister und dessen „Ueberrumpelungs-Politik."[95] Die Befürchtungen ließen sich bei genauerem Hinsehen rasch wieder entkräften, denn das Waisenhaus unterstand als öffentliche milde Stiftung der mit drei Magistratsmitgliedern und drei Stadtverordneten besetzten Stiftungs-Deputation, die alle Immobiliengeschäfte der Stiftungs-Pflegämter zuvor prüfte. So kam es im Frühjahr 1913 zwischen dem Waisenhaus und der Kommune zu einer gütlichen Einigung, indem die Stiftung das mit der Festhalle und einigen anderen Baulichkeiten belegte Grundstück am Hohenzollern-Platz gegen eine 51.347 Quadratmeter große Fläche aus dem städtischen Immobilienbesitz auf dem westlichen Festhallengelände eintauschte. Über den insgesamt 76.847 Quadratmeter umfassenden Anteil des Waisenhauses am rund 180.000 Quadratmeter großen Terrain der Festhallen-Gesellschaft

Auf die umjubelte Premiere am 16. November 1912 folgte ein 30-tägiges Gastspiel des Circus Sarrasani in der Festhalle

Ausstellungen und Bewährungsprobe

Schützengraben auf dem Festhallengelände, Frühjahr 1915

vereinbarte die Stadt mit der Stiftung einen Mietvertrag auf dreißig Jahre, an den sich ein auf sechzig Jahre befristeter Erbbauvertrag anschließen sollte. Das Erbbaurecht ermöglichte der öffentlichen milden Stiftung durch die lange Laufzeit eine sichere Rendite bei gleichzeitigem Erhalt des Grundeigentums, der Ausstellungs- und Festhallen-Gesellschaft bot es einstweilen Planungssicherheit.[96]

Lautes „Mobil! Mobil!"-Rufen in den Straßen vermeldete am frühen Abend des 1. August 1914 auch in Frankfurt am Main den Ausbruch des Ersten Weltkriegs. Militarismus und Weltmachtstreben waren nach dem Attentat von Sarajevo auf den österreichischen Thronfolger im Juni 1914 in eine Kette von Mobilmachungen und Kriegserklärungen gemündet. Anfang August 1914 herrschte zwischen dem Bündnis aus Deutschland und Österreich-Ungarn einerseits sowie den Ententemächten Frankreich, Großbritannien und Russland andererseits der Kriegszustand. Der Veranstaltungskalender der Festhalle wurde durch den Krieg Makulatur. Die Militärverwaltung nahm den Kuppelbau ab dem ersten Mobilmachungstag auf der Grundlage des Kriegsleistungsgesetzes als Kleiderkammer und Soldatenquartier in Beschlag. Die Festhallen GmbH musste bis auf weiteres auf ihren Geschäftsführer Joseph Modlinger verzichten, der sofort nach Ausbruch des Krieges zu den Fahnen gerufen worden war. Im letzten Kriegsjahr trugen drei von acht Angestellten der Festhallen-Gesellschaft die feldgraue Uniform. Hausinspektor Georg Schlett diente als Angehöriger der Garnisonsverwaltung in der Festhalle, Portier Anton Schäffer war beim Frankfurter Artillerie-Regiment Nr. 63 und Heizer Albin Leber stand an der Front.[97]

Soldatenquartier, um 1916

Um der Zivilbevölkerung die Erfolge der eigenen Truppen und den Alltag an der Front vor Augen zu führen, wurden in der Heimat „Kriegsausstellungen" mit Beutestücken, Militaria und Kunstwerken gezeigt. Im Rahmen dieses Propagandafeldzugs inszenierte das Rote Kreuz mit Unterstützung des Kriegsministeriums im Frankfurter Holzhausenpark in mehreren Baracken eine auch die Fürsorgeeinrichtungen berücksichtigende Schau. Der deutsche Vormarsch war im September 1914 an der Marne zum Stehen gekommen und in einem menschenverachtenden Stellungskrieg erstarrt. Im Westen entstand von der belgischen Küste bis zur schweizerischen Grenze ein auf beiden Seiten durch Schützengräben, Stacheldrahtverhaue und Unterstände gesicherter Frontverlauf. Dass der Bau von Schützengrabensystemen gelernt sein wollte, demonstrierte im Frühjahr 1915 ein Landsturminfanteriebataillon mit der Anlage von Feldbefestigungen auf dem Festhallengelände. „Sogar Schützengräben mit Drahthindernissen und Unterständen", berichtet der Chronist des Ersten Weltkriegs in Frankfurt, Hans Drüner, über das Freilichtmuseum am Hohenzollern-Platz, „wurden dem Großstädter, dem ja nichts Menschliches fremd bleiben durfte, zur Schau gestellt, zuerst im Übungsgelände des Ersatzbataillons der 81er bei der Festhalle, dann in der Nähe des Osthafens, und manche der biederen Besucher meinten nunmehr das Leben des Feldsoldaten aus dem Grunde zu verstehen."[98]

Für die Verwendung der Festhalle als Kaserne entrichtete die Militärverwaltung rund 175.000 Mark Jahresmiete. Als die Militärs 1916 die ohnehin knapp bemessene Entschädigung auf 100.000 Mark kürzten, akzeptierte die GmbH den Einnahmeausfall zähneknirschend, da die Halle im Krieg ansonsten leer gestanden hätte. Der Mietverlust steigerte

Beschwerdeschreiben des Gefreiten Kurt Ganss an Oberbürgermeister Voigt vom 29. August 1918

das Defizit der Festhallen-Gesellschaft im Jahr 1916 auf knapp 226.000 Mark.[99] Mitten im Krieg kam die Stadt ihrer im Gesellschaftsvertrag festgelegten Verpflichtung nach und begann 1915 mit der Rückzahlung von zwanzig ausgelosten Geschäftsanteilen im Nennwert von insgesamt einer halben Million Mark. Der Vorgang wiederholte sich 1916 und 1917, so dass die Stadt Frankfurt ab dem 1. Januar 1918 Alleingesellschafterin der Ausstellungs- und Festhallen-Gesellschaft mbH war. Die Kommune kam in den Besitz einer durch die militärische Inanspruchnahme in ihrem Wert stark geminderten Festhalle. Im Juni 1918 lagen in dem Kuppelbau das Ersatzbataillon des Infanterieregiments Nr. 81, ein Teil der Flak-Ersatz-Abteilung I und Büros der Kraftfahrer-Ersatz-Abteilung VI. Darüber hinaus machten durch Frankfurt kommende Truppentransporte in der verkehrsgünstig gelegenen Festhalle Zwischenstation.[100]

Die überaus starke Fluktuation und die Einquartierung von Hunderten Soldaten brachte es mit sich, dass die hygienischen Verhältnisse in der Festhalle nach vier Kriegsjahren sehr zu wünschen übrig ließen. Der Gefreite der Flak-Ersatz-Abteilung I, Kurt Ganss, richtete am 29. August 1918 einen Hilferuf an Oberbürgermeister Georg Voigt, in dem er die Zustände in dem Massenquartier anprangerte. „Millionen von Wanzen", so der couragierte Gefreite, „und in der letzten Zeit auch Kleider-Läuse machen den Aufenthalt darin für jeden der Bedauernswerten, die man dort zu wohnen zwingt, zu einer ständigen Tortur und sie haben den schlechten Ruf der Stadt Frankfurt als Garnison schon ziemlich weit verbreitet."[101] Da die höheren Dienstgrade nichts gegen die Ungezieferplage unternähmen, übernachte mehr als die Hälfte der in die Festhalle abkommandierten Flaksoldaten unerlaubterweise in der Stadt. Der Gefreite Ganss gab als Absender auf dem mehrseitigen Gesuch das Hotel Baseler Hof am Wiesenhüttenplatz an. Aus Angst vor Sanktionen bat Ganss den Oberbürgermeister um Diskretion. Voigt nahm sich der Angelegenheit an und beauftragte den Magistratskommissar für Militärangelegenheiten, Walter Saran, den Klagen des Gefreiten nachzugehen. Ob die von der Militärverwaltung mit dem Stadtrat verhandelte Desinfektion der Festhalle mit Blausäure noch vor dem Kriegsende erfolgt ist, geht aus den überlieferten Akten leider nicht hervor.[102]

Im vierten Kriegsjahr waren die Ressourcen des Kaiserreichs nahezu erschöpft. Die „Metall-Mobilmachungsstelle" hatte daher den Auftrag, in Privatbesitz befindliche Rohstoffe zu beschlagnahmen. Bei der Frankfurter Ausstellungs- und Festhallen-Gesellschaft ging im Sommer 1918 ein Ultimatum der Mobilmachungsstelle ein, wonach die 74 Tonnen wiegende Kupferbedeckung des Kuppelbaus bis zum 30. September abzuliefern war. Der wieder auf seinen Posten zurückgekehrte Geschäftsführer Modlinger bat Oberbürgermeister Voigt inständig, gegen die mehr Schaden als Nutzen anrichtende Anordnung Einspruch zu erheben. Neben der finanziellen Einbuße für die GmbH von bis zu 140.000 Mark drohe die Festhalle durch die Abnahme der Kupferbedeckung von einem „Kultur-Denkmal der Stadt Frankfurt zu einem der Stadt schadenden Zerrbilde"[103] verunstaltet zu werden. Um Zeit zu gewinnen, beantragten der Magistrat und die Festhallen-GmbH am 2. Juli 1918 bei der „Metall-Mobilmachungsstelle" mit Sitz in Berlin die Befreiung von der Ablieferungspflicht des Dachkupfers. Im Interesse der Stadt Frankfurt gaben der Oberbürgermeister und die Geschäftsführung zu bedenken, dass die Abnahme des Kupfers und die Neueindeckung mit Dachpappe die komplette Einrüstung des Gebäudes erfordern und über Monate den Kasernenbetrieb beeinträchtigen würden. Das Verzögerungsmanöver war erfolgreich, denn mit der Unterzeichnung des Waffenstillstands am 11. November 1918 hatte sich auch die Abnahme der Kupferdeckung von der Festhalle erledigt.[104]

Der Ausstellungs- und Festhallen-Gesellschaft mbH war sehr daran gelegen, dass die militärische Beschlagnahmung des Kuppelbaus möglichst lange fortdauerte. Andere Mieter waren in der Nachkriegszeit nicht in Sicht. Die Festhalle diente bei der Demobilisierung heimkehrenden Truppen als Versorgungs- und Aufnahmestation. Die Militärverwaltung gab das Gebäude am 12. Februar 1919 endgültig zurück. Der Reichsfiskus zahlte der GmbH für Schäden am Gebäude und Verlusten an Mobiliar rund 510.000 Mark, die umgehend in die Wiederherstellung der Festhalle investiert wurden. Im Frühjahr 1919 war die Ausstellungs- und Festhallen-Gesellschaft wieder Herr im eigenen Haus.[105]

Keimzelle der Messe

„Brücke zwischen den Völkern"

Keimzelle der modernen Messe 1918–1933

Die Besucher der ersten Internationalen Einfuhrmesse grüßten im Oktober 1919 die schwarzrotgoldenen Farben der Demokratie am Fahnenmast auf dem Dach der Festhalle. Im Herbst 1918 hatten sich mit dem Ausbruch der Revolution und der Ausrufung der Republik in Berlin die Ereignisse überschlagen. Die Deutschen lebten im nach dem Tagungsort der verfassunggebenden Nationalversammlung „Weimarer Republik" genannten Zeitabschnitt von 1919 bis 1933 erstmals in einer Demokratie. Die Einführung des allgemeinen und gleichen Wahlrechts veränderte die Kräfteverhältnisse in den Parlamenten grundlegend. So stellte die Sozialdemokratische Partei Deutschlands (SPD) bis 1933 in der Frankfurter Stadtverordnetenversammlung die stärkste Fraktion und bildete mit der Deutschen Demokratischen Partei (DDP) und dem Katholischen Zentrum die von Fall zu Fall von der rechtsliberalen Deutschen Volkspartei (DVP) verstärkte „Weimarer Koalition". Das unter der Leitung des linksliberalen Ludwig Landmann (DDP) stehende städtische Wirtschaftsamt schmiedete Pläne zur Wiederbelebung der im 19. Jahrhundert zu bedeutungslosen Detailmärkten mit Volksfestcharakter herabgesunkenen Frankfurter Handelsmessen.

Keimzelle der Messe

Werbemarke für die Brücken schlagende Einfuhrmesse. Entwurf von Ludwig Hohlwein aus dem Jahr 1919

Nach der im Versailler Vertrag besiegelten deutschen Niederlage im Ersten Weltkrieg musste die auch wirtschaftlich isolierte Republik einen Neubeginn suchen und die abgebrochenen Handelsbeziehungen zum Ausland wieder aufnehmen. Frankfurt war aufgrund der günstigen geographischen Lage am „Straßenkreuz Europas" und der Stellung als internationales Handelszentrum zum Messeplatz prädestiniert und sollte einen wichtigen Beitrag zur Wiederaufrichtung der südwestdeutschen Volkswirtschaft leisten.[106] Der visionäre Wirtschaftsdezernent Ludwig Landmann stellte die Weichen für den Aufstieg der Mainmetropole zur modernen Messestadt. Unter Vorlage einer wohldurchdachten Messekonzeption beantragte Landmann beim Magistrat die Bewilligung eines für die Vorbereitungen erforderlichen Kredits. „Im Herbst dieses Jahres", heißt es in dem am 21. Mai 1919 vom Wirtschaftsdezernenten unterzeichneten Papier, „soll in Frankfurt am Main eine Einfuhrmesse veranstaltet werden. Es ist geplant, die Festhalle als Ausstellungsräume zu benutzen. Die oberste Leitung der Messe wird von einem Ausschuß des Wirtschaftsamtes, der aus Vertretern der Stadtverwaltung und sachverständigen Personen zusammengesetzt ist, zu übernehmen sein. Die laufenden Geschäfte werden von dem Direktor der Festhalle, Herrn Modlinger, der zu diesem Zweck dem Wirtschaftsamt beizugeben ist, geführt."[107] In Abgrenzung zu der als Verkaufsmesse konzipierten Leipziger Messe und im Hinblick auf den infolge des Krieges und die alliierte Blockade bestehenden „Warenhunger" sollte in Frankfurt eine „Einfuhrmesse" stattfinden. Die deutsche Industrie versprach sich von der internationalen Beteiligung die Einfuhr dringend benötigter Rohstoffe und Halbfabrikate. Darüber hinaus sollten der Export angekurbelt und alte Absatzgebiete zurück gewonnen werden. Der Magistrat genehmigte den Antrag des Wirtschaftsamts und stockte den Messeetat im August 1919 um eine halbe Million Mark auf. Das Interesse der Aussteller hatte die höchsten Erwartungen übertroffen und die Einrichtung von fünf provisorischen Hallen sowie die Einbeziehung von sechs nahe gelegenen Schulen erforderlich gemacht, wodurch die Kosten in die Höhe getrieben wurden. Schlussendlich standen den rund 2.600 Ausstellern Anfang Oktober 1919 circa 16.500 Quadratmeter Standfläche zur Verfügung. Unter den etwa 110 ausländischen Ausstellern waren jeweils vierzig Schweizer und Holländer, dazu kamen noch einige Vertreter Italiens, Frankreichs, Großbritanniens und der Vereinigten Staaten.[108]

Die erste Internationale Einfuhrmesse öffnete am 1. Oktober 1919 ihre Pforten für das Publikum und machte die Festhalle zur Keimzelle der modernen Messe. Tags zuvor hatte Oberbürgermeister Georg Voigt vor geladenen Gästen bei der Eröffnungsfeier im Großen Saal der Frankfurter Börse die weit über die Handelsfunktion hinausgehende Friedensmission der Messe beschworen, als er davon sprach, „daß die persönliche Berührung aller beteiligten Industrie- und Handelskreise am ehesten imstande sein wird, die erstarrten Beziehungen wieder in Fluß zu bringen und verbindende Brücken über die letzten Jahre der Vergangenheit zu schlagen. […] Was an Frankfurt liegt, so wird alles getan, um der internationalen Veranstaltung als einer Friedensdemonstration […] einen glänzenden Verlauf zu sichern."[109] Vom zweiten Rang der Festhalle aus erschienen die Kojen der rund 1.500 Aussteller auf der ersten Galerie und im Innenraum wie kleine „Puppenstuben". In dem zentralen Gebäude der Einfuhrmesse waren Textil- und Lederwaren, Möbel, Kunstgewerbe, Schmuck, Toilettenartikel und Produkte der chemisch-technischen Industrie untergebracht. Die Offenbacher Lederwarenfabrikanten präsentierten in der Rotunde eine Kollektivausstellung. Das Oberhaupt der Republik, Reichspräsident Friedrich Ebert, nahm die Einfuhrmesse zum Anlass für einen ersten Besuch in Frankfurt am Main. Wirtschaftsdezernent Landmann begrüßte das Staatsoberhaupt am 3. Oktober 1919 in der Festhalle und geleitete Ebert bei einem Rundgang über das Ausstellungsgelände. Der Besuch des Reichspräsidenten kam einer nachträglichen Anerkennung der Frankfurter Einfuhrmesse durch den Staat gleich, zumal Ebert die Bedeutung der Handelsbeziehungen für die Völkerverständigung bekräftigte.[110]

Postkarten der Frankfurter Internationalen Messe, um 1921

„Das Höfchen" Eingang zum Haus Offenbach und zu den Osthallen

Blick in die Festhalle (Textilmesse)

Keimzelle der Messe

Als die Messe am 15. Oktober 1919 zu Ende ging, lagen der Ausstellungs- und Festhallen-Gesellschaft bereits 1.000 Anmeldungen für die nächste Veranstaltung im Frühjahr 1920 vor. Die Festhallen GmbH erzielte mit dem zweiwöchigen Großereignis einen kaum nennenswerten Gewinn von 4.300 Mark. Aufs Ganze gesehen bestand der nicht in Gold aufzuwiegende Nutzen der „Einfuhrmesse" in einem, so Landmann, mächtigen „Impuls für das gesamte Frankfurter Wirtschaftsleben. Für ihre Weiterentwicklung Sorge zu tragen, muß deshalb eine wichtige Aufgabe der Stadtverwaltung sein."[111] Anlass zu Kritik hatten die irreführende Bezeichnung „Einfuhrmesse" und der Unterrichtsausfall an den sechs zweckentfremdeten Schulen gegeben. Dem von der Leipziger Messeleitung erhobenen Vorwurf des Etikettenschwindels trug die Frankfurter Festhallen-Gesellschaft insofern Rechnung, als sie den Veranstaltungstitel in „Frankfurter Internationale Messe" änderte. Die sowohl von Direktoren und Eltern als auch von betroffenen Ausstellern bemängelte Umfunktionierung von Schulen zu Messehäusern ließ sich dagegen nicht mit einem Federstrich aus der Welt schaffen. Wirtschaftsdezernent Landmann beantragte am 4. November 1919 beim Magistrat ein 3,5-Millionen-Darlehen für die Ausstellungs- und Festhallen-Gesellschaft. Die Finanzspritze sollte der GmbH den Ankauf von drei Holzhallen und die Errichtung eines massiven Messegebäudes östlich der Festhalle ermöglichen. Nur bei einem entsprechenden Angebot an Ausstellungsflächen konnte sich die Frankfurter Messe auf Dauer etablieren. Nach den Berechnungen des Wirtschaftsamtes musste die ausrichtende Festhallen-GmbH jährlich mindestens zwei Messen veranstalten, um schwarze Zahlen zu schreiben. In der messefreien Zeit konnte die Festhalle wie in den Vorkriegsjahren vermietet werden.[112] Bis zur Frühjahrsmesse im Mai 1920 blieb nicht mehr viel Zeit. Die Stadtverordnetenversammlung beeilte sich daher, der Ausstellungs- und Festhallen-Gesellschaft am 25. November 1919 ein Darlehen von vier Millionen Mark zur Schaffung zusätzlicher Ausstellungsflächen zu genehmigen. Mit dem Bau der Hallen sollte ein Frankfurter Architekt betraut werden.[113]

Bei der Ausstellungs- und Festhallen-Gesellschaft mbH drehte sich vorerst alles um die Internationalen Messen. Folgerichtig schlug Wirtschaftsdezernent Landmann eine Umbenennung der Firma in Messe- und Ausstellungs-Gesellschaft mbH vor, die am 10. März 1920 in Kraft trat. Zur Verteilung der steigenden Arbeitsbelastung auf mehrere Schultern verpflichtete die Messe-Gesellschaft im April 1920 neben dem bewährten

Im Briefkopf spiegelt sich die Umbenennung der Ausstellungs-Gesellschaft, 1921/26

Joseph Modlinger mit dem Diplom-Ingenieur Otto Ernst Sutter einen zweiten Geschäftsführer. Insgesamt beschäftigte die GmbH 13 Beamte, darunter zwei mit einfacheren Verwaltungstätigkeiten befasste Kontoristinnen, einen Hausinspektor, zwei Werkmeister, einen Heizer und mehrere Portiers. Der Torwächter Wilhelm Alt bewohnte mit seiner Frau eine der beiden im Südwestturm der Festhalle von der Messe-Gesellschaft vermieteten Personalwohnungen.[114]

Die Festhalle bekam im April 1920 ungebetenen Besuch, als eine unbekannte Anzahl französischer Soldaten im Wachlokal der Feuerwehr Quartier nahm. Die Männer gehörten zur 37. Infanterie-Division der Rheinarmee, die am 6. April 1920 Frankfurt am Main besetzt hatte. Mit dem Vorrücken aus dem Brückenkopf von Mainz reagierte Frankreich auf den Einmarsch von Reichswehrtruppen in die durch den Versailler Vertrag entmilitarisierte Zone am Niederrhein. Auf Befehl der demokratischen Regierung in Berlin sollte die Reichswehr im Ruhrgebiet die öffentliche Ordnung wiederherstellen. Dort hatte das Vorgehen einer von sozialistischen Gruppierungen als Reaktion auf den Kapp-Putsch militanter Rechtskreise gebildeten „Roten-Ruhr-Armee" für bürgerkriegsähnliche Zustände gesorgt. Frankfurt diente den Franzosen als militärisches Faustpfand, das die Reichsregierung zum Abzug ihrer Truppen aus dem Ruhrgebiet bewegen sollte. Die Verwicklung in die große Politik kam für die Messe-Gesellschaft zum denkbar ungünstigsten Zeitpunkt. Einen Monat bevor die Frühjahrsmesse am 2. Mai 1920 ihre Pforten öffnen sollte, verschreckte die französische Besetzung viele potentielle Besucher. Im „Hippodrom", das die Messe GmbH als Ausstellungshalle angemietet hatte, war das Gros der Besatzungstruppen einquartiert. Damit die Internationale Messe wie geplant stattfinden konnte, wurde innerhalb weniger Tage ein provisorischer Ersatzbau auf dem Messegelände am Hohenzollern-Platz aus dem Boden gestampft. Immerhin lockerte die Besatzungsmacht mit Rücksicht auf die Messe den Belagerungszustand und hob die nächtlichen Ausgangssperren sowie Reise- und Passbeschränkungen auf. Mit den letzten Ausstellern rückte Mitte Mai 1920 auch die französische Armee wieder ab, nachdem sich zuvor die Reichswehr aus dem Ruhrgebiet zurückgezogen hatte.[115]

Die Ereignisse im Frühjahr 1920 hatten den Verantwortlichen die Dringlichkeit eines Ausbaus des Messegeländes noch einmal unmissverständlich vor Augen geführt. Das

Keimzelle der Messe

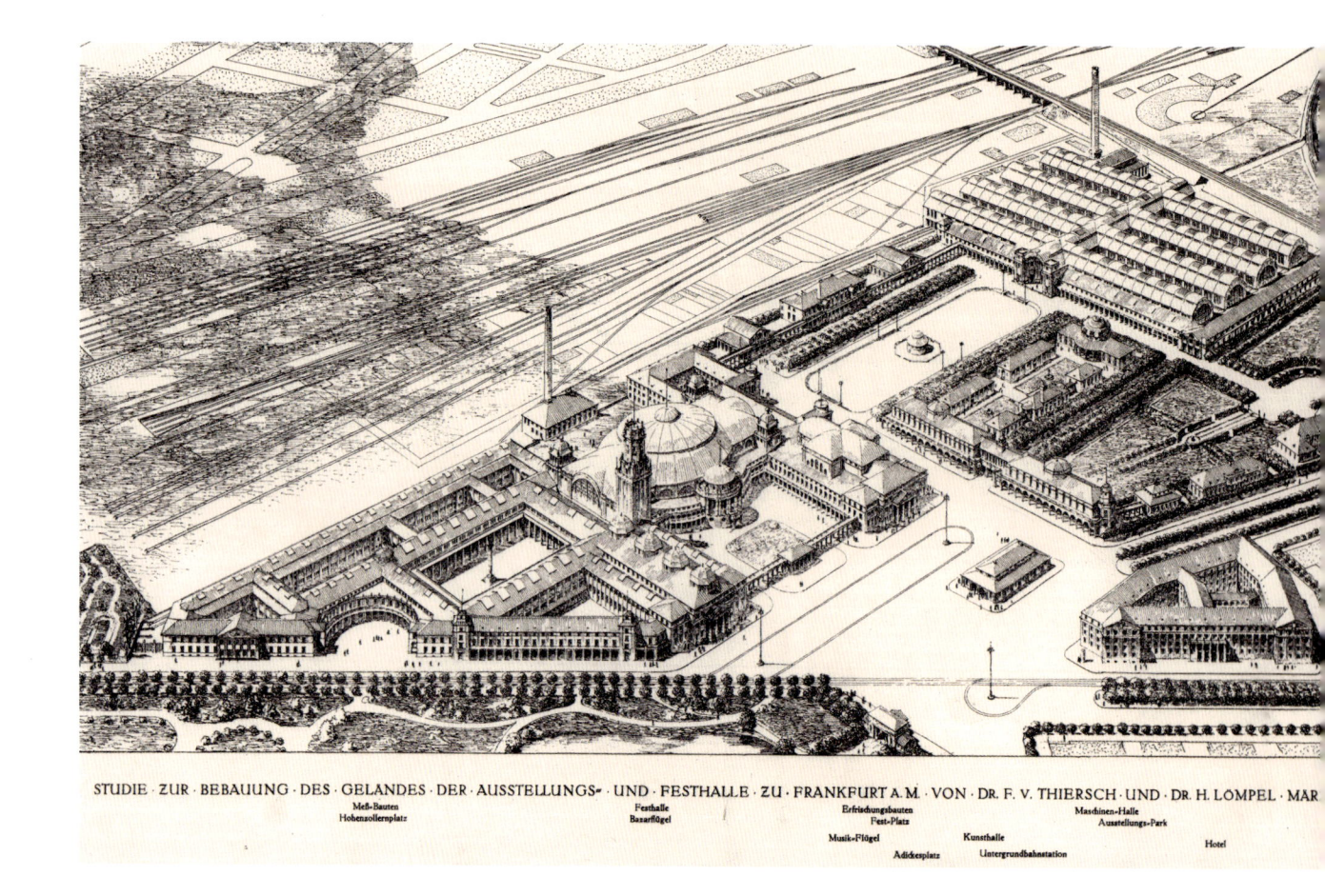

STUDIE · ZUR · BEBAUUNG · DES · GELANDES · DER · AUSSTELLUNGS- · UND · FESTHALLE · ZU · FRANKFURT A.M. · VON · DR. F. V. THIERSCH · UND · DR. H. LÖMPEL · MÄR

Meß-Bauten Festhalle Erfrischungsbauten Maschinen-Halle
Hohenzollernplatz Bazarflügel Fest-Platz Ausstellungs-Park
 Musik-Flügel Kunsthalle
 Adickesplatz Untergrundbahnstation Hotel

Die konkurrierenden Entwürfe von Thiersch (links) und Roeckle für das Festhallengelände aus dem Jahr 1920

nach der „Einfuhrmesse" im Herbst 1919 errichtete massive Ausstellungsgebäude reichte nicht aus, um den Platzmangel zu beheben. Entgegen dem Beschluss der Stadtverordneten hatten sich der mit dem Bau der Messehalle beauftragte Frankfurter Architekturprofessor K. von Löhr und der Verfasser des Vorprojekts, Friedrich von Thiersch, nicht auf eine Zusammenarbeit verständigt. Die beiden Professoren waren nicht übereingekommen, da Löhr die alleinige künstlerische Oberleitung beanspruchte und Thiersch zumindest eine Gleichstellung erwartet hatte. Ohne Thierschs Zutun war bis zur zweiten Internationalen Messe östlich der Festhalle das „Haus Offenbach" entstanden. In dem zum Hohenzollern-Platz gerichteten massiven Kopfbau des Gebäudes lagen die Büros der Messe-Gesellschaft und ihrer Betriebsabteilung, dem Messamt. Darauf folgten in westlicher Richtung die hölzernen Ausstellungshallen mit einer der Festhalle entsprechenden Nutzfläche. Das innerhalb kurzer Zeit und mit einfachen Mitteln errichtete „Haus Offenbach" war im Vergleich zu dem benachbarten repräsentativen Kuppelbau nur ein „Sparbau".[116]

Obwohl er schon auf die siebzig zuging, wollte sich Friedrich von Thiersch nicht kampflos aus „seinem" Festhallen-Projekt hinausdrängen lassen. Mit Heinrich Lömpel als Koautor verfasste Thiersch eine Studie zur baulichen Entwicklung des Festhallengeländes, deren Druck er im März 1920 aus eigener Tasche finanzierte. In der Einleitung erinnerten die beiden Autoren daran, dass die Festhalle nicht als einzeln stehendes Gebäude geplant worden war: „So, wie der Hallenbau heute von außen erscheint, ist er noch ein Torso, ein unverständliches Mittelstück eines großen noch nicht vorhandenen Gesamtbildes."[117] Thiersch knüpfte an seine Vorentwürfe aus dem Jahr 1912 an, verlegte jetzt aber den Musikflügel von der Ost- auf die Westseite der Festhalle. Auf dem Ostdreieck,

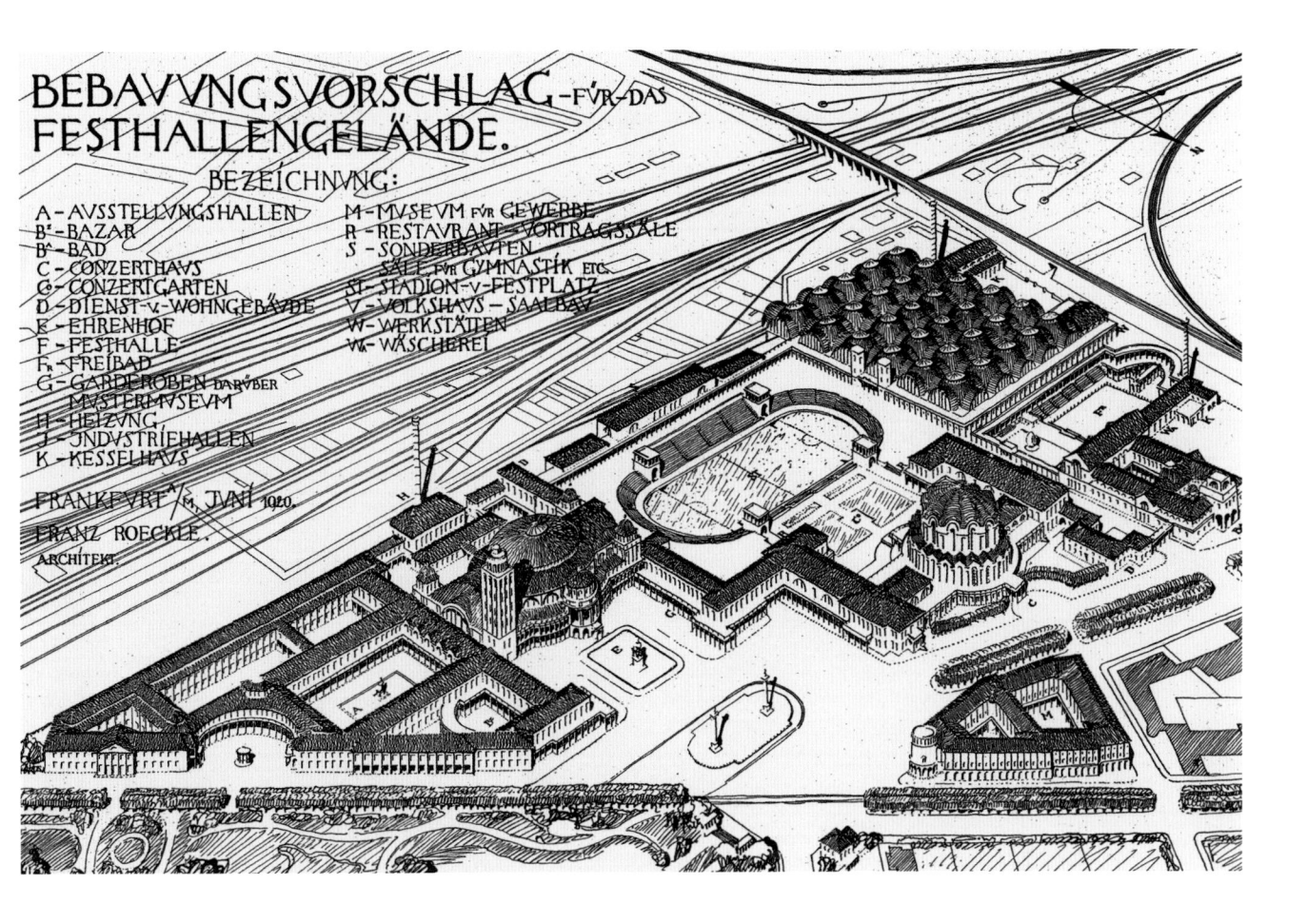

BEBAUUNGSVORSCHLAG FÜR DAS FESTHALLENGELÄNDE.

BEZEICHNUNG:
A - AUSSTELLUNGSHALLEN
B¹ - BAZAR
B² - BAD
C - CONZERTHAUS
G - CONZERTGARTEN
D - DIENST- U. WOHNGEBÄUDE
E - EHRENHOF
F - FESTHALLE
F₁ - FREIBAD
G - GARDEROBEN DARÜBER MUSTERMUSEUM
H - HEIZUNG
J - INDUSTRIEHALLEN
K - KESSELHAUS
M - MUSEUM FÜR GEWERBE
R - RESTAURANT – VORTRAGSSÄLE
S - SONDERBAUTEN
SÄLE FÜR GYMNASTIK ETC.
ST - STADION U. FESTPLATZ
V - VOLKSHAUS – SAALBAU
W - WERKSTÄTTEN
W - WÄSCHEREI

FRANKFURT ⅙ JUNI 1920.
FRANZ ROECKLE,
ARCHITEKT.

wo mit dem „Haus Offenbach" bereits Fakten geschaffen waren, ordneten die Münchner Architekten die Verwaltung, Ausstellungshallen und ein Bazargebäude an. Das westliche Messegelände sollte unter anderem mit einer Kunsthalle, einem großen Industrie- und Maschinengebäude sowie einem „Torhaus" an der Bismarck-Allee bebaut werden. Für den Platz vor der Festhalle, von Thiersch „Adickesplatz" genannt, waren eine „U-Bahnstation" und die Endhaltestelle der Straßenbahn vorgesehen. Das Wahrzeichen der Gesamtanlage bildete nach wie vor der Hauptturm an der Nordostecke der Festhalle. Im Schlusswort äußerten sich die beiden Verfasser der Studie zu ihren Beweggründen und bezeichneten es geradezu als eine Verpflichtung, „die Umgebung der von ihnen erbauten Festhalle in die rechten Wege zu leiten."[118]

Gegen die geschlossene Phalanx der Frankfurter Architekten gab es für die beiden Münchner kein Durchkommen. Seit der Jahrhundertwende in Frankfurt als Architekt tätig und durch die Erbauung der Westendsynagoge und des Israelitischen Krankenhauses hervorgetreten, verfasste Franz Roeckle im Juni 1920 als Gegenschrift zu Thiersch eine „Bebauungsstudie für das Festhallengelände." Roeckle rückte wirtschaftliche Gesichtspunkte in den Vordergrund und ergänzte die Ausstellungsbauten durch Sportanlagen. Friedrich von Thiersch wagte sich am 1. März 1921 in die Höhle des Löwen und verteidigte sein Projekt in einer Mitgliederversammlung des Frankfurter Architekten- und Ingenieurvereins. „Er konnte dabei", berichtete sein Neffe Hermann Thiersch über den denkwürdigen Auftritt, „sein Befremden nicht unterdrücken, daß man seine Pläne durch Bauten, die wie das Werkbundhaus von F. Voggenbergers so wenig zum Stile seiner Festhalle paßten, durchkreuze. Auf dem Festhallengelände sollte nur ein einheitlich schöpferischer Baugedanke zum Durchbruch kommen. Darum sei ihm auch in der Ära Adickes eine vorherige Begutachtung aller künftigen Um- und Anbauten zugesichert worden. Aber er predigte tauben Ohren. Seine Pläne wurden als nicht mehr zeitgemäß verworfen."[119]

Für das von dem Frankfurter Architekten Fritz Voggenberger konzipierte „Haus Werkbund" hatte im September 1920 eine Denkschrift des Messamts mit dem Titel „Vorschläge für ein Messebauprogramm" den Boden bereitet. Die beiden Geschäftsführer Modlinger und Sutter sprachen sich in der Studie für eine Messe der kurzen Wege aus. „Auf dem Prinzip dieser räumlichen Konzentration", so das Autorenduo, „ist unsere Messe aufgebaut."[120] Schritt für Schritt sollten daher für die in Schulen ausgelagerten Messegruppen Ausstellungshallen auf dem zentralen Festhallengelände am Hohenzollern-Platz erbaut werden. Bis zur Herbstmesse 1921 war für die bislang im Goethe-Gymnasium untergebrachte kunstgewerbliche Abteilung die Errichtung des „Hauses Werkbund" vorgesehen. Die Messe-Gesellschaft veranschlagte für den Neubau und eine Erweiterung des „Hauses Offenbach" zehn Millionen Mark, die über eine Anleihe gedeckt werden sollten. Die Kommune unterstützte den Ausbau der „Messestadt" am Hohenzollern-Platz, indem sie für die Zinsen und die Tilgung der Anleihe bürgte. In einem Punkt stimmten im März 1921 Friedrich von Thiersch und die Frankfurter Architektengilde überein: Für das Messegelände fehlte ein verbindlicher Bebauungsplan. Die Messe-Gesellschaft, so die geballte Kritik der Architekten, reihe „ohne Rücksicht auf den späteren Gesamtorganismus"[121] eine Halle an die andere.

Die Frühjahrsmesse 1922 verzeichnete trotz fortschreitender Geldentwertung einen Rekordbesuch. Auf die steigende Ausstellerzahl im Technikbereich reagierte die Messe GmbH mit dem Bau des „Hauses der Technik". Bevor die erste massive Ausstellungshalle auf dem westlichen Messegelände realisiert werden konnte, musste die GmbH das Terrain in ihren Besitz bringen. Seit Herbst 1921 verhandelte die Messe-Gesellschaft mit dem Pflegamt der Stiftung Waisenhaus über den Verkauf des 76.900 Quadratmeter umfassenden und für das weitere Wachstum des Unternehmens unverzichtbaren Geländes. Nachdem die GmbH mit der Stiftung handelseinig geworden war, wechselte im Mai 1922 der im Westen der Festhalle gelegene Grund und Boden für knapp 5,4 Millionen Mark den Eigentümer. Während die Messe-Gesellschaft nur einen Bruchteil der Kaufsumme sofort beglich, wurde auf das Gelände unter der Bürgschaft der Stadt eine erste Hypothek über 5,2 Millionen Mark eingetragen. Das von der MAN bis zur Herbstmesse 1922 errichtete Gebäude verfügte über eine Nutzfläche von 13.500 Quadratmetern und war mit großen fahrbaren Kränen unter der Hallendecke ausgestattet, damit auch die Erzeugnisse der Schwerindustrie bewegt und ausgestellt werden konnten. Nach der Einweihung des „Hauses der Technik" nahm die Geschäftsführung der Messe auf dem Ostdreieck mit dem „Haus Schuh und Leder" übergangslos das nächste Hallenprojekt in Angriff. Neben dem Gebäude für Lederwaren investierte die Messe- und Ausstellungs-Gesellschaft mbH 1922/23 mit dem Verlegen eines direkten Gleisanschlusses zum Güterbahnhof, dem Bau einer Lagerhalle und der Verbesserung der Gastronomie in die Infrastruktur der Frankfurter Messe. Vor dem Hintergrund der inflationsbedingten Wirtschaftskrise glich das boomende Messeunternehmen einem Anachronismus.[122]

Die seit Kriegsende schwelende Geldentwertung nahm 1923 katastrophale Ausmaße an. Die ungeheuren Materialschlachten des Ersten Weltkriegs waren über Staatsanleihen finanziert worden. In Verbindung mit den 1919 Deutschland im Versailler Vertrag auferlegten Reparationen überstieg die Rückzahlung der Kriegsanleihen die Finanzkraft der „Weimarer Republik" bei weitem, so dass die Notenpressen in Gang gesetzt werden mussten. Der Preis für ein Laib Brot (1 kg) kletterte zum Beispiel von etwas mehr als vier

Plakatwerbung für die Frankfurter Internationale Messe (FIM) aus dem Jahr 1921. Im Fluchtpunkt steht als Messelogo das vom geflügelten Reisehut des antiken Gottes der Kaufleute, Merkur, gekrönte Kürzel FIM

4. FRANKFURTER
INTERNATIONALE
MESSE
10.-16. APRIL 1921
F·I·M
Auskunft
durch das Messamt
Frankfurt a. M.
KFD

Keimzelle der Messe

Die Festhalle mit dem an der Westseite angebauten „Haus der Moden" und dem im Süden angrenzenden Güterbahnhof, um 1925

Mark im Januar 1922 bis Oktober 1923 auf exorbitante 3.611.111 Mark. Die Frankfurter Herbstmesse 1923 fand wie gewöhnlich statt. Auf die üblichen Feierlichkeiten wurde bei der Eröffnung am 23. September 1923 allerdings verzichtet. Die Stimmung unter den Ausstellern, deren Anzahl gegenüber den Vorjahren nur unwesentlich zurückgegangen war, hellte sich in den meisten Branchen in den ersten Messetagen auf und wurde von der Messeleitung als „befriedigend" eingestuft. Einzelne Firmenvertreter der Textilindustrie, die in der Festhalle untergebracht war, berichteten von „Billionen-Umsätzen". In den Zeiten der Inflation reagierte der Markt ausgaben- und damit konsumfreudig, was einem lebhaften Messegeschäft zugute kam. „Unsere Zeit ist krank, aber die Frankfurter Messe ist gesund"[123], brachten es die „Frankfurter Nachrichten" auf den Punkt. Die Konsolidierung des Geldmarktes gelang nach einer im November 1923 verabschiedeten Währungsreform nur langsam. Als neues Zahlungsmittel wurde vorübergehend die Renten- und ab August 1924 die Reichsmark im Verhältnis eins zu einer Billion Papiermark ausgegeben. Die zum 1. Januar 1924 nach der neuen Verrechnungseinheit in Goldmark aufgestellte Eröffnungsbilanz der Messe- und Ausstellungs-Gesellschaft mbH bezifferte den gesamten Besitz an Grund und Boden sowie an Immobilien auf 3,5 Millionen Goldmark, wovon allein auf die Festhalle eine Million entfiel. Das Unternehmen war Geschäftsführer Modlinger zufolge gesund. Die Messe GmbH gehörte zur Gruppe der „Inflationsgewinnler", denn die zum Ausbau der Messestadt aufgenommenen Darlehen waren jetzt kaum noch das Papier der Schuldverschreibungen wert.[124]

Die Festhalle platzte während der Internationalen Messen als Standort der zentralen Textilgruppen buchstäblich aus allen Nähten. Um die Entfaltungsmöglichkeiten des Kern-

Verkehrsunterricht während der Frühjahrsmesse 1926

segments zu verbessern, lobte die Messe-Gesellschaft Anfang 1924 einen Architektenwettbewerb aus, der einen an die Festhalle angrenzenden Flügelbau und die Gestaltung des vor der Nordfassade entstehenden „Ehrenhofs" beinhaltete. Unter den am 8. Mai 1924 von einer Jury mit gleichen Preisen ausgezeichneten sechs Entwürfen vermochte keiner voll und ganz zu überzeugen. Die Messe brachte daraufhin die beiden Preisträger K. von Löhr und Robert Wollmann mit dem künstlerischen Berater des Messamts, Professor Peter Behrens, zusammen und bat sie um die gemeinschaftliche Ausarbeitung eines neuen Vorschlags. Die drei Architekten entwickelten einen mächtigen an die Festhalle angrenzenden Westflügel, der über eine auf die Bedürfnisse der Textilbranche zugeschnittene Nutzfläche von 8.900 Quadratmetern verfügte. Mit dem 1924/25 errichteten „Haus der Moden" war der Ausbau der Messestadt abgeschlossen. Im Zentrum der Anlage stand nach wie vor die alle anderen Gebäude überragende Festhalle.[125]

Im Geschäftsjahr 1926 musste die Messe- und Ausstellungs-Gesellschaft mbH den Gürtel enger schnallen. Die allgemeine Flaute hatte sich schon im Vorjahr angedeutet und führte nun zu Einnahmeausfällen bei den Standmieten und beim Eintrittskartenverkauf. Um die Attraktivität der Internationalen Messen für das Publikum zu erhöhen, veranstaltete die GmbH zeitgleich große Sonderausstellungen in der Festhalle. Während der Frühjahrsmesse 1926 weckte eine der Automobil-Abteilung angegliederte „Verkehrsregelungsschau" sowohl bei Schaulustigen als auch bei Fachbesuchern Interesse. Im Herbst 1926 fand die Informationsschau „Von der Faser zum Gewebe", die den Produktionsprozess von Textilien erläuterte, starke Beachtung. Trotz aller Bemühungen blieben die Internationalen Messen auf Subventionen der Stadt Frankfurt angewiesen. Nach dem

Keimzelle der Messe

Die Festhalle im
„Sommer der Musik".
Aquarell von Fritz Wucherer,
29. Juli 1927

enttäuschenden Verlauf der mit 250.000 Reichsmark bezuschussten Frühjahrsmesse 1926 musste Oberbürgermeister Ludwig Landmann in der Stadtverordnetenversammlung viel Überzeugungsarbeit leisten, bis auch die bevorstehende Herbstmesse mit einer Viertelmillion Mark unterstützt wurde. Das gleiche Spiel wiederholte sich im Dezember 1926, als der Magistrat zur Durchführung der beiden Internationalen Messen im nächsten Jahr einen Zuschuss von insgesamt 400.000 Reichsmark beantragte. Während die Stadtverordneten der Kommunistischen Partei Deutschlands (KPD) und der Nationalsozialistischen Deutschen Arbeiterpartei (NSDAP) für ihre Fundamentalopposition gegenüber der Messe GmbH bekannt waren, hatte im Verlauf des Jahres 1926 in der SPD-Fraktion ein Meinungsumschwung stattgefunden. Waren die Sozialdemokraten dem Kurs des Oberbürgermeisters in Messefragen bislang gefolgt, lehnten sie nunmehr die Subventionierung der Internationalen Messen mit Steuergeldern ab, da sie in erster Linie der Wirtschaft und nicht der Allgemeinheit dienten. Die Wirtschaftskapitäne stünden in der Pflicht, den in Schwierigkeiten geratenen Frühjahrs- und Herbstmessen finanziell unter die Arme zu greifen. In der Stadtverordnetensitzung vom 1. Februar 1927 redete Oberbürgermeister Landmann mit Engelszungen auf die Stadtverordneten ein, um sie von der existenziellen Bedeutung der Messen für die Mainmetropole zu überzeugen. Die Bezuschussung der Internationalen Messen des Jahres 1927 wurde mit einer knappen Mehrheit von 33 zu 31 Stimmen genehmigt. Nach diesem Abstimmungsergebnis waren die Chancen für eine erneute Gewährung von Subventionen im Jahr 1928 praktisch gleich null.[126]

In den „Goldenen Zwanzigerjahren" ereigneten sich in den messefreien Zeiten in der Festhalle nur wenige echte Highlights. Der Bund Deutscher Radfahrer feierte vom 31. Juli bis zum 10. August 1924 am Hohenzollern-Platz seinen 41. Bundestag. Die Zusammenkunft der Fahrradfahrer war für Frankfurt die erste bedeutende sportliche Großveranstaltung nach dem Ende der Inflation. Für einen kulinarischen Höhepunkt sorgte im Herbst 1925 die Internationale Ausstellung für Kochkunst, und an der Jahreswende 1926/27 gab der Zirkus Sarrasani eines seiner beliebten Gastspiele in dem Kuppelsaal. Das mit Abstand bedeutendste Ereignis, das sich während der Weimarer Republik in der Festhalle zugetragen hat, war vom 11. Juni bis zum 28. August 1927 der „Sommer der Musik" mit der Ausstellung „Musik im Leben der Völker".

Die im Stil des Historismus erbaute Festhalle war am Tag der Ausstellungseröffnung kaum wiederzuerkennen. Der in die Jahre gekommene Kuppelbau war von den Gestaltern der Ausstellung, Baudirektor Martin Elsässer, Architekt Werner Hebebrand sowie dem Maler Hans Leistikow, „vollständig verzaubert worden."127 Die Ausstellungsgestalter hatten die Fassade im Stil der neuen Sachlichkeit mit einfachen quadratischen Flächen, die mit den Farben der Teilnehmerländer bemalt waren, verschalt und aus der Festhalle ein Gesamtkunstwerk gemacht. Elsässer, Hebebrand und Leistikow arbeiteten in dem von Stadtbaurat Ernst May geführten Hochbauamt und gehörten zu den führenden Persönlichkeiten des „neuen Frankfurt". Die beim Bau der „May-Siedlungen", so zum Beispiel in Westhausen, am Bornheimer Hang oder in der Römerstadt, angewandten modernen Konstruktionsmethoden und die ganzheitliche Betrachtungsweise von Baukörper und Innenraum spiegelten sich auch in der Umgestaltung der Festhalle aus Anlass des Musik-Sommers. „Wo früher die mächtige Kuppel der Festhalle gigantisch den Raum umschloß", beschrieben die „Frankfurter Nachrichten" die Ausstellungsarchitektur, „befinden sich jetzt Gänge, Säle theaterförmige Räume in schneeigem Weiß und zartem Gelb, nichts stört diese sammelnde Ruhe der Raumfarben, nur in den Ausstellungsräumen selbst hebt ab und zu eine farbige Linie die Kontrastwirkung zu dem Bunt und zu dem Stilreichtum der interessanten Ausstellungsobjekte hervor."128

Die Werbeabteilung des städtischen Wirtschaftsamts hatte aus der Festhalle eine Schatzkammer der Musikgeschichte gemacht, die zum Beispiel den einzigen Flügel Ludwig van Beethovens, das originalgetreue Arbeitszimmer von Robert Schumann oder Notenhandschriften von Wolfgang Amadeus Mozart oder Joseph Haydn barg. Die ethnographische Abteilung der Ausstellung vermittelte die Vielfalt des Musiklebens der über den Erdkreis verteilten Völker. Der „Sommer der Musik" wurde von einem Konzertreigen berühmter Orchester, darunter die Wiener Philharmoniker, umrahmt. Als Beitrag zur Völkerverständigung führte das internationale Sommerfestival von der traditionellen Folklore bis zu modernen elektronischen Experimenten alle musikalischen Stilrichtungen zusammen. Die Teilnahme des deutschen Außenministers Gustav Stresemann und des französischen Regierungsmitglieds Edouard Herriot an der Eröffnungsfeier des „Sommers der Musik" am 11. Juni 1927 in der Oper hatte die Stadt Frankfurt und Oberbürgermeister Ludwig Landmann in ihrem Bemühen um Frieden und Völkerversöhnung bestätigt. Die Musik sollte „klingende Brücken" bauen.129

Die Zahl der Kritiker, die in den Internationalen Messen ein Fass ohne Boden sahen, wuchs beständig. Als der Magistrat im Februar 1928 erkennen musste, dass der von ihm eingebrachte Antrag auf Bezuschussung der Frühjahrs- und Herbstmessen 1928 in der Stadtverordnetenversammlung keine Aussicht auf Erfolg haben würde, zog er die Vorlage wieder zurück. In der SPD-Fraktion hatte die Verbitterung über die Subventionierung der Messen ein solches Ausmaß erreicht, dass sie am 5. Juni 1928 im Stadtparlament mit den Stimmen ihrer Erzfeinde, der Kommunisten und der Nationalsozialisten, den Beschluss herbeiführte, die folgende Herbstmesse abzusetzen, die Messe-Gesellschaft aufzulösen und das Festhallengelände anderweitig zu verwenden.130 Die Gegenreaktion des mit der Wirtschaftsförderung beauftragten Frankfurter Verkehrsvereins folgte auf dem Fuße. Der Verwaltungsrat des Verkehrsvereins forderte die Stadtverordnetenversammlung und den Magistrat am 7. Juni 1928 auf, die Messen als eines der „wichtigsten und wertvollsten Werbemittel zur Förderung und Hebung des Frankfurter Verkehrs- und Wirtschaftslebens"131 unter allen Umständen zu erhalten. Für die Wirtschaftsförderer stand außer allem Zweifel, „dass sich Frankfurt ohne Messen nicht denken lässt."132

Der Magistrat und der Aufsichtsrat der Messe GmbH waren ausweislich des Gesellschaftsvertrags und des Handelsgesetzbuchs nicht an die Willenserklärung der Stadt-

Ein starker Auftritt – die Frankfurter Festhalle, um 1930

verordneten gebunden, gerieten aber politisch mächtig unter Druck und verloren jede Chance auf eine Subventionierung aus dem städtischen Etat. Oberbürgermeister Landmann setzte derweil seine Hoffnungen auf den von Arthur von Weinberg ins Leben gerufenen Verein zur Aufrechterhaltung der Frankfurter Messen, der 1928 den Betrag von 100.000 Reichsmark beisteuerte und für 1929 und 1930 die gleichen Summen in Aussicht stellte. Nachdem die Herbstmesse 1928 allen Widerständen zum Trotz bei gutem Besuch, jedoch uneinheitlichem Geschäft in den einzelnen Branchen vonstattengegangen war, begann die Geschäftsführung unverdrossen mit den Vorbereitungen für die Frühjahrsmesse 1929.[133]

Die erste Knock-out-Niederlage von Max Schmeling brachte die Festhalle schlagartig wieder als Sportstätte ins Gespräch. Der Europameister im Halbschwergewicht traf am 25. Februar 1928 vor mehr als 7.000 Zuschauern in der Festhalle auf den Engländer Gipsy Daniels, den er drei Monate zuvor nach Punkten besiegt hatte. In der ersten Runde wurde der hoch favorisierte Schmeling von dem Engländer auf die Bretter geschickt. „Wie ein Blitz", schilderten die „Frankfurter Nachrichten" die Schlüsselszene, „aus heiterem Himmel traf ihn der entscheidende Hieb, als er gerade groß im Angriff lag und seinen Gegner in die Ecke gedrängt hatte. Der Meister der europäischen Halbschwergewichte war den Bruchteil einer Sekunde unentschlossen, wie er weiter angreifen sollte. Daniels begriff sofort die Situation und schoß seinen rechten Haken seitlich ans Kinn Schmelings, der wie ein gefällter Baum zusammensank und vergeblich am Boden kämpfte, um die Herrschaft über sich zurückzugewinnen. Eitel Bemühen, selbst die Riesenkraft des Meisters reichte nicht aus. Wohl kam er bei neun wenigstens halb zum Sitzen, aber an Aufnahme des Kampfes war kein Gedanke."[134]

Keimzelle der Messe

Sportpalast-Programmheft,
November 1928

Der Aufsichtsrat der Messe- und Ausstellungs-Gesellschaft hatte am 6. Februar 1928 nicht nur dem von der Berliner Box-Sport-Centrale GmbH veranstalteten Schmeling-Kampf zugestimmt, sondern auch die Nutzung der Festhalle als „Sportpalast" während der Wintermonate genehmigt. Als Gegenstück zu dem 1925 im Stadtwald eröffneten Stadion sollte die „Winterarena" am Platz der Republik, dem früheren Hohenzollern-Platz, einen sportlichen und gesellschaftlichen Mittelpunkt der Mainmetropole bilden. Die Festhalle wurde vom 15. Oktober 1928 bis zum 15. März 1929 an den Promoter Knaak vermietet, der die Messe-Gesellschaft prozentual an den Einnahmen aus den Eintrittsgeldern zu beteiligen, in jedem Fall aber eine Garantiesumme von 30.000 Reichsmark zu entrichten hatte. Im Anschluss an die Herbstmesse ließ Knaak eine 166 Meter lange Radrennbahn und zusätzliche Zuschauertribünen in den Kuppelsaal einbauen, wofür 41 Eisenbahnwaggons Bauholz erforderlich waren.

Der „Sportpalast" wurde am 4. November 1928 mit einem großen Hallensportfest eröffnet, an dem sich Handballer, Leichtathleten, Fechter, Boxer, Kraft- und Radsportler beteiligten. Den Schlusspunkt der Eröffnungsfeier setzte ein 20-Runden-Punktefahren der Amateure, mit dem die Radrennbahn ihrer Bestimmung übergeben wurde. Das Palast-Programm umfasste im Winter 1928/29 Sportfeste der Frankfurter Sportgemeinde „Eintracht" und des Polizeisportvereins, große Boxveranstaltungen und 15 Radrennen, darunter vom 30. November bis zum 6. Dezember 1928 das zweite 6-Tage-Rennen in der Geschichte der Festhalle.[135] Nachdem die ersten „Six days" im Dezember 1911 Episode geblieben waren, drehte sich der Sechstagekreisel zwischen 1928 und 1933 in jedem Winter. Die Jagden auf der Bahn, das aufpeitschende „He-He-He"-Rufen der Fans, das Gewimmel im Innenraum und die Musik von zwei Kapellen lockte Anfang Dezember 1928 allabendlich mehr als 10.000 Besucher in die brodelnde Festhalle. Am Nikolausabend standen nach 145 Stunden der Breslauer Willy Rieger und sein aus der Schweiz stammender Partner Emilio Richli als Sieger des zweiten Frankfurter 6-Tage-Rennens fest. Im Frühling 1933 gerieten die „Six days" in den Strudel der politischen Ereignisse und wurden darüber hinaus von einer Grippewelle beeinträchtigt. Da die Zuschauer ausblieben, konnte der Veranstalter die Hallenmiete nicht bezahlen, weshalb er schließlich der Messe-Gesellschaft die komplette Radrennbahn mit den Fahrerkabinen und den Innenraumlogen überlassen musste. Die Bahn wurde in der Festhalle eingelagert und im Nationalsozialismus kein einziges Mal aufgebaut.[136]

Am letzten Tag der Frühjahrsmesse 1929 erschien in den „Frankfurter Nachrichten" ein mit der bangen Frage „Was wird aus der Messe?" überschriebener Abschlussbericht. Bei konstanter Ausstellerzahl hatte das Messegeschäft unter der um sich greifenden wirtschaftlichen Depression gelitten. Aus eigener Kraft, so der Tenor des Artikels vom 17. April 1929, werde sich die Messe- und Ausstellungs-Gesellschaft, ungeachtet der von dem Förderverein bereitgestellten Hilfen, auf die Dauer nicht halten können. Von der Einstellung der Internationalen Messen und der Auflösung der GmbH wurde gleichwohl abgeraten, da allein die Unterhaltung der Messegebäude jährlich mit etwa 200.000 Reichsmark zu Buche schlagen würde.[137] Als der Aufsichtsrat unbeirrt die Abhaltung der Herbstmesse 1929 beschloss, unterbreitete die städtische Wirtschaftsdeputation den Kompromissvorschlag, in Zukunft statt allgemeiner Mustermessen von Fall zu Fall wirtschaftlich weniger anfällige Fachmessen oder Ausstellungen zu veranstalten. In den zurückliegenden Jahren waren in allen Bereichen der Wirtschaft Rationalisierungsmaßnahmen erfolgt mit Auswirkungen auch auf die Beschickung und den Besuch der Internationalen Messen. Frankfurt hatte sich dabei mehr und mehr zu einem Spezialmarkt für bestimmte Messe- und Ausstellungsgruppen wie zum Beispiel Möbel, Bauwesen und Lebensmittel entwickelt. Der Aufsichtsrat der Messe- und Ausstellungs-Gesellschaft trug dem Lauf der Dinge Rechnung, sagte die Herbstmesse 1929 ab und stimmte dem neuen

Kurs zu. Neben der Verwaltung dauerhaft vermieteter Gebäude („Haus Offenbach" und „Haus der Technik") hatte sich die Messe GmbH künftig „der Durchführung von Fachmessen und Fachausstellungen, der Heranziehung von Kongressen und Tagungen, sowie der Durchführung von geselligen und sportlichen Veranstaltungen verschiedenster Art zu widmen."[138]

Anstelle der allgemeinen Herbstmesse fanden vom 22. bis zum 25. September 1929 mit der „Herbstmöbelmesse" sowie der „Haushalt und Spielwaren-Messe" zeitgleich in den Gebäuden auf dem Ostdreieck die beiden ersten Spezialmessen statt. Anschließend wurden die Festhalle und das „Haus der Moden" vom 12. bis zum 23. Oktober 1929 zum Schauplatz für die traditionsreiche Internationale Kochkunstausstellung. Zwei Tage nach der Gourmet-Schau schlug der Kurssturz an der Wall Street Aktionären und Börsianern auf den Magen. Der New Yorker Börsenkrach vom 25. Oktober 1929, der „Schwarze Freitag", und der daraufhin einsetzende Abruf amerikanischer Kredite führte in Europa und ganz besonders in Deutschland zu Firmenzusammenbrüchen, Massenentlassungen und Arbeitslosigkeit. In der 550.000-Einwohner-Stadt Frankfurt gab es im Dezember 1932 fast 71.000 registrierte Arbeitslose. Die Messe- und Ausstellungs-Gesellschaft bemühte sich um „business as usual" und beherbergte vom 10. bis zum 22. Juni 1930 auf dem Festhallen-Gelände die „Achema VI" (Ausstellung für chemisches Apparatewesen). 40.000 Besucher sahen in der Festhalle eine Kollektivausstellung der technisch-wissenschaftlichen Vereine. In drei weiteren Messehallen wurden säure- und hitzebeständige Baustoffe, Maschinen der chemischen Industrie und als Weltneuheit rostfreie und säurefeste Stähle gezeigt. Mit der „Achema" empfahl sich Frankfurt als Zentrum der chemischen Industrie.

Ansichtspostkarte mit der Radrennbahn als Motiv, um 1928

Die im September 1930 erfolgreich in der Festhalle veranstaltete „Südwestdeutsche Möbelmesse" musste ein Jahr später auf dem Höhepunkt der Wirtschaftskrise ausfallen, konnte aber 1932 an den Erfolg von 1930 wieder anknüpfen. Rund 300 Firmen präsentierten auf 8.000 Quadratmetern Ausstellungsfläche in der Festhalle und in angrenzenden Bereichen des „Hauses der Moden" Qualitätserzeugnisse des Tischlerhandwerks. Das Ereignis des Jahres 1932 und einen Höhepunkt während der gesamten Weimarer Republik bildete das in der Festhalle gefeierte XI. Deutsche Sängerbundfest. Vom 21. bis zum 24. Juli 1932 strömten rund 60.000 aktive Sänger und insgesamt etwa 350.000 Festgäste in die Mainmetropole. Außer einer Massenkundgebung im Stadion und einem großen Festzug durch die Innenstadt fanden alle Hauptveranstaltungen auf dem Festhallengelände statt. Das Treffen der Sänger wurde zu einer der größten Festveranstaltungen in Frankfurt am Main nach dem Ersten Weltkrieg und verlief ohne Zwischenfälle.[139]

Gegen Ende der Weimarer Republik war das politische Klima vergiftet. Das Ergebnis der Stadtverordnetenwahl vom 17. November 1929 bedeutete eine Niederlage für die Frankfurter Kommunalpolitik. Gegenüber den Regierungsparteien SPD, Zentrum und DDP, die insgesamt in der Wählergunst verloren hatten, konnte die linksextreme KPD ihren Stimmenanteil von 13 Prozent halten. Eigentlicher Wahlsieger aber war mit zehn Prozent die rechtsradikale NSDAP. Die Stadtverordneten der extremen Rechten und Linken verfolgten bei unterschiedlichen Motiven das gleiche Ziel: die Zerstörung des kommunalen Parlamentarismus. Die von der Weltwirtschaftskrise im Herbst 1929 ausgelöste Massenarbeitslosigkeit destabilisierte die Demokratie. Mit Straßenkämpfen und aufpeitschender Propaganda schürten die antirepublikanischen Verbände und Parteien die allgemeine Verunsicherung. Die Anhänger der Republik gerieten immer mehr in die Defensive.[140]

Die Festhalle wurde zur Bühne für den politischen Schlagabtausch. Der Wahlkampf der NSDAP zu den Reichtagswahlen am 14. September 1930 gipfelte auch in Frankfurt in einem Auftritt des Parteivorsitzenden Adolf Hitler. Die mit 17.000 Parteigängern bis auf den letzten Platz gefüllte Festhalle bot am 3. August 1930 mit Hakenkreuzfahnen, Uniformen, Marschmusik, Hitlergruß und donnernden Heilrufen das übliche Bild einer fanatisierten Menge. Da viele den für die damalige Zeit hohen Eintrittspreis von einer Reichsmark und zwanzig Pfennigen nicht berappen konnten oder wollten, übertrugen Lautsprecher die Reden ins Freie. In der Halle prägten das Kleinbürgertum und der Mittelstand sowie ein auffällig hoher Anteil an Zuhörerinnen die erste nationalsozialistische Großkundgebung in Frankfurt. Der frenetisch bejubelte „Führer" Adolf Hitler hielt eine seiner Standardreden, in der er die Bekämpfung des Bolschewismus und die Überwindung der Klassengegensätze durch den nationalen Gedanken versprach. „Die ganze Rede aber", notierte die „Frankfurter Zeitung", „ist nichts als ein furchtbar billiger Nationalismus, der seine Folie bekommt durch die Wirtschaftskrise, die auf uns lastet."[141] Konkrete Lösungsvorschläge zu den Problemen der Zeit blieb Hitler bei dem Auftritt in der Festhalle schuldig. Die Kernaussage der Ansprache beschränkte sich im Grunde auf eine „entsetzlich leere Anbetung der Macht."[142] Der weit blickende Mitarbeiter der „Frankfurter Zeitung" beendete seinen Bericht von der nationalsozialistischen Wahlveranstaltung mit der Warnung, „daß dieser ‚Führer' in Wahrheit nur ein Führer ins Unglück ist."[143] In einem Punkte allerdings irrte der kritische Journalist: Anders als von ihm angenommen verfingen Hitlers Phrasen beim Publikum sehr wohl. Am Tag der Wahl machten 68.480 von 330.462 stimmberechtigten Frankfurtern ihr Kreuz bei der NSDAP (20,8 Prozent). Das Wahlergebnis in der von den Nazi-Größen als „Stadt der Juden und Demokraten" eher gemiedenen Mainmetropole verbuchten diese als besonderen Erfolg. Auf Reichsebene kam die Hitler-Partei auf 18,3 Prozent, was sie zur Massenpartei machte und ein politisches Erdbeben auslöste.

In der Festhalle war am 16. November 1930 kein Platz mehr frei, als 100 Musiker und 700 Sänger den letzten Satz der 9. Symphonie Beethovens, die Ode an die Freude, zur Aufführung brachten

Politisches Schachspiel bei einer Veranstaltung der Arbeitersportler im Jahr 1929

Am ersten Wochenende im März 1931 erlebte die Festhalle ein politisches Wechselbad. Aus Sorge um die öffentliche Sicherheit hatte der Polizeipräsident Ludwig Steinberg alle Demonstrationen unter freiem Himmel verboten. Nachdem die NSDAP für das Wochenende einen „Gautag" in Frankfurt anberaumt hatte, mobilisierte die KPD ihre Anhänger unter der Parole „Sturmbereit zum 8. März – Frankfurt im Alarmzustand." Die verfeindeten Lager umgingen das Demonstrationsverbot, indem sie die Kundgebungen in die Festhalle verlegten. Der Kuppelbau beherbergte am Samstag, dem 7. März 1931, mehr als 15.000 Nationalsozialisten und am 8. März eine ähnlich große Anzahl Kommunisten. „Das Volk", berichtete die „Frankfurter Zeitung" in der Montagsausgabe, „versammelt sich. Die Nationalsozialisten hatten als Redner Dr. Goebbels und Hauptmann a. D. Göring. Die Kommunisten dagegen einen Deutschen, einen Franzosen und einen Italiener. Die Nationalsozialisten geißelten den internationalen Marxismus als die Quelle allen Uebels, die internationalen Marxisten dagegen den nationalistisch orientierten Kapitalismus und Imperialismus."[144] Im Anschluss an die Versammlungen kam es in der Stadt zu Ausschreitungen. Der schwerste Zwischenfall ereignete sich am Sonntagmittag, als bei der Auflösung einer Menschenansammlung in der Schnurgasse ein Polizist durch einen Messerstich in den Hals verletzt wurde. Während für das Stadion im Stadtwald ein generelles Verbot politischer Veranstaltungen galt, stand die Festhalle weiterhin allen Parteien offen. 1931/32 fanden in dem Kuppelsaal am Platz der Republik jährlich etwa ein halbes Dutzend Versammlungen der Massenparteien SPD, KPD und NSDAP statt. Die Festhalle war keine politikfreie Zone.[145]

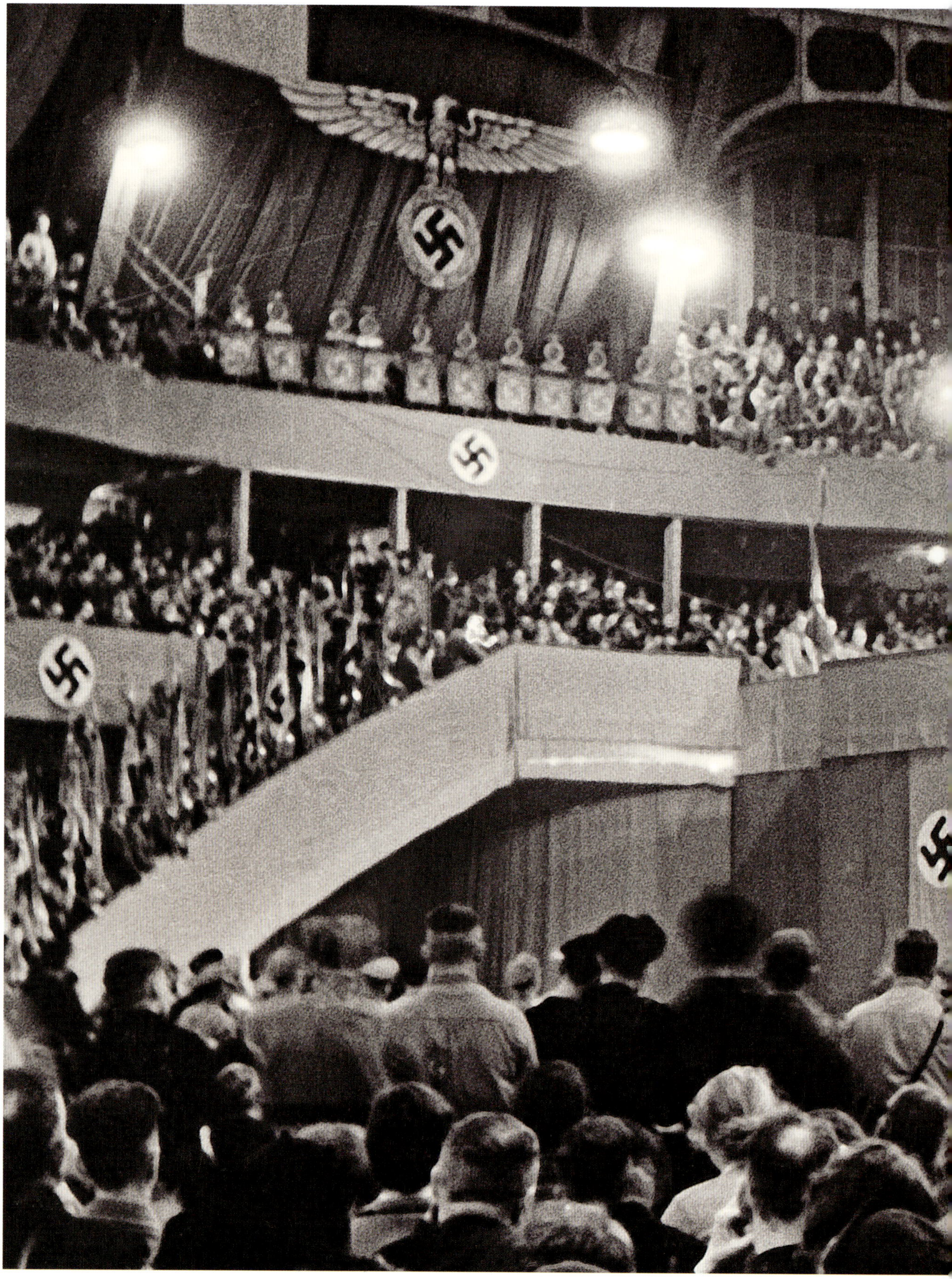

„Die Braune Messe"

Die Festhalle unter dem Hakenkreuz 1933–1945

Frankfurt am Main versank im Frühjahr 1933 in einem Meer von Hakenkreuzen. Das Symbol der NSDAP schien nach der am 30. Januar 1933 erfolgten Ernennung des Parteivorsitzenden Adolf Hitler zum Reichskanzler allgegenwärtig und sollte bald auch vom Dach der Festhalle wehen. Im Wahlkampf zu der entscheidenden Reichstagswahl am 5. März 1933 vermochten zwar auch die Sozialdemokraten mit dem langjährigen Reichstagspräsidenten Paul Löbe und das katholische Zentrum mit seinem Parteivorsitzenden Prälat Kaas die Festhalle bis auf den letzten Platz zu füllen, doch die organisatorische und propagandistische Überlegenheit der NSDAP war bereits erdrückend.

Als sich Hitler für den 23. Februar 1933 zu einer Wahlrede ansagte, verwandelten seine „Braunhemden"146 schon zur Mittagszeit die Gegend um die Festhalle in ein Heerlager. Lastwagenweise wurden SA- und SS-Leute aus dem ganzen Rhein-Main-Gebiet herangekarrt. Da schon die ersten Schaulustigen die eisernen Binder der Hallenkonstruktion hinaufkletterten, musste die Festhalle zwei Stunden vor dem eigentlichen Veranstaltungsbeginn wegen Überfüllung geschlossen werden. Tausende verfolgten die Übertragung per Lautsprecher im „Haus der Moden" oder lauschten der im „Hippodrom" und auf dem Opernplatz ausgestrahlten Live-Sendung des Südwestdeutschen Rundfunks. Was sich am 23. Februar 1933 in der Festhalle abspielte, als Hitler mit wohl berechneter Verspätung die Szene betrat, schilderten tags darauf die konservativen „Frankfurter Nachrichten" ihren Lesern: „Um 8.15 Uhr erschien, von stürmischem Beifall begrüßt, Reichskanzler Adolf Hitler, begleitet von den Führern der örtlichen SA und SS. Stürmische Heilrufe füllten minutenlang die gewaltige Halle. Hitler dankte mit dem Faschistengruß nach allen Seiten, und immer und immer wieder brach die Menge in begeisterte Heilrufe aus. Erst nachdem Minuten verstrichen waren, konnte Gauleiter Sprenger den vierten südwestdeutschen Hitlertag eröffnen."147

Bei dem Urnengang am 5. März 1933 wählten 44 Prozent der Frankfurter nationalsozialistisch. Da der Stimmenanteil von insgesamt 43,9 Prozent der Hitlerpartei nicht die absolute Mehrheit eintrug, blieben die Nazis 1933 im Reichstag auf die Mithilfe der Deutschnationalen Volkspartei (acht Prozent) angewiesen. Auch nach der Frankfurter Kommunalwahl vom 12. März 1933 benötigte die NSDAP, die 47,9 Prozent der Stimmen bekommen hatte, die Deutschnationalen als Steigbügelhalter. Der liberale Oberbürgermeister Ludwig Landmann, als Jude von den Nazis verfolgt, musste vorzeitig von seinem Amt zurücktreten. Friedrich Krebs, seit 1929 NSDAP-Mitglied, wurde zum Frankfurter Oberbürgermeister ernannt.

Die im März 1933 angelaufene „Gleichschaltung" der deutschen Länder, der Verwaltung, der Justiz und der Parteien mit dem NS-Staat erfasste auch den Aufsichtsrat der Messe- und Ausstellungs-Gesellschaft mbH. Das am 15. Juni 1933 erlassene „Reichsgesetz zur Gleichschaltung der Aufsichtsräte von Körperschaften des öffentlichen Rechts" bot die Handhabe, Andersdenkende und Juden auszuschließen und durch verdiente Nazis zu ersetzen. Im Aufsichtsrat der Messe-Gesellschaft kam es mit Wirkung vom 1. Juli 1933 zu einschneidenden personellen Veränderungen. So wurden die in dem Gremium vertretenen fünf Stadtverordneten der inzwischen von den Nazis verbotenen SPD und KPD durch stramme NSDAP-Mitglieder ersetzt. Unter den Neuen befand sich zum Beispiel Walter Hirschelmann, der die Parteimitgliedsnummer 1.038 führte und damit ein Nationalsozialist der ersten Stunde war. Von den neun Stadtverordneten im Messe-Aufsichtsrat trugen nach der „Gleichschaltung" bis auf Theodor Sznurkowski (Zentrum) alle das NS-Parteiabzeichen am Revers.

Aus dem alten Aufsichtsrat wurden nur der NSDAP-Stadtverordnete Wilhelm Schmitz und der Vorsitzende August Robert Lingnau übernommen. Das Mitglied des katholischen Zentrums Lingnau bekleidete seit 1928 das Amt des Frankfurter Wirtschaftsdezernenten. Obwohl der Stadtrat während des „Dritten Reichs" keine Anstalten machte, der NSDAP beizutreten, beließ ihn Oberbürgermeister Krebs im Amt, da er auf den erfahrenen Verwaltungsbeamten nicht verzichten mochte. Von den drei anderen Magistratsmitgliedern im Aufsichtsrat der Messe verloren Ludwig Fertsch von der Deutschen Volkspartei und Karl Keck von der Deutschen Staatspartei durch die geänderten Mehrheitsverhältnisse im Stadtparlament ihre Ämter als ehrenamtliche Stadträte und infolgedessen auch ihre Sitze in den sonstigen Gremien. Der Dritte im Bunde, der Dezernent für allgemeine Polizeiangelegenheiten, Stadtrat Peter Schlotter, hatte gesundheitliche Probleme und wurde

Vorherige Doppelseite:
Die Festhalle war am 16. März 1936 in ein Meer von Hakenkreuzfahnen getaucht, als Hitler im Vorfeld der „Reichstagswahl" zu seinen Anhängern sprach. Es war der dritte und zugleich letzte Auftritt des Diktators in dem Kuppelbau

Nationalsozialistische Deutsche Arbeiterpartei
Gauleitung Hessen-Nassau

Gaugeschäftstelle:
Frankfurt am Main, Gutleutstraße 8-12
„Adolf Hitler-Haus"
Telefon 30381, Postscheckkonto: 53003 Frankfurt a. M.

Kampfzeitung des Gaues: Frankfurter Volksblatt
Geschäftsstelle Neue Mainzerstraße 8
Telefon-Nummer: 28233-35
Postscheckkonto: 86888 Frankfurt a. M.

Kreis Groß-Frankfurt
Ortsgruppe Rödelheim

Frankfurt a. M.-Rödelheim, den 20.8.1936
Eschborner Landstraße 1, Telefon 73522

N.S.D.A.P.
Kreislg. Gross-Frankfurt/M.
9869 21. AUG 1936

An die
Kreisleitung der N.S.D.A.P.
Organisationsleiter,
Frankfurt/M.

Uns wird heute durch einen Pol.Leiter mitgeteilt, dass bei der Frankfurter Messegesellschaft der in Rödelheim wohnhafte frühere KPD-Mann Müller, Ffm.-Rödelheim, Kalkentalstr.5, beschäftigt wird. M. war Vertreter der "Geska"-Stumpen und auch vor Machtübernahme zwischendurch angestellt bei Ausstellungen, Sechstagerennen usw. Es ist hier einwandfrei erwiesen, dass es ihm auch heute noch schwerfällt, sich restlos hinter die Regierung zu stellen. Es ist unsere Ansicht, dass man diese gelegentlichen Beschäftigungen in Zukunft SA-Leuten bezw. Parteigenossen zukommen lässt, die sich die paar Groschen verdienen können.

Heil Hitler !

F.d.R.

Geschäftsführer

Ortsgruppenleiter

Höflichkeitsformeln fallen bei allen parteiamtlichen Schreiben weg.

Denunziation eines ehemaligen KPD-Mitglieds durch den Leiter der NSDAP-Ortsgruppe Rödelheim. Die Messe- und Ausstellungs-Gesellschaft hatte Josef Müller lediglich im Juni/Juli 1933 und am 7. Juni 1935 als Aushilfe beschäftigt

schließlich im Oktober 1933 wegen dauernder Dienstunfähigkeit in den Ruhestand versetzt. Unter den neuen Magistratsmitgliedern im Aufsichtsrat der Messe- und Ausstellungs-Gesellschaft war lediglich der ehrenamtliche Stadtrat Herbert Stein ein in der Wolle gefärbter Nationalsozialist. Der für Vorort- und Rechtsangelegenheiten zuständige Stadtrat Bruno Müller hatte sich im April 1933 aus Opportunismus der NSDAP angeschlossen, Stadtkämmerer Friedrich Lehmann galt in der Partei als ein unsicherer Kantonist. Lehmann hatte in den Zwanzigerjahren einer Freimaurerloge angehört und war Mitglied der linksliberalen DDP gewesen. Der Stadtkämmerer besaß zwar die NSDAP-Mitgliedsnummer 2.275.066, behauptete aber nach 1945, dass er von Oberbürgermeister Krebs ohne sein Zutun bei der Partei angemeldet worden sei.[148]

Die Propaganda-Ausstellung „Hausfrau in Stadt und Land", Oktober 1933

Die politische Vergangenheit der beiden seit 1930 amtierenden Geschäftsführer der Messe legt die Vermutung nahe, dass sie mit der NSDAP nichts im Sinn hatten. Julius Schnorr gehörte von 1924 bis 1933 als Mitglied der Deutschen Volkspartei dem Frankfurter Stadtparlament an und übte zuletzt das undankbare Amt des stellvertretenden Stadtverordnetenvorstehers aus. Messe-Geschäftsführer August Wiederspahn hatte sich in seinem Wohnort Kronberg als Mitglied des Zentrums einen Namen gemacht und war 1930 zum unbesoldeten Stadtrat und stellvertretenden Bürgermeister gewählt worden. Nachdem er im März 1933 bei der Kommunalwahl noch für das Zentrum kandidiert hatte, wechselte Wiederspahn, vom NSDAP-Ortsgruppenleiter des Taunusstädtchens massiv unter Druck gesetzt, im April 1933 zur NSDAP. Trotz der Beitritte ist von einer anhaltenden inneren Distanz bei den Geschäftsführern und den hauptamtlichen Magistratsmitgliedern im Aufsichtsrat der Messe- und Ausstellungs-Gesellschaft zum NS-Staat auszugehen.[149]

Die nationalsozialistische Messepolitik legte den lokalen Messe-Gesellschaften enge Fesseln an. Mit Messen und Ausstellungen werden im Allgemeinen zwei Ziele verfolgt: die Belebung des Handels und die Präsentation neuer Produkte. Im „Dritten Reich" wurde die Messe- und Ausstellungstätigkeit zudem in den Dienst der NS-Propaganda gestellt und hierfür dirigistischen Maßnahmen zentraler Instanzen unterworfen. Dass die Zuständigkeit für das Messe- und Ausstellungswesen in der Verwaltung des Reiches nicht dem Wirtschaftsministerium, sondern dem Ministerium für Propaganda und Volksaufklärung oblag, spricht Bände. Zur Lenkung des Messegeschehens bediente sich

Propagandaminister Joseph Goebbels des im September 1933 gegründeten „Werberats der deutschen Wirtschaft." Der Werberat sollte das Messe- und Ausstellungswesen im Deutschen Reich ordnen und kontrollieren sowie einer vermeintlichen Zersplitterung entgegenwirken. Fortan mussten sämtliche Messen und Ausstellungen von dem in Berlin ansässigen Werberat genehmigt werden, was dieser nur sehr zurückhaltend tat. Die Zahl der Veranstaltungen schrumpfte im Reich zwischen 1934 und 1939 von 634 auf 117 im Jahr. Messen und Ausstellungen wurden deutlich voneinander unterschieden. Während Ausstellungen der wirtschaftlichen und politischen Propaganda dienten, stellten Messen am Warenabsatz orientierte Märkte dar. Die Bezeichnung „Messe" war in der NS-Zeit ein geschützter, vom Werberat vergebener Titel, mit dem 1934 nur in Leipzig, Königsberg, Köln und Frankfurt am Main bestimmte Veranstaltungen bezeichnet werden durften. Neben dem „Messe"-Status verlieh der Werberat an Fachmessen, die das gesamte Reichsgebiet umspannten und an wechselnden Orten stattfanden, den Titel „Reichsfachmesse". Für landesweit durchgeführte Veranstaltungen war der Begriff „Braune Messen" vorbehalten.[150]

Mit der im September 1934 veranstalteten „Frankfurter Messe" sollte in der Gauhauptstadt an die Internationalen Messen der Zwanzigerjahre angeknüpft werden. Bei der Neuauflage handelte es sich um die Weiterführung der Südwestdeutschen Möbelmesse, die um einige Abteilungen mit Haushalts- und Küchengeräten sowie Spiel- und Galanteriewaren ergänzt wurde. Rund 400 Aussteller zeigten auf 12.000 Quadratmetern ihre Produkte. Mit dem Besuch von insgesamt 15.000 Personen an den vier Messetagen zeigte sich die Geschäftsführung 1934 zufrieden, zumal es sich überwiegend um Wiederverkäufer gehandelt hatte. Das Herzstück der 1935 und 1936 erneut ausgerichteten „Frankfurter Messe" bildete die Möbel-Abteilung. Dem von der NS-Propaganda hofierten Handwerk und dem mittelständischen Gewerbe boten die im Oktober 1933 und im Mai 1934 auf dem Festhallengelände durchgeführten „Rhein-Mainischen Braunen Messen" eine Plattform. Im Mittelpunkt der „Braunen Messen" stand die „deutsche Wertarbeit". Oberbürgermeister Krebs beschwor am 5. Mai 1934 bei der Eröffnung der „Braunen Messe" und der Begleitausstellung „Die deutsche Frau beim Aufbau des Dritten Reiches" den Arbeitswillen der Deutschen und nutzte die Gelegenheit, um dem Werberat für die Anerkennung Frankfurts als Messestadt zu danken. Die oberbürgermeisterlichen Dankesworte hielten den Werberat 1937 jedoch nicht davon ab, die Möbelmessen in Köln zu konzentrieren, wodurch die Gauhauptstadt nicht nur die erfolgreichste Produktgruppe der „Frankfurter Messe", sondern auch ihren Status als Messestadt verlor.[151]

Die Liste bedeutender Ausstellungen, die bis zum Beginn des Zweiten Weltkriegs in der Frankfurter Festhalle gezeigt wurden, ist lang. Als traditionsreichste Frankfurter Fachausstellung entwickelten sich die 6. und die 7. Internationale Kochkunstausstellung im Oktober 1934 und 1937 zu Publikumserfolgen mit sechsstelligen Besucherzahlen. Die Leistungsschau der Köche und Gastronomen nahm im Oktober 1937 vier Messehallen in Beschlag. Damit die Besucher trockenen Fußes zur Festhalle, zum „Haus der Moden", zur Westhalle C und zum „Haus der Technik" gelangten, ließ die Messe- und Ausstellungs-Gesellschaft zwischen den Hallen überdachte Verbindungsgänge errichten. Vom 9. bis zum 20. Oktober 1937 wurden bei der Kochkunstausstellung mehr als 230.000 Besucher gezählt. Massenhaften Zuspruchs hatte sich im Spätsommer 1935 mit 250.000 Besuchern auch die Leistungsschau „Die Rhein-Mainische Wirtschaft" erfreut. Die Gemeinschaftsausstellung sollte nicht nur die große Bedeutung der Region für die deutsche Volkswirtschaft, sondern auch die „Bereitschaft der rhein-mainischen Wirtschaft zur Verwirklichung der nationalsozialistischen Wirtschaftsziele vor Augen führen."[152] In der Festhalle setzten sich als Vertreter der chemischen Industrie unter anderem die Degussa, die Firma Merck aus Darmstadt und die I. G. Farbenindustrie werbewirksam in Szene.

Völlig verwandelt diente die Festhalle im Mai 1936 als „Reichsnährstandshaus", in dem die Ausstellungen „Gesittung aus dem Blut" und „Bluterbe verpflichtet" für die Ziele der nationalsozialistischen Agrarpolitik die Werbetrommel rührten. Alle landwirtschaftlichen Betriebe und Verbände waren seit der „Gleichschaltung" 1933 im „Reichsnährstand" zwangsweise zusammengefasst. Die vom „Reichsbauernführer" geleitete NS-Organisation veranstaltete alljährlich an wechselnden Orten große Propagandaschauen, in denen die Besucher sowohl sachlich informiert als auch mit der nationalsozialistischen „Blut und Boden"-Ideologie indoktriniert wurden. Die 3. Reichsnährstands-Ausstellung sollte vom 17. bis zum 24. Mai 1936 auf dem Frankfurter Festhallengelände stattfinden und beanspruchte eine Gesamtfläche von 37 Hektar, so dass erstmals auch der heutige westliche Teil des Messegeländes zwischen Bahnlinie und Philipp-Reis-Straße einbezogen werden musste. Mit rund 600.000 Besuchern erzielte die Reichsnährstands-Ausstellung ein Rekordergebnis.[153] Die Messe stieß während der „Achema VIII" im Juli 1937 erneut an ihre räumlichen Grenzen. Rund 450 auf dem Gebiet des chemischen Apparatebau-

Die Festhalle unter dem Hakenkreuz. Die vom Hohenzollern-Platz abgehende Bismarck-Allee (heute: Theodor-Heuss-Allee) diente als Zubringer zur „Reichsautobahn"

wesens tätige Firmen belegten in sieben Messehallen 24.000 Quadratmeter Ausstellungsfläche. Die moderne Technologie lockte mehr als 100.000 Besucher an, Sonderabteilungen wie die „Kunststoffschau" waren ständig überfüllt. Unter dem Eindruck des erfolgreichen Ausstellungsverlaufs beschloss der Veranstalter, die Deutsche Gesellschaft für chemisches Apparatewesen (Dechema), die „Achema" ab 1940 im Turnus von drei Jahren nur noch in Frankfurt auszurichten, wo mit der I. G. Farbenindustrie der weltweit größte Chemiekonzern ansässig war. Die „Dechema" verband die Zusage mit der Forderung an die Messe- und Ausstellungs-Gesellschaft, das Gelände an der Festhalle auszubauen. Als der weitläufige Messekomplex bei der Deutschen Bau- und Siedlungs-Ausstellung im September/Oktober 1938 erneut aus allen Nähten zu platzen drohte, nahm die Messe GmbH im Sommer 1939 die Erweiterung des Festhallengeländes um zwei große Hallenbauten und ein geräumiges Tagungsgebäude in Angriff. Bis zur „Achema IX" rechnete die Messeleitung mit der Fertigstellung der Neubauten.[154]

Der Kuppelbau an der Hohenzollern-Anlage behielt auch unter dem Hakenkreuz seine Funktion als Sportarena. Nachdem sich im Januar 1933 der 6-Tage-Kreisel vorerst zum letzten Mal gedreht hatte, übernahmen im März 1934 die Reitsportler das Zepter. Auf sechs Radrenn-Jahre folgten zwischen 1934 und 1939 sechs Reitturniere. Frankfurt war in den Zwanzigerjahren zu einer „Reitsportmetropole"[155] aufgestiegen. Vermögende Bürger hatten im Oktober 1909, mithin bald nach der offiziellen Einweihung der Festhalle, den Frankfurter Reit- und Fahr-Club e. V. (FRFC) gegründet, um das zunächst von Offizieren zum Wettkampfsport fortentwickelte Dressur- und Springreiten auch außerhalb des

Militärs zu etablieren. Großzügige Mäzene ermöglichten dem Reit-Club die Ausrichtung bedeutender Turniere im „Hippodrom" mit der deutschen Reiterelite am Start. Als die Kapazitäten des „Hippodroms" 1933 nicht mehr ausreichten, strebte der Vorstand des FRFC den Umzug des Turniers in die wesentlich mehr Zuschauern Platz bietende Festhalle an. Zuvor musste allerdings eine Lösung für den Bodenbelag gefunden werden, da der Innenraum mit einem für Hufschlag denkbar ungeeigneten Parkettboden ausgelegt war. Schließlich setzt ein Pferdebein nach dem Sprung über ein Hindernis mit ungeheurer Wucht auf. Der Landesstallmeister und Turnierleiter, Hans Albert, ließ auf dem Holzfußboden Dachpappe verlegen und darüber ein Gemisch von Lehm, Häcksel, Sand und Sägespänen aufbringen. Das erste Festhallen-Reitturnier wurde am 10./11. März 1934 zu einem sportlichen und finanziellen Erfolg. Im Februar 1939 fand das inzwischen von der SA-Gruppe Hessen und dem Frankfurter Reit- und Fahr-Club gemeinsam veranstaltete Turnier zum sechsten und zunächst letzten Mal statt.

Reitturnier in der Festhalle, um 1935

Neben den alljährlichen Reitturnieren wurden nach 1933 in der Festhalle Berufsboxkämpfe, Hallensportfeste und Handballturniere ausgetragen sowie die deutschen Meister der Fechter und der Turner des Jahres 1935 ermittelt. Die Freunde der „Leibesübungen" bekamen am Ostersonntag 1937 in der größten Frankfurter Sporthalle einen turnerischen Leckerbissen geboten. Im Rahmen eines Schauturnens traten finnische und deutsche Kunstturner gegeneinander an, die alle bei den Olympischen Spielen von Berlin 1936 dabei gewesen waren. Die Mitglieder der deutschen Riege, Frey, Müller, Steffens, Volz und Winter, hatten bis auf Müller der Gold-Mannschaft im Turner-Zwölfkampf angehört. Die Sympathien der etwa 5.000 am Ostersonntag 1937 um die in der Hallenmitte aufgeschlagene Bühne versammelten Zuschauer galten dem Weltmeister am Reck von 1934 und Mitglied der Frankfurter Turngemeinde „Eintracht", Ernst Winter. „Was in der Festhalle an turnerischen Uebungen geboten wurde", lobte der Sportteil des „General-Anzeigers", „war höchste Kunst des Geräteturnens, Poesie der Leibesübung, wie sie nicht alle Tage zu erleben ist."[156]

Besucher der Festhalle, die den offiziellen Haupteingang benutzten, kamen an Hitler nicht vorbei. Der Eingangsbereich im Erdgeschoss der Rotunde wurde bei besonderen Anlässen zu einer „Ehrenhalle" mit Bildern, Büsten und einschlägigen Spruchzitaten von Hitler und anderen Vertretern des NS-Staates ausstaffiert. Die NSDAP und deren Gliederungen wie zum Beispiel die Hitler-Jugend oder die SS nutzten das Festhallengelände mehrfach im Jahr für Großveranstaltungen. Im Vorfeld der so genannten Reichstagswahl vom 29. März 1936 belegte die NSDAP den Kuppelbau vom 16. bis zum 23. März für eine große Auftaktveranstaltung mit Adolf Hitler, eine Reihe von Wahlveranstaltungen und einen abschließenden Auftritt von Propagandaminister Joseph Goebbels. Bei den in der NS-Diktatur anberaumten Urnengängen zum Reichstag handelte es sich um reine Scheinwahlen, da ausschließlich Kandidaten der NSDAP in Form einer Einheitsliste zugelassen waren, für die nur mit Ja oder Nein abgestimmt werden konnte. Den Nationalsozialisten ging es bei den „Reichstagswahlen" um die nachträgliche Zustimmung für zuvor bereits geschaffene Fakten. Der Besuch des „Führers" am 16. März 1936 in Frankfurt versetzte seine Anhängerschaft im gesamten Rhein-Main-Gebiet in helle Aufregung. Acht Stunden vor dem eigentlichen Veranstaltungsbeginn hatten sich bereits an die tausend Parteigänger Hitlers vor den verschlossenen Toren zur Festhalle versammelt. Als sich die Pforten spätnachmittags öffneten, war der Saal im Nu bis auf den letzten Platz belegt. Gegen neun Uhr abends trat Hitler unter frenetischem Jubel an das Rednerpult. In seiner Ansprache rechtfertigte der Diktator den am 7. März 1936 unter Missachtung des Versailler Vertrages der deutschen Wehrmacht erteilten Befehl, in das entmilitarisierte Rheinland einzumarschieren. Hitler stellte das „Ansehen und die Ehre" Deutschlands über die „Buchstaben eines abgepreßten Vertrages" und heuchelte im gleichen Atemzug „wahrhafte Liebe zum Frieden."[157] Mit der von der Bevölkerung begrüßten Besetzung des Rheinlands hatte der Reichskanzler Vabanque gespielt, denn bei einer konzertierten militärischen Reaktion Frankreichs und Belgiens hätten die deutschen Truppen klein beigeben müssen. Indem es bei einer Protestnote und einer folgenlosen Verurteilung Deutschlands vor dem Völkerbundsrat wegen Vertragsbruchs blieb, wurde die Chance verpasst, Hitlers Expansionsdrang rechtzeitig in die Schranken zu verweisen. Die von Hitler bei der Abstimmung am 29. März 1936 von der Wählerschaft erwartete Bestätigung seiner Vorgehensweise entsprach mit 99 Prozent dem gewünschten Ergebnis.[158]

Der Antisemitismus war ein Hauptmotiv der NS-Ideologie. Die nationalsozialistischen Rassengesetze wurden auch in Frankfurt konsequent in die Tat umgesetzt. Was im März 1933 mit dem Boykott jüdischer Geschäfte begonnen hatte, führte schließlich im November 1938 zur Zerstörung der Synagogen. In der Nacht vom 9. auf den 10. November 1938 kam es in ganz Deutschland zu Pogromen gegen die jüdische Bevölkerung. Für die organisierten Ausschreitungen diente der NSDAP das Attentat Herschel Grynszpans auf den aus Frankfurt stammenden Mitarbeiter der Deutschen Botschaft in Paris, Ernst vom Rath, als Vorwand. In den frühen Morgenstunden des 10. November 1938 begannen SA-Trupps in Zivil in Frankfurt damit, die Synagogen niederzubrennen und jüdische Geschäfte und Wohnungen zu verwüsten. Mehr als 3.000 von der Gestapo anhand vorbereiteter Listen verhaftete männliche Juden im Alter zwischen 16 und 65 Jahren wurden im Verlauf des Pogroms in die Festhalle verschleppt und von dort in die Konzentrationslager Buchenwald und Dachau deportiert. Die Geheime Staatspolizei (Gestapo) hatte die Nutzung der Festhalle als Sammelstelle für die im Regierungsbezirk Wiesbaden festgenommenen Juden veranlasst.[159] Demnach wurden nicht nur Frankfurter Juden gewaltsam in das Gebäude verbracht, sondern zum Beispiel auch die am 10. November 1938 im Hauptbahnhof aufgegriffenen Bewohner der Bad Sodener jüdischen Kuranstalt.[160] Die meist in ihren Wohnungen verhafteten Männer wurden zum nächsten Polizeirevier gebracht, registriert und anschließend in Bussen oder auf Lastwagen in die Festhalle transportiert. Dort angekommen mussten sie der Polizei und der Gestapo ihre Wertsachen und Pässe aushändigen, danach übernahm das aus Polizisten, SA- und SS-Leuten gebildete Wachpersonal die Gefangenen.[161]

Über die in der Festhalle vom 10. bis zum 13. November 1938 an Juden begangenen Demütigungen und Misshandlungen liegen verschiedene Augenzeugenberichte vor. Der Rabbiner der Israelitischen Gemeinde Frankfurt von 1910 bis 1939, Georg Salzberger, schildert in einem Erlebnisbericht seine Verhaftung und Verschleppung in die Festhalle durch SA-Leute am 13. November 1938: „In der Halle, in der ich einst eine ergreifende Wiedergabe von Beethovens 9. Symphonie ‚Alle Menschen werden Brüder' gehört hatte, waren Hunderte von Juden in Gruppen geteilt, versammelt. Ich wurde nach Untersuchungen auf Waffen und nach Ablieferung von Uhr, Kette, Brieftasche und Geld einer Gruppe zugeteilt. ‚Wie heißen Sie?', schrie mich der Gruppenführer an. Ich sagte meinen Namen und begriff lange Zeit nicht, was er von mir wollte. Was er wollte, war, daß ich sagen sollte: ‚Jud' [...] Plötzlich lautlose Stille in dem großen Raum, und vom Balkon erscholl die Stimme eines Sängers. Er sang die Arie ‚In diesen heil'gen Hallen kennt man die Rache nicht.' Später erzählte mir der Opernsänger Erl, dass dieser Obergruppenführer an ihn herangetreten sei. ‚Sie haben sich einen dicken Bauch angemästet', begann er. ‚Was sind Sie von Beruf?' ‚Ich bin Opernsänger.' ‚Dann singen Sie mal die Arie aus der Zauberflöte, und singen Sie sich damit frei.' Tatsächlich hat sich Erl damals frei gesungen, aber nur, um später doch nach Auschwitz gebracht zu werden."[162] Die tagsüber in die Festhalle eingelieferten Juden wurden jeweils am Abend mit Bussen zum Südbahnhof überführt und von dort mit Sonderzügen der Reichsbahn in Konzentrationslager deportiert. Salzberger kam nach Dachau, wo er monatelang inhaftiert blieb. Wieder auf freiem Fuß emigrierte der Rabbiner im April 1939 mit seiner Familie nach England.

In Dachau war Salzberger dem Frankfurter Heinrich Perlhefter begegnet, den die SS ebenfalls am 13. November 1938 verhaftet und in die Festhalle verschleppt hatte. „Ein SS-Sturmführer", berichtete Perlhefter später über sein in der Festhalle erlittenes Martyrium, „befahl einem SS-Mann, mich ‚den Saujuden' mal in die Kur zu nehmen, was dieser dann auch gründlich getan hat. So mußte ich mich in der Festhalle vor der Treppe auf den Bauch legen und von Stufe zu Stufe nach oben robben. Auf der anderen Seite mußte ich Purzelbaum schlagen. Als ich unten war, nahm ein anderer SS-Mann mich in Empfang und schlug mit einer Browning auf mich ein. Dabei zerschlug er mir die Zähne, und ich brach einige Rippen. Anschließend nahm er mich mit in den Keller, um einen Eimer Wasser zu holen, da ein anderer Jude sich übergeben hatte, und ich das mit bloßen Händen beseitigen sollte. Danach wurden in eine Ecke Nägel, so genannte Blauköpfchen, gestreut, auf denen ich einen Kopfstand machen mußte. Ich bekam dabei eine ganze Menge Nägel in die Kopfhaut. Ein Mithäftling hat sie mir später mit einem Taschenmesser herausgeholt. Nach dieser Misshandlung mußten wir alle Purzelbaum schlagen und dazu singen. Gegen Abend, zwischen 18 und 20 Uhr, wurden wir mit städtischen Omnibussen zum Südbahnhof gebracht und in einen Personenzug Richtung Dachau verladen."[163] An das dunkle Kapitel in der Geschichte der Festhalle erinnert seit 1991 eine an der Rotunde angebrachte bronzene Gedenktafel.[164]

Der Zweite Weltkrieg warf im Juni 1939 seine Schatten voraus. Oberbürgermeister Krebs hatte alles versucht, die Beschlagnahmung der Festhalle durch die Reichsstelle für Getreide abzuwenden – vergebens. Aus Mangel an geeigneten Getreidespeichern begann die Reichsstelle am 3. Juni 1939 damit, 1.200 Tonnen Roggen in dem Kuppelbau einzulagern. Die ungewöhnliche Verwendung der repräsentativen Veranstaltungshalle als Getreidesilo ließ nichts Gutes ahnen, da sie der Kriegsvorbereitung diente. Nicht wissend, dass ihr die Reichsstelle für Getreide zuvorgekommen war, beschlagnahmte Anfang August 1939 die Wehrmacht die Festhalle für das Heeresbekleidungsamt. Die Kommandantur musste sich vorerst mit dem Obergeschoss im „Haus der Moden" begnügen. „Die Ueberlassung", notierte der Magistratsrat im Frankfurter Bauamt, Adolf Miersch, am 31. August 1939, „erfolgt unter der Bedingung, dass der in Anspruch genommene Lagerraum beschleunigt wieder geräumt wird, sofern es zu kriegerischen Verwicklungen nicht kommen sollte, bezw., sobald die kriegerischen Verwicklungen ihren Abschluss gefunden haben."[165] Wenige Stunden später lösten am 1. September 1939 deutsche Truppen mit dem Angriff auf Polen den Zweiten Weltkrieg aus. Der Krieg

Die brennende Festhalle als Fanal für die Zerstörung der Stadt im Zweiten Weltkrieg, 18. Dezember 1940

besetzte mit der Zeit alle Lebensbereiche. Sämtliche in der Festhalle und auf dem Messegelände geplanten Ausstellungen und Veranstaltungen mussten abgesagt werden. Propagandaminister Goebbels verfügte 1942 die kriegsbedingte Einstellung der Messen im „Dritten Reich".

Im Frühjahr 1940 wurde die Festhalle vom Getreidespeicher zur Kleiderkammer umfunktioniert. Nach der Teilbesetzung Polens und vor dem Beginn des Westfeldzugs beschlagnahmte im April 1940 das Heeresbekleidungsamt den Kuppelbau an der Hohenzollern-Anlage, um darin gebrauchte und ausgebesserte Uniformen und Ausrüstungsgegenstände für die I. Armee sowie das XII. Armeekorps zu lagern. Von den Truppenteilen eingehende Transporte wurden sortiert, gereinigt, repariert und zwischengelagert. Rund 400 Mitarbeiter der Abteilung „Verwertung und Instandsetzung" des Heeresbekleidungsamtes waren in der Festhalle im Einsatz. Während die Anlieferung und das Sortieren im Innenraum des Kuppelbaus erfolgte, befanden sich die Schneiderwerkstatt und die Färberei in Nebenräumen auf der Hallensüdseite. Die wiederhergestellte Kleidung und Ausrüstung lagerte im ersten Rang. Die zweite Galerie wurde nicht in Anspruch genommen. Tagsüber kontrollierten zwei Pförtner die Eingänge zur Festhalle, nachts zog eine militärische Wache auf.[166]

Um 18:42 Uhr drangen am 18. Dezember 1940 dicke Rauchschwaden aus zwei Fenstern der Festhalle. Bei der Feuerwache III in der Heinrichstraße schrillten die Alarmglocken, mehrere Löschzüge rückten zur nahe gelegenen Hohenzollern-Anlage aus. Der Einsatzleiter erkannte beim Eintreffen an der Brandstätte sofort den Ernst der Lage und löste Großalarm aus, woraufhin neun weitere Löschzüge mit zusätzlichen Drehleitern, Schlauch- und Beleuchtungswagen zur Festhalle eilten. Der Hauptbrandherd befand sich beim Eintreffen der Feuerwehr auf der südlichen ersten Galerie, wo die aufgestapelten Kleidungs- und Ausrüstungsvorräte der Wehrmacht sowie die in dem Rundgang abgestellten Stühle in Flammen standen. Verschlossene und durch hohe Kleiderstapel versperrte Treppenhaustüren und die zu kurze Reichweite der Strahlrohre erschwerten die Löscharbeiten. Tatenlos mussten die Feuerwehrleute zusehen, wie in fast vierzig Metern Höhe die hölzerne Dachverschalung abbrannte. Aufgrund von der Decke herabstürzender Trümmer zogen sich die im Innenraum eingesetzten Löschtrupps in den Schutz der Galerie zurück. Bei eisigen Temperaturen von minus elf Grad sorgte der von West auf Südsüdost drehende Wind für zusätzliche Gefahr, da nun ein Übergreifen der Flammen auf das mit fabrikneuen Ausrüstungsgegenständen angefüllte „Haus der Moden" drohte. Ab sofort beschränkten sich die Einsatzkräfte in der Festhalle darauf, das Feuer von den Nebenräumen in den Gürtelbauten fernzuhalten. Die Hauptsorge galt jetzt der Sicherung

Unter dem Hakenkreuz

In der ausgebrannten Festhalle liegen auf dem Hallenfußboden und im ersten Rang Überreste des eingelagerten Heeresgutes, Dezember 1940

Ansicht der Festhalle mit der beschädigten Kuppel und den zerstörten Dachpartien der seitlichen Tonnengewölbe, Dezember 1940

des Nachbargebäudes, weshalb alle neu am Unglücksort eintreffenden Löschmannschaften, darunter zwei Züge aus Offenbach, an der Westseite der Festhalle zum Einsatz kamen. Das Gros der mittlerweile an die Hohenzollern-Anlage abkommandierten Soldaten wurde zum teilweisen Ausräumen des „Hauses der Moden" beordert, nur etwa zwanzig Mann suchten aus der Festhalle zu retten, was zu retten war. Als um 20:52 Uhr „Fliegeralarm" gegeben wurde und in Höchst die Flak zu schießen begann, spitzte sich die Lage noch einmal gefährlich zu. Vorsichtshalber forderte die Frankfurter Feuerwehr drei Löschzüge aus Darmstadt und einen Zug aus Wiesbaden an. Die Verstärkung traf kurz nach zehn Uhr in der Gauhauptstadt ein und konnte sich, da der befürchtete Luftangriff ausgeblieben war, an den Löscharbeiten in der Festhalle beteiligen. Insgesamt bekämpften jetzt 18 Löschzüge mit 362 Feuerwehrleuten den seit Jahrzehnten schlimmsten Großbrand in Frankfurt. Gegen 23 Uhr war das Feuer unter Kontrolle, ab ein Uhr konnten die Löschmannschaften nach und nach abrücken, drei Züge bewachten die Brandstätte bis in die Mittagsstunden des 19. Dezember 1940.[167]

Der Sachschaden war immens und ging in die Millionen, schon allein das verbrannte Heeresgut wurde auf 3,2 Millionen Reichsmark geschätzt. Dass die Eisenkonstruktion und die Gürtelbauten der Festhalle noch standen und nicht auch noch das „Haus der Moden" in Rauch und Flammen aufgegangen war, führte der Kommandeur der Feuerschutzpolizei, Langbeck, auf den Großeinsatz der Wehren zurück. Als Brandursache nannte der offizielle „Feuerbericht" vorsätzliche Brandstiftung.[168] Der Verdacht, dass es sich bei dem Festhallenbrand um einen Sabotageakt gehandelt haben könnte, wurde durch die Ermittlungen der Kriminalpolizei nicht bestätigt. Unabhängig voneinander kamen die hinzugezogenen Gutachter Grasberger vom Wiener Universitätsinstitut für

Kriminologie, Widmann vom Reichskriminalamt in Berlin und Diplom-Ingenieur Spieß aus Idstein zu dem übereinstimmenden Ergebnis, dass Brandstiftung zwar nicht mit hundertprozentiger Sicherheit auszuschließen aber doch höchst unwahrscheinlich sei. Die Auffassung der Gutachter gründete auf der Erkenntnis, dass es nur einen Brandherd gegeben hatte. Da auch Selbstentzündung, Funkenflug oder Elektrizität als Ursachen nicht in Frage kamen, lag die Vermutung nahe, dass der Brand durch Fahrlässigkeit entstanden war. Nachforschungen unter der Belegschaft des Heeresbekleidungsamtes brachten fortwährende Verstöße gegen das strikte Rauchverbot in der Festhalle ans Licht.

Ins Visier der Ermittler geriet in erster Linie eine 14-köpfige Arbeitskolonne, die mit dem Sortieren eintreffender Ledersachen befasst war. Da es in dem Gebäude an Aufenthaltsräumen fehlte, hatte sich die Gruppe im südlichen Rundgang der ersten Galerie hinter den Blöcken acht und neun aus Brettern und Decken heimlich eine „Kabuse" eingerichtet. In dem Verschlag entdeckten die Kriminalbeamten einen Tisch mit Stühlen sowie mehrere Aschenbecher. Die Ermittlungsergebnisse bestätigten die Erkenntnisse der Gutachter Grasberger und Spieß, die den Brandherd im ersten Rang, Block neun, lokalisiert hatten. Obwohl zahlreiche Mitarbeiter des Heeresbekleidungsamtes in den Verhören Verstöße gegen das Rauchverbot gestanden, konnte keinem der Verdächtigen die Schuld an dem Festhallenbrand zweifelsfrei nachgewiesen werden, so dass die Anklagen nicht auf fahrlässige Brandstiftung, sondern nur auf Feueranzünden „in gefährlicher Nähe von Feuer fangenden Sachen"[169] lautete. Vor dem Feldgericht der Division Nr. 159 mussten sich ab dem 24. April 1941 insgesamt 27 Arbeiter, Angestellte und Handwerker wegen „Wehrmittelbeschädigung" verantworten. Nach dreitägiger Verhandlung verurteilte das Militärgericht 14 Angeklagte wegen „unvorsichtigem Feueranzünden" zu zweiwöchigen Haftstrafen, neun weitere wurden freigesprochen. Vier Delinquenten, die während der kriminalpolizeilichen Ermittlungen mehr oder weniger zufällig des „fortgesetzten Diebstahls" überführt worden waren, mussten bis zu einem Jahr hinter Gitter.[170]

Schenkt man den privaten Aufzeichnungen des Magistratsbaurats Georg Petry Glauben, entging die ausgebrannte Festhalle an der Jahreswende 1940/41 nur knapp der Sprengung. Dank seiner Intervention bei Gauleiter Jakob Sprenger und durch den von ihm erbrachten Nachweis der Standsicherheit, so Statiker Petry, sei die Festhalle gerettet worden. Wie dem auch sei, im Archiv der Messe Frankfurt GmbH ist zuverlässig überliefert, dass Petry einer Expertengruppe angehört hatte, die sich am 21. Dezember 1940 über den Zustand des Kuppelbaus ins Bild setzen sollte. Demnach waren zwar die Dachverschalung verbrannt und die Tonnenbinder insbesondere im östlichen Hallenbereich stark in Mitleidenschaft gezogen worden, doch die wichtigsten Tragkonstruktionen, die radial stehenden Bogenbinder und der Druckring, schienen die Brandkatastrophe so gut wie unbeschadet überstanden zu haben. „Da die Fahnenstange [auf dem Dach der Festhalle, T. B.] nach allen Seiten lotrecht steht", nahmen die Sachverständigen an, „dass Verformungen der Hauptkuppel nicht eingetreten sind und dass diese von den 12 Bindern, die unmittelbar auf die Stützen gehen, frei getragen wird."[171] Der positive erste Eindruck vom Zustand der Bausubstanz wurde von dem im Januar 1941 hinzugezogenen Gutachter bestätigt. Nach eingehender Untersuchung des Brandschadens bejahte der an der Technischen Hochschule Darmstadt Statik lehrende Professor K. Klöppel aufgrund der hohen Qualität des verwendeten Stahls und der exakten statischen Berechnung die Wiederverwendbarkeit der Hallenkonstruktion.

Im Aufsichtsrat der Messe- und Ausstellungs-Gesellschaft stand der Abriss der Festhalle nicht zur Debatte. Unter den Aufsichtsräten herrschte in der Krisensitzung am 23. Dezember 1940 Konsens darüber, dass während des Krieges an einen Neubau sowieso nicht zu denken war und deshalb alle Kräfte darangesetzt werden müssten, die

Festhalle wiederherzustellen. Bei dem Vorhaben rechnete die Stadt fest mit der Unterstützung durch die Heeresverwaltung, gleichzeitig hoffte sie auch auf das Wohlwollen an höchster Stelle. Obwohl sein Verhältnis zum Gauleiter aufgrund innerparteilicher Machtkämpfe zerrüttet war, bat Oberbürgermeister Krebs den Rivalen Sprenger, bei Reichskanzler Hitler ein gutes Wort für den geplanten Wiederaufbau der Festhalle einzulegen. „Über die außerordentlich große Bedeutung", begründete Krebs sein Anliegen, „die die Halle im Frankfurter Wirtschaftsleben hat, brauche ich Ausführungen nicht zu machen. Sie wissen aus Ihrer genauen Kenntnis der Stadtverwaltung und des Wirtschaftslebens im Rhein-Main-Gebiet, daß ihr Vorhandensein die Voraussetzung für große Ausstellungen und Tagungen ist. Diese Tatsache veranlaßt mich anzuregen, die Angelegenheit dem Führer vorzutragen und seine Förderung für unser Instandsetzungsvorhaben zu erbitten. Ich bin sicher, daß die Willensmeinung des Führers auch dazu beitragen wird, die Heeresverwaltung zu einer großzügigen und raschen Unterstützung der Stadt zu bestimmen."[172] Vermutlich ist die Nachricht vom Festhallenbrand und der geplanten Wiederherstellung nie bis zu Hitler vorgedrungen. Immerhin soll sich Sprenger in der Angelegenheit mit dem Adjutanten des Reichskanzlers, Albert Bormann, in Verbindung gesetzt haben. Geholfen hat es nichts. Das Oberkommando des Heeres teilte am 9. Juli 1941 Oberbürgermeister Krebs mit, dass der Wiederaufbau der ausgebrannten Festhalle als „nicht kriegsentscheidend" eingestuft und somit abgelehnt worden war.[173]

Der Stadt Frankfurt blieb nichts weiter übrig, als das ausgebrannte Bauwerk vor witterungsbedingten Schäden zu schützen und das Kriegsende abzuwarten. Nachdem das Heeresgut geborgen und der Brandschutt entsorgt worden war, ließ die Bauverwaltung so gut es ohne die Errichtung eines Gerüsts eben ging von der Decke herabhängende Eisen- und Bauteile sowie beschädigten Verputz abnehmen. Notdächer sicherten die Zugänge zum zweiten Rang und den Umformerraum im Erdgeschoss, durch in die Böden der ersten und zweiten Galerie eingeschlagene Löcher sollten Regen- und Schmelzwasser abgeleitet werden. Zuletzt wurde der Holzfußboden im Innenraum herausgenommen und eingelagert sowie die erreichbaren frei liegenden Eisenteile der Deckenkonstruktion mit Rostschutzfarbe gestrichen. Mehr als 24 Tonnen Dachkupfer konnten in der Festhalle sichergestellt und verkauft werden. Der dabei erzielte Erlös von rund 13.000 Reichsmark wurde der Allianz Versicherungs-Aktiengesellschaft mitgeteilt, bei der die Festhalle mit vier Millionen Reichsmark gegen Feuer versichert war. Noch bevor sich die Allianz AG mit der Messe- und Ausstellungs-Gesellschaft über die endgültige Entschädigungssumme verständigen konnte, überwies die Versicherung der Messe 1943 Abschlagszahlungen in Höhe von 1,5 Millionen Reichsmark.[174]

Im Bombenkrieg nahm die Festhalle weiteren Schaden. Feindliche Bomberverbände hatten erstmals im Juni 1940 Kurs auf Frankfurt am Main genommen. In der Nacht vom 24./25. August 1942 gingen die ersten Brandbomben auf das Messegelände nieder. Das „Ostdreieck" wurde bis auf das „Haus Werkbund" ein Raub der Flammen. Die Südseite der Festhalle geriet bei dem Luftangriff erneut in Brand, wobei die Kuppel des Südostturms herabstürzte. Insgesamt fielen bei dem Nachtangriff 6 Luftminen, 21 Spreng-, 600 schwere Brand- und rund 9.000 Stabbrandbomben auf das Frankfurter Stadtgebiet. Fünf Tote und 48 Verletzte waren die traurige Bilanz der Schreckensnacht. Hatte Hitler noch 1940 die „Ausradierung" englischer Städte befohlen, verschärften die Westmächte drei Jahre später den Luftkrieg gegen die deutsche Zivilbevölkerung. Der erste von zwölf schweren Großangriffen auf Frankfurt am Main erfolgte am 3. Oktober 1943 und forderte etwa 600 Todesopfer. Die am 18., 22. und 24. März 1944 über Frankfurt abgeworfenen Bombenteppiche legten die Innenstadt endgültig in Schutt und Asche. Während des Zweiten Weltkriegs starben in Frankfurt 5.647 Menschen im alliierten Bombenhagel. 1943/44 wurde das Messegelände mindestens sechsmal bombardiert. So gingen am

25./26. November 1943 durch die nahe Detonation von drei Sprengbomben in der Festhalle alle noch verbliebenen Fensterscheiben sowie eine große Anzahl von Türen und Zwischenwänden zu Bruch.

Im Frühling 1944 glichen die Ausstellungsflächen an der Hohenzollern-Anlage einem Trümmerfeld. „Nachdem unsere verschiedenen Gebäude", berichtete am 4. Mai 1944 die in das „Dechema"-Haus an der Bismarck-Allee 25 ausgelagerte Geschäftsführung der Messe an Oberbürgermeister Krebs, „bei dem Terrorangriff vom 18./19.3.44 wiederum nicht unerhebliche Schäden durch in unmittelbarer Nähe niedergegangene schwere Bomben erhielten, an deren Beseitigung bereits wieder gearbeitet wurde, erlitten sämtliche restlichen Gebäude unserer Liegenschaft ‚Festhallengelände' bei dem Terrorangriff vom 22./23.3.44 in der Hauptsache durch zahlreiche Brandbomben und die hierdurch hervorgerufenen Grossbrände derart schwere Schäden, dass sie als zerstört zu betrachten sind. Lediglich in den Umgangsbauten der Festhalle sind noch einige Räume übrig geblieben, welche nach behelfsweiser Wiederherrichtung als Lagerräume und Notunterkünfte totalgeschädigter Gefolgschaftsmitglieder Verwendung finden. Geeignete Räume für Geschäftszimmer sind jedoch auf unserer gesamten Liegenschaft nicht mehr vorhanden."[175]

Amerikanische Truppen stießen am 26. März 1945 bis in die Innenstadt vor, drei Tage später war Frankfurt vom Nationalsozialismus befreit. Die Stadt trauerte nach der bedingungslosen Kapitulation der deutschen Wehrmacht am 8. Mai 1945 um etwa 35.000 Opfer der NS-Diktatur, darunter 12.555 ermordete Juden. Die Mainmetropole lag nach zwölf Jahren Nationalsozialismus in Trümmern.

Wiederaufbau der Festhalle

„Hier ist ja weniger als gar nichts!"

Trümmerbeseitigung und Wiederaufbau der Messe 1945–1950

Die US-Armee bezog 1945 auf Dauer in Frankfurt am Main Quartier. Dabei beschlagnahmte die Besatzungsmacht unter anderem einen Großteil der Freiflächen auf dem Messegelände, wo von 1945 bis 1947 der „Motor-Pool" des 250th Engineer Battalion stationiert wurde. Das Frankfurter IG-Farben-Gebäude diente als europäisches US-Hauptquartier und wurde durch ein weiträumiges, mit Stacheldraht umzäuntes Sperrgebiet gesichert. Innerhalb des bis zum Palmengarten, zum Dornbusch, zum Oederweg sowie bis zur Feldbergstraße reichenden Kordons beschlagnahmte die Militärregierung alle Gebäude. Aus den requirierten Wohnhäusern stammende Möbel der Eigentümer lagerte das Besatzungskostenamt in den überdachten Teilen der ausgebrannten Festhalle. Ausquartierte Bewohner des Sperrgebiets sollen regelmäßig in der Festhalle nach dem Verbleib ihres Hab und Guts geforscht haben.[176]

Wiederaufbau der Festhalle

Bittere Not bestimmte den Alltag der ersten Nachkriegsjahre. Frankfurt lag nach Kriegsende als eine der mit am schwersten zerstörten Großstädte unter einer Trümmerschicht von fast 13 Millionen Kubikmetern begraben. Die Hälfte der circa 269.000 in der Stadt ausharrenden Einwohner war im Grunde genommen obdachlos. Standen vor Kriegsbeginn 553.000 Einwohnern in Frankfurt 177.570 Wohnungen zur Verfügung, musste sich die infolge von Evakuierungen und Kriegseinwirkungen um mehr als die Hälfte geschrumpfte Bevölkerung 1945 in den vorhandenen 44.000 unversehrten und 53.000 zum Teil stark beschädigten Wohnungen einrichten. Rückkehrer und Flüchtlinge verschärften die dramatische Wohnungsnot und Lebensmittelknappheit. Nahrungsmittel und praktisch alle Artikel des täglichen Bedarfs waren als Mangelwaren rationiert und nur gegen Bezugsscheine erhältlich. Mit Schwarzmarktgeschäften, Tauschhandel oder „Hamsterfahrten" versuchte die notleidende Großstadtbevölkerung über die Runden zu kommen. Erst nach der Währungsreform im Sommer 1948 besserte sich die Versorgungslage.[177]

Oberbürgermeister Walter Kolb schilderte am 3. Oktober 1948 bei der Eröffnungsfeier der ersten „Friedensmesse" den Festgästen seinen Eindruck vom zerbombten Messegelände: „Als ich vor 2 ¼ Jahren die Leitung dieser Stadt übernehmen durfte, da war einer meiner ersten Gänge ein solcher durch die Messefelder. In meiner Begleitung befand sich mein getreuer Mitarbeiter in Messefragen, Herr Dr. Schnorr. Inmitten all der Zerstörungen und all des grauslichen Aussehens dieser Anlagen als Folgen des Krieges sagte ich damals: hier ist ja weniger als gar nichts!"[178] Kolb ließ sich von dem deprimierenden Anblick keineswegs entmutigen und verkündete in einer am 25. August 1946 ausgestrahlten Rundfunkansprache über die künftige Kommunalpolitik: „Frankfurt soll wieder Messestadt werden."[179]

Wichtige Vorarbeiten hatten der für das Messe- und Ausstellungswesen zuständige Stadtrat August Robert Lingnau und Kolbs Amtsvorgänger Oberbürgermeister Kurt Blaum seit April 1946 geleistet. Aus Lingnaus Feder stammte die von Blaum am 18. April 1946 an den groß-hessischen Ministerpräsidenten Karl Geiler weitergeleitete Denkschrift bezüglich einer Wiederaufnahme der Frankfurter Messen und Fachausstellungen. Das Papier des Stadtrats erklärte die Abhaltung von Messen zur Abstimmung von Angebot und Nachfrage sowie zur Herstellung von Geschäftsverbindungen und ganz allgemein zur Ankurbelung der daniederliegenden Wirtschaft für unentbehrlich. Am Bedarf der Nachkriegsgesellschaft orientiert, sollte 1947/48 mit einer Bau- und Siedlungsausstellung sowie einer Landwirtschaftlichen Ausstellung ein neuer Anfang gemacht werden. Auf dem zu 95 Prozent zerstörten Messegelände arbeitete die Messe- und Ausstellungs-Gesellschaft seit Anfang 1946 zunächst in Baracken, bevor sie am 15. August 1946 provisorisch hergerichtete Büros in der ausgebrannten Festhalle beziehen konnte.[180]

Ebenso wie sein christdemokratischer Amtsvorgänger war der Sozialdemokrat Kolb von der Notwendigkeit, baldmöglichst wieder Ausstellungen und Messen zu veranstalten, zutiefst überzeugt. Nachdem sie im Mai 1946 aus den ersten freien Kommunalwahlen als stärkste Fraktion hervorgegangen war, hatte die Frankfurter SPD den Düsseldorfer Oberbürgermeister Walter Kolb vom Rhein an den Main geholt. Publikumswirksam schippte und bohrte sich der Rheinländer am 17. Oktober 1946 beim Bürgereinsatz zur Enttrümmerung der Stadt durch die Schuttberge auf dem Römerberg und geradewegs in die Herzen der Frankfurter hinein. Schon nach wenigen Wochen seiner zehnjährigen Amtszeit stellte Kolb die Symbolfigur für den Wiederaufbau der Stadt dar. Im Wohnungsbau sowie in der Wiederbelebung der Messe und dem Ausbau des Flughafens sah der populäre Oberbürgermeister die vordringlichsten Aufgaben. Kaum im Amt hatte Kolb Nägel mit Köpfen gemacht und die erste Nachkriegsmesse in der Tradition der Frankfurter Mustermessen

Vorherige Doppelseite:
Wiederaufbau der Festhalle, 1949

Links: Frankfurt am Main
im Frühjahr 1945

Wiederaufbau der Festhalle

Oberbürgermeister Walter Kolb eröffnet am 17. Oktober 1946 auf dem Römerberg den Bürgereinsatz zur Trümmerbeseitigung

Die Kaisertreppe, um 1948

für Herbst 1947 angekündigt. Der Wiederaufbau des Messegeländes begann mit der Instandsetzung des „Hauses der Technik", der mit 8.500 Quadratmetern Ausstellungsfläche größten Frankfurter Messehalle. Die Errichtung des Gebäudes erfolgte unter Verwendung der vorhandenen Stahlträger sowie von Wandelementen aus der Produktion der im Oktober 1945 gegründeten Trümmer-Verwertungs-Gesellschaft mbH (TVG). In der am Ratsweg gelegenen TVG wurden aus dem Trümmerschutt neue Baustoffe gewonnen. Das neue Frankfurt entstand somit aus den Trümmern der alten Stadt. Umfangreiche Erdbewegungsarbeiten waren erforderlich, um die Kraterlandschaft an der Festhalle einzuebnen. Neben Handwerksbetrieben und Großunternehmen wie der MAN oder Philipp Holzmann arbeiteten 1947/48 rund vierzig noch immer internierte deutsche Kriegsgefangene auf dem Messegelände. Die Gefangenen waren in einem von US-Soldaten bewachten kleinen Barackenlager hinter der Festhalle untergebracht. Finanziert wurde der Aufbau der Messe aus der inzwischen auf rund zwei Millionen Reichsmark festgesetzten Entschädigungssumme der Feuerversicherung für den Festhallenbrand im Jahre 1940.[181]

Die Diskrepanz zwischen der vorhandenen Ausstellungsfläche auf der einen und den zahlreichen Anmeldungen von Ausstellern und Besuchern auf der anderen Seite machte dem Oberbürgermeister und Aufsichtsratsvorsitzenden der Messe- und Ausstellungs-Gesellschaft mbH, Walter Kolb, einen dicken Strich durch die Rechnung. Bis zum 9. April 1947 lagen 1.563 Anmeldungen vor, womit die in Zelthallen und Schulen zur Verfügung

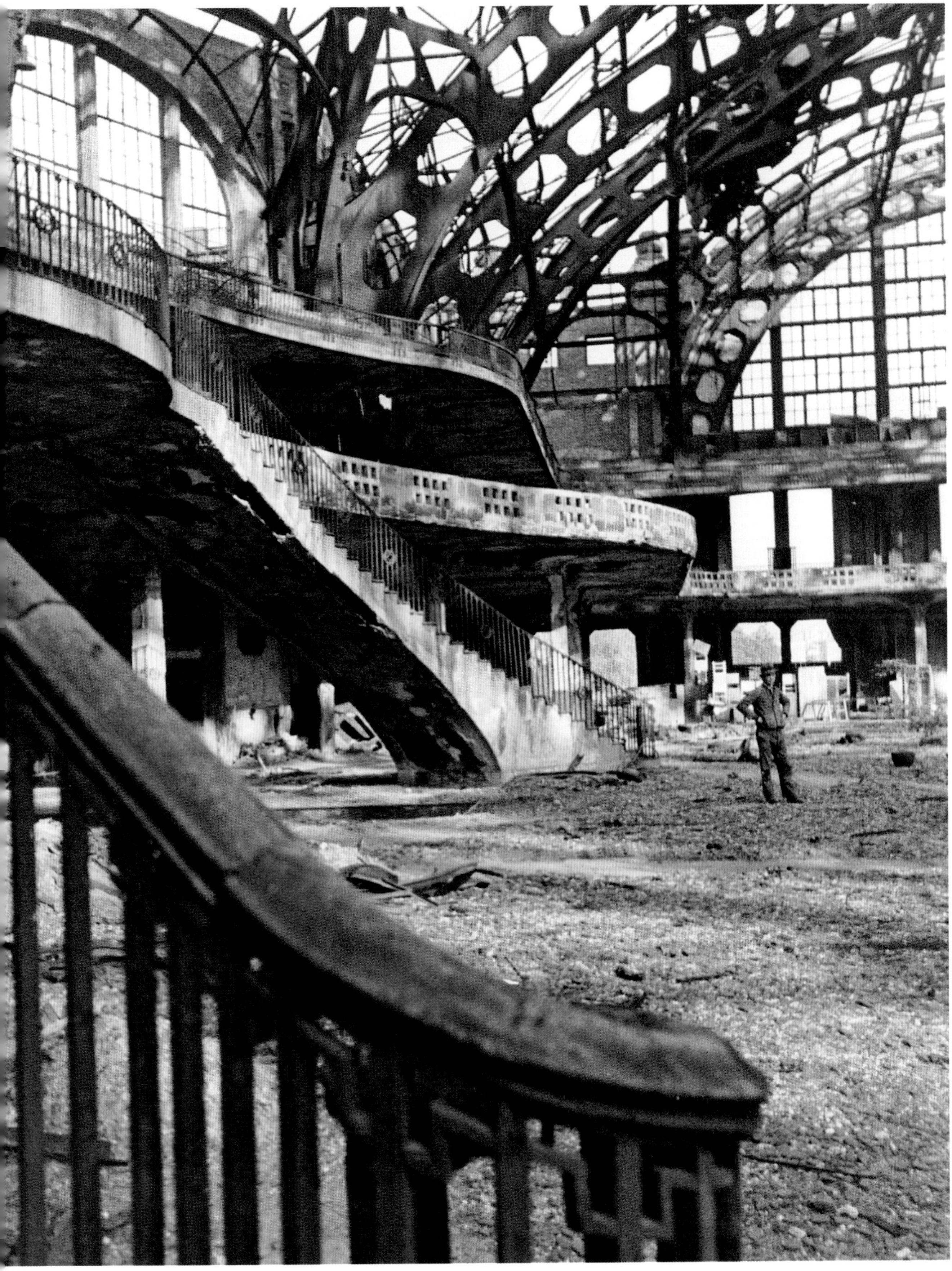

Wiederaufbau der Festhalle

Messe-Plakatwerbung von
Franz Rubik, Oktober 1948

stehende Ausstellungsfläche von 10.700 Quadratmetern bereits zu diesem frühen Zeitpunkt restlos erschöpft war. Da eine verpatzte Messe-Premiere dem Ansehen der Stadt mehr Schaden zufügen konnte als eine rechtzeitig bekannt gegebene Verlegung entschied sich der Aufsichtsrat am 10. April 1947 nach kontrovers geführter Diskussion für eine Verschiebung der Messe bis zum Herbst 1948.[182] Fünf Wochen bevor die Herbstmesse ihre Pforten öffnete, fand vom 29. August bis zum 5. September 1948 die noch von Blaum und Lingnau angeregte Landwirtschaftliche Ausstellung statt. Ausrichter der „Lehrschau", die der Landwirtschaft auf die Beine helfen sollte, waren die Messe-Gesellschaft und die von Kolb im Herbst 1947 wiedergegründete Deutsche Landwirtschafts-Gesellschaft. Das Publikumsinteresse war so groß, dass im ehemaligen „Haus der Technik" und in den fünf Stahlrohrhallen zeitweise ein „lebensgefährliches Gedränge" herrschte und die Besucher nur noch schubweise Einlass fanden. Als Generalprobe für die erste Nachkriegsmesse war die Landwirtschaftliche Ausstellung ein Riesenerfolg.[183]

Das Jahr 1948 bildete mit der Paulskirchenfeier, der Gründung der „Bank deutscher Länder" und dem Messe-Auftakt einen Wendepunkt in der Frankfurter Stadtgeschichte nach 1945. Neben Oberbürgermeister Kolb, dem Vertreter der Militärregierung, Francis E. Sheehan, und dem hessischen Ministerpräsidenten Christian Stock ergriff bei der Eröffnungsfeier der Herbstmesse am 3. Oktober 1948 auch der Direktor der bizonalen „Verwaltung für Wirtschaft des Vereinigten Wirtschaftsgebiets", Ludwig Erhard, das Wort. Der Wirtschaftsdirektor und spätere Wirtschaftsminister der Bundesrepublik verwies auf den durch die Währungsreform ausgelösten Aufwärtstrend und erklärte, dass die Frankfurter Messe „im Zeichen einer um ihre innere und äußere Gesundung ringenden Wirtschaft und Gesellschaft"[184] stehe. Viele Aussteller hatten die Neuordnung des Geldwesens abgewartet und sich erst nach dem 20. Juni 1948 zur Teilnahme an der Messe entschlossen. Seit der Landwirtschaftlichen Ausstellung waren zu den sechs festen Ausstellungsgebäuden zwanzig provisorische Zelthallen hinzugekommen. Auf 65.000 Quadratmetern Ausstellungsfläche, 35.000 davon waren überdacht, warben vom 3. bis zum 8. Oktober 1948 in 32 Branchen gegliedert 1.815 Firmen für ihre Produkte. 46 Aussteller aus dem Ausland gaben der Herbstmesse einen internationalen Touch. Der Maschinenbau stellte mit 25 Prozent der Aussteller, gefolgt von Textilerzeugnissen und Rauchwaren (elf Prozent) sowie Haus- und Küchengeräten (neun Prozent), die größte Messeabteilung. Von den mehr als 300.000 Messebesuchern wurde das von Piaggio & Co. in Genua entwickelte Leichtmotorrad „Vespa" mit am meisten bewundert. Bei einem Preis von 260 Dollar blieb die „Vespa" für das Gros der Messebesucher vorerst ein unbezahlbarer Wunschtraum. Trotz Kritik an zu vielen „Sehleuten" wurden innerhalb der Messewoche Auftragsorders mit einem Volumen von mehr als 600 Millionen Mark erteilt und Exportgeschäfte von rund 5,5 Millionen Mark abgeschlossen, womit das Ergebnis der Leipziger Herbstmesse glatt um das Zehnfache übertroffen wurde.[185]

Die Bautätigkeit der Messe-Gesellschaft hielt mit der ständig steigenden Nachfrage nach Ausstellungsflächen kaum Schritt. Obwohl zur Frühjahrsmesse im April 1949 eine weitere Halle zur Verfügung stand, mussten rund 1.000 Anträge von Ausstellern aus Platzmangel abgewiesen werden. Unter den 2.759 Messeausstellern kamen im Frühling 1949 zwölf Prozent aus dem Ausland. Die Frankfurter Messe war auf dem besten Wege, international zu werden. An der Hauptachse des Messegeländes entstand mit den Länderpavillons Italiens, Hollands, Belgiens und Ungarns die „Straße der Nationen". Während rundherum die Messe zu neuem Leben erwachte, bot die ausgebrannte Ruine der Festhalle einen umso trostloseren Anblick. Unmittelbar nach der Frühjahrsmesse beschloss der Aufsichtsrat der Messe- und Ausstellungs-Gesellschaft am 21. März 1949, „die Festhalle als Dominante des gesamten Geländes so schnell wie möglich wieder aufzubauen."[186]

Haupteingang zum Messegelände,
5. Oktober 1948

Seit 1947 war man bei der Messe der Frage nachgegangen, wie sehr die Festhalle in den vergangenen sieben Jahren unter den Luftangriffen und Witterungseinflüssen gelitten hatte. Mit der Untersuchung der Rostschäden an der Eisenkonstruktion des Kuppelbaus wurde das Staatliche Materialprüfungsamt Berlin-Dahlem beauftragt. Im Herbst 1947 und im Februar 1948, nachdem ein unter der Kuppel errichtetes Stahlrohrgerüst auch die Inaugenscheinnahme des Druckrings ermöglichte, kontrollierten zwei Sachverständige des Materialprüfungsamts den Zustand der Stahlträger. Wie erwartet waren sämtliche Eisenteile mehr oder weniger stark verrostet. Dabei wiesen die höher gelegenen Konstruktionsteile aufgrund der dortigen Luftzirkulation eine geringere Korrosion auf als die weiter unten befindlichen Eisenelemente, an denen sich infolge der länger anhaltenden Feuchtigkeit dicke Schichten von Blattrost gebildet hatten. Dass sich der Rost flächenhaft ausgebreitet hatte und es nicht zu dem gefürchteten punktförmigen Lochfraß gekommen war, werteten die Sachverständigen als Indiz für die anhaltend gute Qualität des Stahls. Damit sich die Beschaffenheit der Eisenkonstruktion bis zum Baubeginn nicht weiter verschlechterte, empfahlen die Sachverständigen als Sofortmaßnahmen, die Stahloberflächen mit Kalkmilch anzustreichen und zur Ableitung von Wasseransammlungen gezielt kleine Löcher in die Stahlträger zu bohren. Für eine

Wiederaufbau der Festhalle

Wiederaufbau der Festhalle, 1949

Wiederverwendung der Eisenkonstruktion, so der abschließende Hinweis des Materialprüfungsamtes, war die sorgfältige Entrostung der Stahlflächen mit Sandstrahlern sowie deren Schutzanstrich mit Mennige die Grundvoraussetzung.[187]

Für die Zukunft der Festhalle sollte das Gutachten des an der Technischen Hochschule Darmstadt lehrenden Professors K. Klöppel von ausschlaggebender Bedeutung sein. Der Inhaber des Lehrstuhls für Statik, Stahlbrücken- und Stahlhochbau hatte den ausgebrannten Kuppelbau schon im Januar 1941 unter die Lupe genommen und zeigte sich nach einer erneuten Untersuchung der Bausubstanz am 16. April 1948 von dem vergleichsweise guten Zustand der Festhalle überrascht. Die Korrosionsschäden an der Stahlkonstruktion hielt der Hochschullehrer genau wie das Materialprüfungsamt für nicht so gravierend, als dass sie die Tragfähigkeit der Binder auf irgendeine Weise beeinträchtigt hätten. „Diese Besichtigung", so die entscheidende Passage des Statik-Gutachtens, „ergab wider Erwarten, daß auch nach den zwischenzeitlichen Einwirkungen die Frage nach der Wiederverwendbarkeit des stählernen Tragwerkes in seiner ursprünglichen Form bejaht werden kann. Wohl sind durch die unmittelbare Wirkung der Bombeneinschläge einige weitere Zwischenbinder unbrauchbar geworden, und einige Durchlochungen zu verzeichnen, aber die stark überwiegende Mehrzahl der wichtigsten Tragglieder wird auch jetzt noch im Stande sein, ihre frühere Aufgabe erneut mit ausreichender Sicherheit zu erfüllen. Insbesondere überzeugte mich die durch die Stahlrohr-Einrüstung ermöglichte Besichtigung des elliptischen Druckringes im Scheitel der Hallenkonstruktion davon, dass dieses Haupttragglied wenig gelitten hat und somit nach Abstellung einiger

Einladung zum Richtfest mit Gutscheinen für das Büfett, 28. Februar 1950

AUS ANLASS DES WIEDERAUFBAUES DER FESTHALLE UND DER ERSTELLUNG
DER NEUEN MESSEHALLEN 6 UND 8 FINDET AM
DIENSTAG, DEM 28. FEBRUAR 1950, UM 16 UHR DAS

RICHTFEST

IN DER HAUPTGASTSTÄTTE AUF DEM MESSEGELÄNDE STATT.
WIR BEEHREN UNS, SIE HIERZU ERGEBENST EINZULADEN UND WÜRDEN
UNS FREUEN, SIE BEGRÜSSEN ZU DÜRFEN.

FRANKFURT AM MAIN, IM FEBRUAR 1950

MESSE- UND AUSSTELLUNGSGESELLSCHAFT M·B·H

DER VORSITZENDE DES AUFSICHTSRATS   DIE GESCHÄFTSFÜHRUNG:

DR. WALTER KOLB   DR. SCHNORR   DR. WIEDERSPAHN
OBERBÜRGERMEISTER

ES WIRD GEBETEN, DIESE EINLADUNGSKARTE MIT GUTSCHEINEN ZUM RICHTFEST MITZUBRINGEN UND AUF
BEILIEGENDER KARTE BIS ZUM 20. FEBRUAR ANTZU...

GUTSCHEIN FÜR EIN BIER	GUTSCHEIN FÜR EIN ESSEN	GUTSCHEIN FÜR KAFFEE UND KUCHEN
GUTSCHEIN FÜR EIN BIER	GUTSCHEIN FÜR EIN BIER	GUTSCHEIN FÜR 4 ZIGARREN oder 20 ZIGARETTEN
GUTSCHEIN FÜR EIN BIER	GUTSCHEIN FÜR EIN BIER	GUTSCHEIN FÜR EINEN STEINHÄGER / GUTSCHEIN FÜR EINEN STEINHÄGER

kleinerer Schäden und nach seiner Entrostung in gleicher Eigenschaft und zuverlässig wieder verwendet werden kann. Gleiches gilt für die Rahmenbinder. Hier wären lediglich rechnerische Untersuchungen der Einflüsse plastischer Verformungen auf die Tragfähigkeit der Rahmenbinder erforderlich. Ich zweifele aber nicht daran, daß diese Nachrechnungen an dem grundsätzlichen Ergebnis nichts ändern werden."[188] Größere Schäden wiesen nach wie vor die beiden Tonnenwölbungen der Halle auf und zwar insbesondere im östlichen Teil.

Der Wiederaufbau der Festhalle war dank des Statik-Gutachtens in greifbare Nähe gerückt. Mit der Expertise über die Standsicherheit des Gebäudes im Rücken beauftragte die Messe- und Ausstellungs-Gesellschaft im Sommer 1948 das Gustavsburger Werk der Maschinenfabrik Augsburg-Nürnberg AG mit der Sicherung beziehungsweise dem Abtransport schadhafter Teile der Hallenkonstruktion. Außerdem sollte das stahlverarbeitende Unternehmen ein Konzept zur Wiederherstellung der Eisenkonstruktion des Kuppelbaus entwickeln. Als Kenner der Materie schätzten die MAN-Mitarbeiter den zusätzlichen Stahlbedarf auf rund 400 Tonnen. Da Baustoffe weiterhin kontingentiert waren, benötigte die Messe-Gesellschaft für den Bezug der erforderlichen Stahlmenge die Genehmigung der „Verwaltung für Wirtschaft des Vereinigten Wirtschaftsgebietes."[189] Erst nachdem die Verwaltung für Wirtschaft im Mai 1949 das Stahlkontingent bereitgestellt hatte, konnte das Festhallen-Projekt tatsächlich in Angriff genommen werden. Das Vorhaben umfasste im ersten Bauabschnitt neben der Wiederherstellung der Eisenkonstruktion eine neue Dachbedeckung, die Instandsetzung des Mauerkranzes und der ersten Galerie, den Einbau neuer Fenster und die Reparatur der Kellerdecken, was alles in allem mit etwa 1,2 Millionen D-Mark zu Buche schlagen sollte. Finanziert wurde das Ganze über ein Darlehen der Frankfurter Stadtsparkasse.[190]

„Seit zehn Tagen", berichtete die Frankfurter Neue Presse über die am 25. April 1949 begonnenen Demontagearbeiten, „hängen drei bis vier Männer in dem eisernen Spinnennetz des Kuppeldaches der Festhalle. Sie gehen dem ersten der zerfetzten Hauptbinder mit zischenden Schneidbrennern zu Leibe. Zwischen Himmel und Erde vollzieht sich die schwierige Operation an der 39 Meter bis zur Spitze hohen Stahlkrone. Das geschundene Muskelband ist gelöst. Die Winde leiert das 4-5 Tonnenstück zu Boden. Schrott, nichts als Schrott. Nur sechs Hauptbinder der Süd- und sechs der Nordseite haben noch ihre Kraft. Sie werden auch weiterhin die etwa 25 Tonnen schwere Kuppel stützen und tragen helfen."[191] Damit sich der Kuppelring nach der Entnahme einzelner Binder nicht verformte, hatten ihn die Ingenieure vom Hallenboden mit einem Gerüst abgestützt. Durch Feuer oder Explosionen in Mitleidenschaft gezogene, aber wieder verwendbare Konstruktionsteile kamen in das MAN-Werk Gustavsburg, wo sie zugerichtet, entrostet und mit Rostschutzfarbe angestrichen wurden. Bauschlosser montierten die überholten Träger dann wieder an ihrer alten Position. Nicht wieder verwendbare Teile wurden durch Nachbildungen ersetzt.

Beim Wiederaufbau der Festhalle mussten aufgrund des anhaltenden Mangels an Baumaterial Abstriche in Kauf genommen werden. Durch den Verzicht auf die Jugendstilhelme über den Ecktürmen und die Tambourkuppel über der Rotunde büßte das Bauwerk viel an Ausstrahlung ein. Ohne die ursprüngliche Dachlandschaft wirkte der Baukörper massig. Gespart wurde auch im Inneren der Festhalle. Eine Plattendecke ersetzte die aufwendigere Kassettendecke, bei den Brüstungen der Galerie fehlten die Durchbrechungen und in den beiden großen Giebelfenstern ersetzte Weißglas die einstmals farbige Verglasung. Im ersten Bauabschnitt wurden beim Wiederaufbau der Festhalle 900 Quadratmeter Kathedralglas und 2.750 Quadratmeter Drahtglas eingesetzt, 20.000 Quadratmeter Stahlfläche mit Rostschutzfarbe gestrichen, 300 Kubikmeter Dachholz und insgesamt 474 Tonnen Stahl verbaut.[192]

MESSE= U. AUSSTELLUNGSGELÄNDE FRANKFURT A.M.

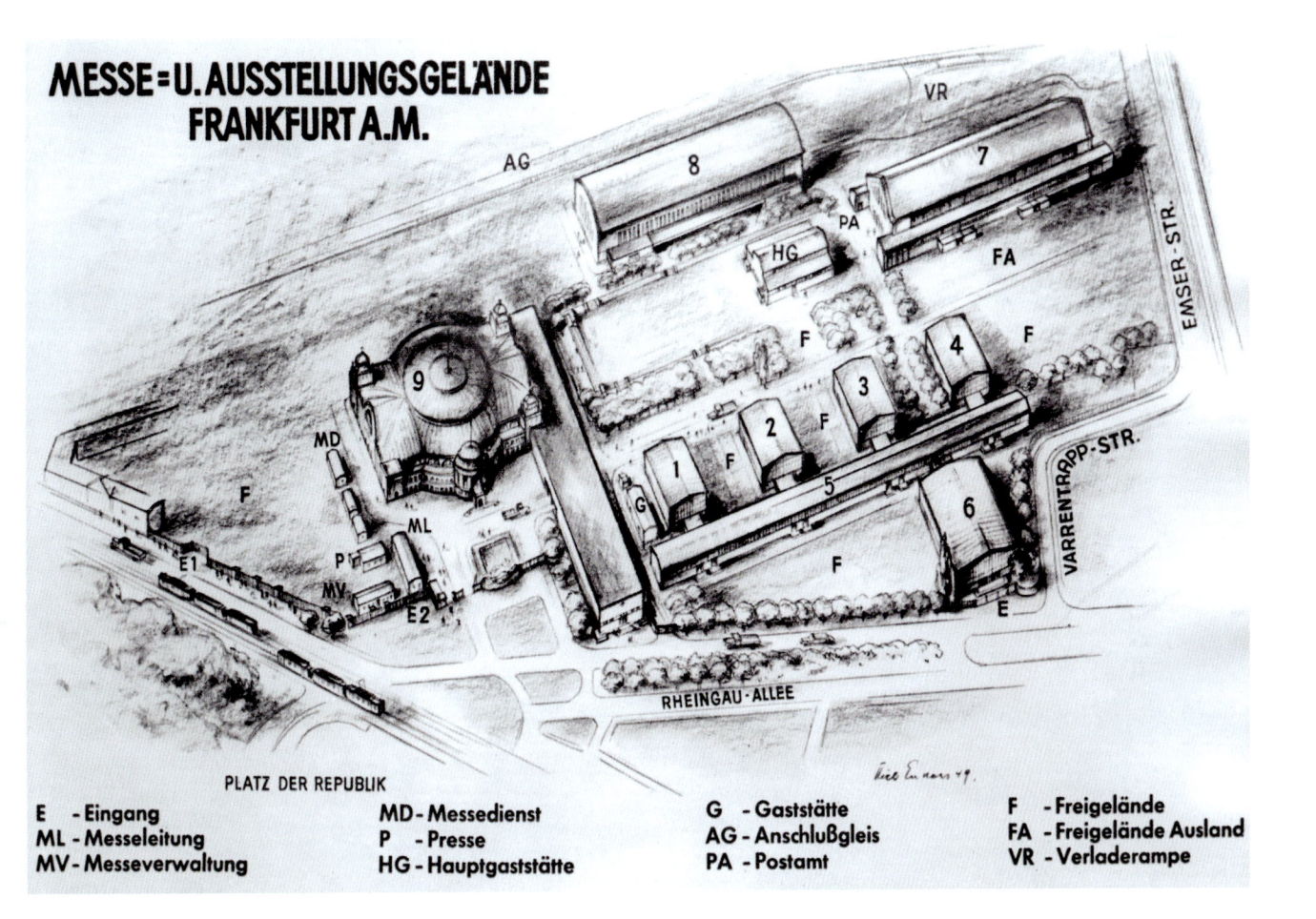

E - Eingang	MD- Messedienst	G - Gaststätte	F - Freigelände
ML - Messeleitung	P - Presse	AG - Anschlußgleis	FA - Freigelände Ausland
MV - Messeverwaltung	HG - Hauptgaststätte	PA - Postamt	VR - Verladerampe

Lageplan des Messegeländes, 1949/50

Auf der Baustelle am Platz der Republik wimmelte es wie in einem Bienenstock. Im Durchschnitt beschäftigte der Wiederaufbau der Festhalle täglich 190 Arbeiter. Die oftmals in schwindelnder Höhe auszuführenden Arbeiten an der Stahlkonstruktion des Bauwerks waren nicht ungefährlich. „Wir haben sie gesehen", würdigte die Frankfurter Rundschau in der Ausgabe vom 25. Februar 1950 den Einsatz der Bauarbeiter, „die Männer ohne Furcht vor der Tiefe, wie sie sich ohne jede Sicherung auf den Streben und Sprossen des Kuppeldaches bewegten, wie die Maler in den letzten Tagen mit langen Besenpinseln, in 39 Metern Höhe manchmal auf kaum körperbreiten Streben liegend, die graue Farbe auf die Eisenteile auftrugen."[193] Die Wiederherstellung der Festhalle forderte zwei Menschenleben. Der MAN-Mitarbeiter Rixner war am 20. Oktober 1949 auf der Baustelle tödlich verunglückt. Beim Abbau eines Gerüsts an der Südseite der Kuppel war der Monteur in einem Moment der Unachtsamkeit von einer Bohle mit in die Tiefe gerissen worden und aus mehr als zehn Metern auf den ersten Rang gestürzt. Ohne das Bewusstsein noch einmal wiedererlangt zu haben, verstarb Rixner in der MAN-Baubaracke auf dem Festhallen-Gelände. Im Verlauf des zweiten Bauabschnitts brach am 9. Dezember 1950 der bei der Firma Glas-Klein beschäftigte Hilfsarbeiter Hans Biemüller durch eine Drahtglasscheibe und stürzte von der Kuppel in den Tod.[194]

Im Rahmen des Richtfests wurde am 28. Februar 1950 des verunglückten MAN-Monteurs gedacht. Bauarbeiter und Ehrengäste feierten in der Hauptgaststätte ein Richtfest für drei Messebauten. Neben der Festhalle waren auch die Hallen 6 und 8 im Rohbau fertig gestellt. Nachdem das Opern- und Museumsorchester unter der Leitung von General-

Fahrrad- und Motorradausstellung während der Frühjahrsmesse 1950

musikdirektor Bruno Vondenhoff mit der Ouvertüre aus der Oper „Die Meistersinger von Nürnberg" die Festgäste auf die Feierstunde eingestimmt hatte, ergriff Oberbürgermeister Kolb das Wort und erklärte stolz, dass Frankfurt mit der 17.000 Sitzplätze aufweisenden Festhalle nun über eine der größten Versammlungsstätten Europas verfüge. Am Vorabend der mit neuen Rekordzahlen aufwartenden Frühjahrsmesse erklärte der Aufsichtsratsvorsitzende der Messe: „Jetzt oder nie ist die große Chance Frankfurts gekommen, denn wir brauchen die Messe wie unser täglich Brot."[195] Messedirektor Julius Karl Schnorr dankte anschließend allen Beteiligten und rechnete den Anwesenden vor, dass zur Frühjahrsmesse 1950 neun Hallen mit 40.000 Quadratmetern, sieben Leichtbauhallen mit 25.000, sechs Auslandspavillons mit 6.000 und ein Freigelände von 60.000 Quadratmetern zur Verfügung standen. Stadtverordnetenvorsteher Hermann Schaub kündigte in seinem Grußwort für August 1950 eine Friedenskundgebung der SPD in der Festhalle an. Dem Sozialdemokraten war es eine große Genugtuung, dass nach den zwölf braunen Jahren der NS-Diktatur jetzt wieder die schwarzrotgoldene Fahne der Demokratie auf dem Kuppelbau wehte.

Als Halle 9 beherbergte die Festhalle während der Frankfurter Frühjahrsmesse vom 19. bis zum 24. März 1950 die Stände der Fahrrad- und Motorradindustrie. Um das leibliche Wohl der Messegäste kümmerte sich der Pächter des „Kuppel-Restaurants" in der Rotunde, Franz Huber. Der Andrang der Besucher führte am Eröffnungstag teilweise zu chaotischen Zuständen. Die Eingänge zur Messe waren dem Zustrom von 90.000 Besuchern innerhalb der ersten drei Stunden nicht gewachsen, so dass Fensterscheiben der Kassenhäuschen eingedrückt und Ordnungskräfte überrannt wurden. In den Ausstellungshallen ging es zeitweilig weder vor noch zurück. Rund 320.000 Gäste, darunter mehr als 16.000 aus dem Ausland, sorgten für einen Rekordbesuch. Nachdem der Messe-Trubel vorüber war, begann in der Festhalle der zweite Bauabschnitt. Bis zur Herbstmesse wurden die zweite Galerie eingebaut, die Staubdecke eingezogen sowie 11.000 Stühle

Abschiedsfeier für Stadtpfarrer Jakob Herr am 10. April 1950

Erster Internationaler Sozialistenkongress am 20. August 1950 (rechts)

und Reihensitze angeschafft. Darüber hinaus umfasste der Bauabschnitt die Wiederinstandsetzung der Heizungsanlagen und des separaten Kesselhauses.[196] Historische Fotografien von Großveranstaltungen aus dem Jahr 1950 dokumentieren am Rande auch das Fortschreiten der Bauarbeiten. Während im April bei der Abschiedsfeier für den katholischen Stadtpfarrer Jakob Herr von der zweiten Galerie außer den Stahlträgern noch nicht allzu viel zu sehen war, stand der obere Rang im August beim Sozialistenkongress kurz vor der Vollendung.

Die Frankfurter Katholiken verabschiedeten am Ostermontag 1950 Stadtpfarrer Herr nach mehr als dreißigjähriger Amtszeit mit einer Feier in der vollbesetzten Festhalle in den Ruhestand. Der italienische Pater Lombardi S.J. malte als Hauptredner die Gegenwart in düstern Farben und geißelte den Mangel an christlicher Nächstenliebe sowohl bei den Besitzbürgern als auch bei den Arbeitern. Nur wenn jeder Einzelne das Evangelium der Nächstenliebe strikt befolge, könne die Krisenzeit überwunden werden. Zum Ende der Veranstaltung stimmten die tief ergriffenen Gläubigen den Schlussgesang des Tedeums an. Kämpferische Töne erfüllten die Festhalle am 20. August 1950 beim ersten Internationalen Sozialistenkongress in Westdeutschland seit der Nazi-Zeit. Redner wie der französische Sozialistenführer Salomon Grumbach oder das Vorstandsmitglied der holländischen Arbeiterpartei Alfred Mozer lehnten die Wiederbewaffnung der Bundesrepublik ab und brachen eine Lanze für die Völkerverständigung. Der stellvertretende SPD-Vorsitzende, Erich Ollenhauer, warnte in Anbetracht des zwischen Ost und West heraufgezogenen „Kalten Krieges" davor, „das neue Europa als eine antibolschewistische Allianz unter privatkapitalistischer Führung mit klerikalem Einschlag zu gestalten."[197] Der Tenor der ersten Großveranstaltungen in dem wieder aufgebauten Jahrhundertbauwerk hätte kaum unterschiedlicher ausfallen können – die Festhalle war wieder eine Arena der Meinungen.

Gute Stube

„Die Gudd Stubb"

Wirtschaftswunder in der Festhalle 1950–1972

Frankfurt am Main, Hannover und Köln führten Anfang der Fünfzigerjahre einen regelrechten „Messekrieg" um das Erbe Leipzigs. Kaum war Leipzig nach der doppelten Staatsgründung und der Teilung Deutschlands in die Bundesrepublik und in die Deutsche Demokratische Republik im Jahr 1949 als zentraler Messeplatz im marktwirtschaftlichen Sinne erloschen, begann unter den drei westdeutschen Großstädten der Wettstreit um die Aufteilung des Messegeschäfts.

Gute Stube

Luftaufnahme des Messe-Geländes an der Friedrich-Ebert-Anlage aus dem Jahr 1959. Im Vordergrund steht das 1953 erbaute Verwaltungsgebäude, dahinter vis-a-vis die Kongresshalle von 1951

Vorherige Doppelseite: Stühle rücken für das Reitturnier, Januar 1971

Jede Kommune wollte sich dabei ein möglichst großes Stück aus dem Kuchen sichern. Während zum Beispiel der Wechsel der zuvor in Leipzig beheimateten Messe für Foto und Film, PHOTOKINA, nach Köln relativ reibungslos abgewickelt wurde, trugen Frankfurt und Hannover die Hauptkonkurrenz um das lukrative Messegeschäft mit harten Bandagen aus. Obgleich die Messe in Hannover ihren Schwerpunkt auf Investitionsgüter gelegt hatte und auf den Frankfurter Mustermessen überwiegend Konsumgüter angeboten wurden, wollte eine einvernehmliche Abgrenzung der Branchen partout nicht gelingen. Auf Vermittlung des Ausstellungs- und Messe-Ausschusses der deutschen Wirtschaft wurde wenigstens erreicht, dass die drei Konkurrenten im Ausland gemeinsam Werbung machten und die Messetermine aufeinander abstimmten. Oberbürgermeister Kolb beteuerte mehrfach bei offiziellen Anlässen das Interesse Frankfurts, „daß eine vernünftige, anständige Arbeitsteilung zwischen den deutschen Messen zustande kommt."[198]

Die Rivalen suchten einander durch den Bau immer neuer Messehallen zu übertrumpfen. Der Ausbau des Geländes am Platz der Republik überstieg schon 1950 die Möglichkeiten der Messe- und Ausstellungs-Gesellschaft, die bislang ihre Vorhaben aus eigenen Mitteln beziehungsweise über Darlehen finanziert hatte. Der zweite Bauabschnitt der Festhalle war 1950 vom Magistrat und der Stadtverordnetenversammlung mit der stattlichen Summe von einer Million D-Mark unterstützt worden. Da Niedersachsen und

Nordrhein-Westfalen die Messestandorte Hannover und Köln aus Landesmitteln subventionierten, appellierte die Stadt Frankfurt im Februar 1950 an den hessischen Finanzminister Werner Hilpert, der Messe-Gesellschaft ebenfalls unter die Arme zu greifen. Mit der Entscheidung des Verbandes der deutschen Automobilindustrie, die früher in Berlin veranstaltete Internationale Automobilausstellung (IAA) ab 1951 in der Mainmetropole auszurichten, verbuchte die Frankfurter Messe-Gesellschaft einen wichtigen Zugewinn; zugleich musste sie beim Ausbau des Messegeländes noch mehr „Gas geben". Um die Belastungen auf mehrere Schultern zu verteilen, stieg das Land Hessen 1951 als weiterer Gesellschafter in die Messe- und Ausstellungs-Gesellschaft mit fünf Millionen Mark ein.

Von Stadtbaurat Otto Fischer entworfene Hauptgaststätte, 1967

Die Stadt Frankfurt hielt fortan zehn und das Land Hessen besagte fünf Millionen Mark des Gesellschaftskapitals. Der neue Mitgesellschafter hatte sich eine angemessene Vertretung im Aufsichtsrat der Messe ausbedungen.[199]

Die Internationale Automobilausstellung wurde zu einem mächtigen Impulsgeber für den Ausbau der Messe. So bildete die rechtzeitige Fertigstellung der Kongresshalle und der Hauptgaststätte bis April 1951 eine Voraussetzung für die IAA. Die beiden Neubauten entstanden auf dem Fundament des baufälligen, das Messegelände in zwei Teile zerschneidenden „Hauses der Moden", das unmittelbar nach der Frühjahrsmesse 1950 abgerissen worden war. Auf den nördlichen Grundmauern wurde die von Stadtbaurat Otto Fischer entworfene Kongresshalle mit einem 54 Meter langen und 26 Meter breiten Hauptsaal errichtet. Den 2.000 Sitzplätze aufweisenden Versammlungsraum umspannte auf drei Seiten eine Galerie, die westliche Längsseite bestand aus einer elf Meter hohen Fensterwand. Der Stahlgerippebau sollte als Tagungs-, Konzert- und Ausstellungshalle Verwendung finden. Die in einem hölzernen Behelfsbau vor dem ehemaligen „Haus der Technik" gelegene Hauptgaststätte war dem Ansturm der Gäste längst nicht mehr gewachsen. Über einen Wintergarten mit der Westseite der Festhalle verbunden, wurde 1950/51 das ebenfalls von Stadtbaurat Fischer geplante Messe-Restaurant erbaut. Der große Speisesaal, in dem 1.200 Gäste gleichzeitig tafeln konnten, sollte zum „oft vermiß-

Das Ostdreieck mit der neuen Messehalle, der Festhalle, dem Verwaltungsgebäude und dem teilweise verdeckten Haupteingang. Kolorierte Fotografie, um 1954

ten geselligen Mittelpunkt"[200] der Messe werden. Die Hauptgaststätte bot eine gutbürgerliche deutsche Küche. Die Preise bewegten sich zwischen fünfzig Pfennigen für eine Tasse Rinderkraftbrühe und vier Mark fünfzig für eine glacierte Kalbshaxe mit gemischtem Salat. Vertraute Gerichte suchte das internationale Messepublikum auf der Speisenkarte vergeblich.

Frankfurt etablierte sich binnen weniger Jahre als *der* internationale Messestandort in der Bundesrepublik. Kam im Herbst 1950 etwa ein Drittel der Aussteller aus dem Ausland, so war es im Frühjahr 1952 fast die Hälfte. Das Auslandsgeschäft machte Anfang 1951 ein Viertel des Gesamtumsatzes auf der Messe aus. Als „Tor zur Welt" bildet der Flughafen seit den Fünfzigerjahren einen enormen Standortvorteil für Frankfurt. Noch unter amerikanischer Besatzung wurden 1950 mehr als 13.000 Starts und Landungen gezählt. Mit der 1951 vollzogenen Konzentration der US-Streitkräfte auf der nur das südliche Flughafengelände beanspruchenden Air Base und der 1955 wieder erlangten Lufthoheit begann der kometenhafte Aufstieg der Zivilluftfahrt. Die 1953 mit Sitz in Köln neu gegründete Deutsche Lufthansa AG richtete ihren Heimatflughafen in Frankfurt ein. Größter Aktionär des Betreibers, der Flughafen Aktiengesellschaft Frankfurt/Main (FAG), war seit 1955 mit rund 45 Prozent das Land Hessen, gefolgt von der Stadt Frankfurt und der Bundesrepublik mit 29 und 26 Prozent. Die Mainmetropole zog aus der Symbiose zwischen Messe und Flughafen großen Nutzen.[201]

Im „Messekrieg" gelang es Hannover im Frühjahr 1952 mit einem cleveren Schachzug, die Branchen Porzellan, Keramik, Glas, Schmuck und Silberwaren aus Frankfurt abzuwerben. Die Niedersachen hatten den Schwachpunkt der Frankfurter Messe erkannt und die Aussteller mit dem Angebot von branchenspezifischen Ständen nach Maß und deren dauerhafte Reservierung für einen festen Nutzerkreis an die Leine gelockt. Die Reaktion der Mainmetropole erfolgte postwendend. Um die abgewanderten Branchen zurück zu gewinnen, entstand innerhalb eines Jahres auf dem Ostdreieck ein neuer „Messepalast" mit fast 25.000 Quadratmetern Ausstellungsfläche. Der Ausbau sollte zudem die unbeliebten Zelthallen überflüssig machen und die Warteliste der „messewilligen Aussteller" verkürzen. Zur Finanzierung des umfangreichen Bauprogramms, das außer der Halle noch ein mehrstöckiges Verwaltungsgebäude und die Verlegung des Haupteingangs beinhaltete, strebte der Aufsichtsrat der Messe eine Erhöhung des Gesellschaftskapitals auf 25 Millionen Mark an. Die beiden Gesellschafter der Messe- und Ausstellungs-GmbH stockten ihre Anteile jeweils um fünf Millionen Mark auf, so dass künftig auf die Stadt Frankfurt 15 und auf das Land Hessen 10 Millionen Mark entfielen. Der den Zweck der GmbH regelnde Paragraph zwei des Gesellschaftsvertrags betraf unverändert „die Förderung der deutschen und der rheinmainischen Wirtschaft durch Veranstaltung von Messen und Ausstellungen und durch Werbemassnahmen im Inland und im Ausland. Zur Erfüllung dieses Zwecks unterhält die Gesellschaft Messe- und Ausstellungsanlagen, die sie gegen angemessenes Entgelt vermietet."[202]

Das Entree zum Messegelände erhielt bis zur Frühjahrsmesse 1953 durch die Bebauung des Ostdreiecks nach den Plänen des Frankfurter Architekten Franz C. Throll ein neues Gesicht. Der Haupttrakt des neuen „Messepalasts" verlief in einem sanften Bogen vom Platz der Republik zur Südostecke der Festhalle, mit der er durch einen Arkadengang verbunden war. Von dem lang gestreckten Trakt zweigten nach Süden zwei Flügelbauten ab, die eine etwa acht Meter hohe glasgedeckte Ausstellungshalle mit rund 7.200 Quadratmetern umschlossen. Als Halle 17 sollte der hohe „Autopavillon" den zusätzlichen Raumbedarf der IAA 1953 decken. Der Haupttrakt und die beiden Flügel waren jeweils in zwei Stockwerke unterteilt, wodurch die Messekojen, wie von den umworbenen Branchen Glas, Porzellan, Keramik, Schmuck und Kosmetik bevorzugt, einen „intimeren Rahmen" aufwiesen. Für die immer noch in Behelfsbauten der Nachkriegsjahre untergebrachte Verwaltung und für den Messedienst wurde nordöstlich der Festhalle am Platz der Republik ein viergeschossiger Neubau errichtet. Das Bürogebäude war sowohl von der Straße als auch vom Gelände zugänglich und verfügte im Erdgeschoss über eine Schalterhalle mit den Einrichtungen des Messeservice. Ein am Verwaltungsbau geplanter vierzig Meter hoher Reklameturm wurde nicht verwirklicht. Zwischen den beiden Neubauten am Platz der Republik erstreckte sich der von der Nord- auf die Ostseite verlegte wellenförmige Haupteingang zum Messegelände. Damit die Besucher von der „Eingangswelle" auf dem direkten Weg in die Festhalle strömen konnten, wurde an der Ostseite des Kuppelbaus ein neues Portal angebaut. Die Frankfurter Aufbau AG errichtete im August 1953 vis-a-vis zum Haupteingang an der Festhalle einen breiten Foyer-Vorbau. Durch den Abriss des „Hauses der Moden" und die Gestaltung des Ostdreiecks mit dem neuen Haupteingang konnte die Festhalle als das zentrale Gebäude und Wahrzeichen der Messe wieder ihre ganze Pracht entfalten.[203]

Der Bundeswirtschaftsminister und „Vater des Wirtschaftswunders", Ludwig Erhard, sprach mit dem Bonmot „Für mich beginnt der Frühling mit der Internationalen Frankfurter Messe"[204] vermutlich allen an der Konsumgütermesse Beteiligten aus der Seele. Der Kreis der Aussteller und Besucher dehnte sich von Mal zu Mal weiter aus, wohingegen die Anzahl der Branchen zwischen 1948 und 1965 von 32 auf 10 schrumpfte. Die 1953 zwischen Frankfurt, Hannover und Köln ausgehandelte Branchenabgrenzung hatte nicht

Frühjahrsmesse in der Festhalle, März 1955

nur den „Messekrieg" entschärft, sondern auch einer Rationalisierung und Spezialisierung im Messewesen den Weg geebnet. Auf die Frankfurter „Mehrbranchenmessen" im Frühjahr und Herbst konzentrierten sich in der Folgezeit Produktgruppen wie Kunsthandwerk, Glaswaren oder Wohnbedarf. Als Schwerpunktbranche behauptete sich die unter anderem in der Festhalle untergebrachte Textilgruppe. Die am anderen Ende der Welt erscheinende Fachzeitschrift „The Textile Journal of Australia" zollte der Frankfurter Frühjahrsmesse 1955 höchste Anerkennung: „In den letzten Jahren haben sich alle Stufen der Produktion und Verarbeitung in der Textilindustrie in immer größerem Ausmaß auf die Internationale Frankfurter Messe konzentriert, die, mit 100 Textil-Ausstellern und 30.000 qm Textil-Ausstellungsraum, der führende Markt dieser Art in Europa geworden ist."[205] Die ersten drei Konsumwellen des zeitlich von der Währungsreform 1948 und der ersten großen Rezession 1966/67 eingegrenzten „Wirtschaftswunders" galten Nahrungsmitteln, Bekleidung und Hausrat. Auf die im allgemeinen Bewusstsein besonders haften gebliebene „Fresswelle" war um 1950 die „Kleidungswelle" gefolgt. Nach der entbehrungsreichen Nachkriegszeit wollten sich die Bundesbürger, getreu dem Motto „Kleider machen Leute", wieder mehr in Schale werfen. Laut einer Umfrage des Instituts für Demoskopie in Allensbach verfügte 1955 die bundesdeutsche Durchschnittsfamilie über einen relativ gut sortierten Kleiderschrank, nur zwei Prozent besaßen keinen Sonntagsstaat.[206]

Plakatwerbung für die IAA, April 1951. Das die Erdteile umspannende Lenkrad symbolisiert den Anspruch der Automobilindustrie

Mit der vierten Konsumwelle wurde in den Sechzigerjahren das Automobil zum begehrten Statussymbol und zum vermeintlich liebsten Kind des Deutschen. Von den chromblitzenden, PS-starken Freiheitsträumen auf vier Rädern angelockt, war das Publikum schon in den Fünfzigerjahren in Massen zu den alle zwei Jahre veranstalteten Internationalen Automobilausstellungen nach Frankfurt gepilgert. Acht Bewerberstädte, darunter Hannover, Köln und München, hatten mit Frankfurt um die Nachfolge Berlins als Austragungsort der vom Verband der Automobilindustrie (VDA) ausgerichteten IAA konkurriert. Der Umzug der VDA-Geschäftsstelle von Hannover nach Frankfurt bedeutete 1949 eine Vorentscheidung. Die zentrale Verkehrslage, die große Anzahl an Hotelzimmern und Privatquartieren sowie der in Angriff genommene Wiederaufbau der repräsentativen Festhalle hatten den Ausschlag gegeben. Der Autohersteller Adam Opel AG präsentierte sein Erfolgsmodell „Olympia" vom 19. bis zum 29. April 1951 auf der ersten IAA nach dem Zweiten Weltkrieg in der Festhalle. Außer den Rüsselsheimern stellten in dem Kuppelbau Borgward, FIAT, SIMCA und BMW ihre neuesten Modelle aus. Insgesamt beteiligten sich 537 Aussteller an der Autoschau. Von den Fließbändern bei Opel waren 1950 rund 60.000 Personenkraftwagen gelaufen, womit das Unternehmen etwa ein Viertel der bundesdeutschen Gesamtproduktion hergestellt hatte und nur von Volkswagen mit einem Anteil von mehr als 38 Prozent übertroffen worden war.

Konrad Adenauer nutzte die IAA 1951 für einen ersten Besuch in der Mainmetropole nach seiner Wahl zum Bundeskanzler. Bei einem Rundgang über die eine Bruttoausstellungsfläche von 70.000 Quadratmetern aufweisende IAA bezeichnete Bundeskanzler Adenauer in Begleitung des hessischen Ministerpräsidenten Georg August Zinn und von Oberbürgermeister Walter Kolb die Frankfurter Automobilausstellung als „Visitenkarte Deutschlands."[207] Die IAA war mehr als nur ein Aushängeschild, die Autoschau entwickelte sich bald zu einem Konjunkturbarometer für die gesamte Wirtschaft. „In den glänzend polierten Kraftfahrzeugen", kommentierte Alfons Montag in der „Frankfurter Rundschau" die Bedeutung der IAA, „die zu Hunderten auf der Internationalen Automobilausstellung 1959 in Frankfurt präsentiert werden, spiegeln sich nicht nur die Gesichter der Besucher wider, ihre Wünsche und Träume, sondern vor allem der seit dem Zusammenbruch erreichte Wohlstand. Wie in den meisten Ländern der Welt ist auch in der

Faszination Technik auf der Automobilausstellung, September 1965

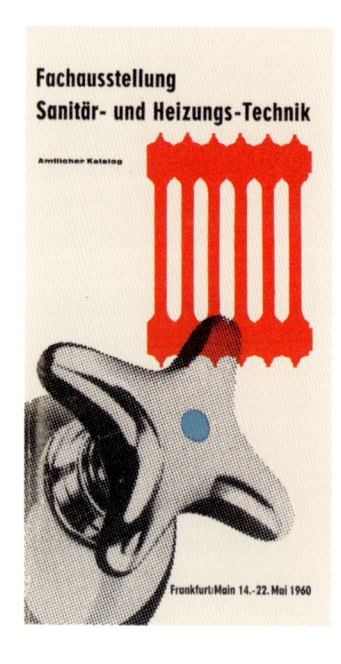

Bundesrepublik der Grad der Motorisierung zu einem Wertmesser des wirtschaftlichen Reichtums geworden."²⁰⁸ Die Besucherfrequenz der IAA stellte alle anderen Veranstaltungen auf dem Messegelände in den Schatten. Während für die Internationale Frankfurter Frühjahrsmesse 1950 rund 320.000 Eintrittskarten verkauft worden waren, registrierte die Internationale Automobilausstellung 1951 sage und schreibe 570.000 Besucher.

Der Rhythmus der großen internationalen Messen im Frühjahr und Herbst und der in regelmäßigen Abständen wiederkehrenden Fachmessen und Ausstellungen bestimmte den Veranstaltungskalender der Messe- und Ausstellungs-Gesellschaft. Die Festhalle war nicht in jedes Projekt eingebunden und führte gelegentlich ein Eigenleben. So war der Kuppelbau für die seit 1949 in Frankfurt beheimateten Buch- und Pelzmessen, die Fachmesse Uhren und Schmuck oder die 1956 vom Deutschen Wäschereiverband organisierte Internationale Wäscherei-Fachausstellung zu überdimensioniert. Da parallel zu den 1951, 1953 und ab 1956 im Turnus von zwei Jahren abgehaltenen Internationalen Fahrrad- und Motorrad-Ausstellungen in der Festhalle 6-Tage-Rennen stattfanden, konnte das Bauwerk von der Zweiradindustrie nicht in Anspruch genommen werden. Für die im Jahr 1955 von 850 Firmen beschickte „Achema XI" war der wieder aufgebaute Kuppelbau hingegen unverzichtbar. In 13 Hallen informierte die „Achema" auf insgesamt 50.000 Quadratmetern über Altbewährtes und über die neuesten Entwicklungen im chemischen Apparatewesen, wie zum Beispiel die Atomtechnik. Gegenüber der im Drei-Jahres-Turnus veranstalteten „Achema" wurde die Internationale Kochkunstausstellung (IKA) nur alle vier Jahre durchgeführt. Bei der ersten IKA nach dem Zweiten Weltkrieg zeigten vom 30. September bis zum 7. Oktober 1956 mehr als 840 Aussteller in neun Hallen und sechs Pavillons Rohmaterialien und Nahrungsmittel, Maschinen und Hilfsmittel für die Küche, Konditorei und Fleischerei, Kühlanlagen und Hotelbedarf. In der Festhalle waren die Sonderschauen der einzelnen Berufsgruppen und zum Beispiel die Hersteller von Bestecken oder von Hoteleinrichtungen untergebracht. Meisterköche aus Frankreich, Holland, Jugoslawien, Österreich und der Schweiz wetteiferten in einer Kochkunstschau und ließen sich dabei in die Töpfe gucken. Die ebenfalls dem leiblichen Wohl gewidmete Fleischerei-Fachausstellung nutzte im Sommer 1959 die Festhalle für ihre Zwecke.²⁰⁹

Die beiden von 1959 bis 1973/74 amtierenden Geschäftsführer der Messe Carl Theodor Steidle und Herbert Wittrock trieben den Prozess der Spezialisierung weiter voran, indem sie 1959 die „Interstoff"-Fachmesse für Bekleidungstextilien und 1960 die Internationale Fachausstellung Sanitär- und Heizungs-Technik aus den Frühjahrs- und Herbstmessen ausgliederten. Während die Festhalle von der zweimal im Jahr abgehaltenen „Interstoff" nicht in Anspruch genommen wurde, fand die ab 1963 im Abstand von zwei Jahren veranstaltete Sanitär- und Heizungs-Ausstellung von Anfang an auch in dem Kuppelbau statt. Mit rund 191.000 Besuchern übertraf die Spezialmesse bei ihrem Auftakt im Mai 1960 alle Erwartungen. Ideell vom Zentralverband Sanitär Heizung Klima getragen, wird die 1969 in Internationale Fachmesse Sanitär Heizung Klima (ISH) umbenannte Veranstaltung bis heute von der Messe Frankfurt GmbH organisiert. In acht Messehallen präsentierten im Mai 1960 520 Aussteller, darunter 63 aus dem Ausland, alles, was das Herz des Installateurs und Heizungsmonteurs begehrte. Die „Frankfurter Rundschau" veröffentlichte am 18. Mai 1960 die bei einem „unfachmännischen Messebummel" gesammelten Impressionen eines Redakteurs: „Wir werden", so ein Auszug aus den Aufzeichnungen des Flaneurs, „sofern wir das nicht schon sind, ein sauberes Volk. Das ist der erste Eindruck des sanitär mittelmäßig Gebildeten. Wer zählt die Wannen, nennt die Becken auf dieser Messe? Aber eigentlich sollte man da nicht von Wannen sprechen, dass erinnert an Großmutters Zinkbadewanne, in der wir weiland Kapitän spielten. Inzwischen tunkt man sich in Gekacheltes, und die Farbe der Kacheln wechselt vom Nachtschwarz zum Zartrosa und Lindgrün. […] Ein gewisser Hang zu

Studio 3 mit Schalldeckel, August 1957

dem sportlichen Abenteuer der Brause läßt sich nicht verleugnen. Der Deutsche badet nicht nur, er duscht auch gern."²¹⁰

Glanzvolle Höhepunkte unter den Sonderausstellungen auf dem Messegelände an der Friedrich-Ebert-Anlage waren 1957 und 1959 die Deutschen Rundfunk-, Fernseh- und Phonoausstellungen. Für das Rahmenprogramm der Unterhaltungselektronikschau verwandelte sich die Festhalle erstmals im August 1957 in einen riesigen Sendesaal mit 8.000 Zuschauerplätzen. Auf Anraten eines Akustik-Experten wurde über der Showbühne in 15 Metern Höhe ein tonnenschwerer hölzerner Schalldeckel platziert. Die von Stahlseilen gehaltene „fliegende Untertasse" sollte verhindern, dass die von der Bühne kommenden Musikklänge im Gewölbe des Kuppelbaus einen störenden Nachhall hervorriefen. Die Vorderseite des Schalldeckels barg einen Kranz von Lautsprechern, um die Halle bis in den letzten Winkel zu beschallen. In der Kongresshalle waren die Studios 1 und 2 untergebracht, die Festhalle trug die Bezeichnung „Studio 3". Die vom Zentralverband der Elektrotechnischen Industrie e. V. veranstaltete wegweisende Fachausstellung belegte sieben Messehallen, einschließlich des Neubaus der Halle 3, die zu Ehren des 1956 verstorbenen Frankfurter Oberbürgermeisters den Namen „Walter-Kolb-Halle" führte. Mehr als 200 Firmen, darunter alle namhaften Hersteller von Radio-, Fernseh- und Tonbandgeräten sowie von Schallplattenspielern und dem erforderlichen Zubehör, waren auf der Industrieschau mit ihren Neuentwicklungen vertreten. Beim Publikum

SONDERSCHAU
DER BUNDESPOST
IN HALLE 7
GROSSE DEUTSCHE
RUNDFUNK-FERNSEH-
UND PHONO-AUSSTELLUNG
FRANKFURT A M • 2.-11. AUGUST 1957

Auf dem Briefpapier der Globetrotters abgebildeter Spieler, 1962

Vorstellung der Harlem Globetrotters in der Frankfurter Festhalle am 14. August 1951

kamen Fernsehantennen, die einen verbesserten Empfang von Bild und Ton versprachen, und Hi-Fi-Anlagen mit einwandfreier Klangqualität für das heimische Wohnzimmer besonders gut an.[211]

Der Intendant der Arbeitsgemeinschaft der Öffentlich Rechtlichen Rundfunkanstalten der Bundesrepublik Deutschland (ARD), Walter Hilpert, hielt am 2. August 1957 zur Eröffnung der Deutschen Rundfunk-, Fernseh- und Phonoausstellung eine bemerkenswerte Rede, in der er die noch vor kurzem für unmöglich gehaltenen Fortschritte auf dem Gebiet der Unterhaltungselektronik ins Bewusstsein zurückrief. „Wir haben uns", so der ARD-Intendant, „allzu leicht und leichtfertig daran gewöhnt, als Selbstverständlichkeit hinzunehmen, was doch eigentlich ein grosses Wunder ist. Es ist immer noch ein Wunder, aus einem Gerät eine menschliche Stimme zu hören. Es ist ein unfassbares Wunder, die Ankunft eines Schiffes, den Wettkampf zweier Reiter, die Eröffnung des Bundestages auf einem Bild in der eigenen Wohnung zu erleben. Und es ist ein unfassbares Wunder, dass ich eine menschliche Stimme, ein musikalisches Werk als Band, als Schallplatte nach Hause tragen und dort wieder zum Tönen bringen kann."[212] Noch ehe 1961 mit dem Zweiten Deutschen Fernsehen (ZDF) ein weiterer Sender gegründet wurde und lange bevor das Privatfernsehen auf den Plan trat, räumte Hilpert ein, dass über den Rundfunk und das Fernsehen nicht nur „Grosses und Edles", sonder auch „Gleichgültiges und Belangloses" verbreitet werde, was bei übermäßigem Konsum „auch schädliche Wirkung" haben könnte. Es stehe jedoch in der Macht eines jeden Fernsehzuschauers, zum Gerät zu gehen und es auszuschalten.

Programmheft zur Premiere, Dezember 1951

Im „Studio 3" der Festhalle wurden vom 2. bis zum 11. August 1957 zwölf Unterhaltungssendungen mit bekannten Größen des Showgeschäfts produziert. Der beliebte Entertainer Peter Frankenfeld moderierte einen „Tanztee" und der Showmaster Hans-Joachim Kulenkampff führte durch eine bunte Nachmittagssendung mit dem Titel „Wie es Euch gefällt", in der unter anderem die Opernsängerin Anneliese Rothenberger auftrat. In den Studios der benachbarten Kongresshalle betrieb Otto Höpfner[213] täglich für eine Stunde am Nachmittag die Fernseh-Äpfelweinwirtschaft „Zum Blauen Bock" und der Direktor des Frankfurter Zoos, Bernhard Grzimek, produzierte eine Folge der TV-Serie „Ein Platz für Tiere". Die zehntägige Deutsche Rundfunk-, Fernseh- und Phonoausstellung lockte 1957 circa 493.000 Besucher an und fand im August 1959 noch ein zweites Mal auf dem Frankfurter Messegelände statt. Im Sommer 1959 von außen frisch renoviert wurde die Festhalle erneut in ein Fernsehstudio umfunktioniert.[214]

Für die Stars des Showbiz und des Sports wurde die wieder aufgebaute Festhalle zur Bühne. Der gesellschaftspolitische Stellenwert des Sports kann für die Nachkriegszeit und das anschließende Wirtschaftswunder gar nicht hoch genug eingeschätzt werden. Für die Dauer von zwei Halbzeiten, zehn Boxrunden oder einem Radrennen waren die alltäglichen Sorgen vergessen. Der Redakteur der „Frankfurter Neuen Presse", Richard Kirn, beantwortete schon im März 1947 die Frage, warum der Sport ausgerechnet in dieser schwierigen Phase eine Blütezeit erlebte: „Noch leben wir in Wüsten. Zu den Oasen gehört der Sport."[215] Im Wirtschaftswunder pulsierte das Leben in der „Oase" Festhalle. Mit dem ersten Sportereignis nach 1939 hielt zugleich der „American way of life" Einzug in den Kuppelbau. Auf Empfehlung der für Sportfragen zuständigen „Special Service Section" der US-Militärregierung und zur Förderung der „Deutsch-Amerikanischen Freundschaft" hatte die Messe- und Ausstellungs-Gesellschaft die Festhalle am 14. und 15. August 1951 an die Basketball-Spaßtruppe Harlem Globetrotters vermietet.[216] Im Vorprogramm trat am ersten Abend eine aus Homburger, Darmstädter und Roßdorfer Spielern gebildete deutsche Mannschaft gegen eine amerikanische Militärauswahl an (32:54). Als Überraschungsgast hielt der unvergessene Leichtathlet und vierfache Goldmedaillengewinner der Olympischen Spiele von Berlin 1936, Jesse Owens, eine Ansprache. Das Spiel der Globetrotters gegen die Boston Whirlwinds (56:42) bot eine Mischung aus vollendeter Ballbeherrschung und clownesker Zirkusnummer. Die Zuschauer kamen angesichts eines Feuerwerks an Tricks und auf Fingerspitzen rotierender Basketbälle nicht mehr aus dem Staunen heraus und waren von dem Können der Harlem Globetrotters restlos begeistert. Die zweite Vorstellung am 15. August 1951 fand vor ausverkauftem Haus statt. Der amerikanische Hochkommissar John McCloy eröffnete das Match der Globetrotters gegen die Whirlwinds mit einem Einwurf. In den Fünfziger- und Sechzigerjahren folgten weitere Auftritte der Harlem Globetrotters in der Festhalle.[217]

Puristische Sportfreunde vermochten sich weder für die Showeinlagen der Globetrotters noch für die Eisrevue „Holiday on Ice" zu begeistern. Die Deutschland-Premiere des in New York ansässigen Eislauf-Unternehmens fand am 18. Dezember 1951 in Frankfurt am Main ein zwiespältiges Echo in der Presse. So lobte die „Frankfurter Rundschau" zwar die farbenprächtigen Kostüme und Lichteffekte sowie das gelungene musikalische Arrangement, vermisste aber gemessen an den deutschen Spitzenläufern die sportlichen Highlights. „Selbst einem Star", so der Sportreporter Erich Wick, „wie der groß angekündigten Dorothy Goos fehlt die ausgefeilte Technik, wie sie die Baiers, Irene Braun und andere gezeigt haben. Selten einmal ein schwieriger Sprung – der ‚Axel' kam im ganzen Programm dreimal vor –, und auch die Haltung war nicht so akkurat, wie man es von einem Star erwarten konnte."[218] Das erste Gastspiel der amerikanischen Eisrevue auf dem Messegelände fand in der Halle 4 statt, da die Festhalle mit der Radrennbahn belegt war,

Das Traumpaar bei „Holiday on Ice", um 1966

Werbetafel auf dem Vorplatz des Hauptbahnhofs, Januar 1957

und wurde allen Unkenrufen zum Trotz ein großer Publikumserfolg. Seit 1952 macht „Holiday on Ice" traditionell auf jeder Tournee in der Festhalle Station.

Das professionelle US-Management von „Holiday on Ice" sorgte in den Sechzigern mit der Verpflichtung der „Frankfurter Kinner", Marika Kilius und Franz Ningel, für ausverkaufte Aufführungen in der Festhalle. Kilius und Ningel hatten auf der Rollschuhbahn des Frankfurter Roll- und Eissport-Clubs (FREC) im Nizza am Mainufer die Grundlagen für ihre 1955, 1956 und 1957 gemeinsam errungenen deutschen Meisterschaften im Eiskunstlauf der Paare erarbeitet. Das erfolgreiche Duo trennte sich, als Marika Franz über den Kopf wuchs. In Margret Göbl und Hans-Jürgen Bäumler fanden Ningel und Kilius neue Partner, mit denen sie ihre Karrieren erfolgreich fortsetzten. Seither stritten gleich zwei Paare mit Frankfurter Einschlag um die Spitzenposition im Eiskunstlaufen, wobei sich Kilius/Bäumler mehr auf internationaler Ebene und Göbl/Ningel eher im nationalen Bereich durchsetzen konnten. Mit den deutschen Paarlaufmeistern von 1960 bis 1962 Göbl/Ningel im Staraufgebot lockte „Holiday on Ice" im Januar 1963 mehr als 200.000 Zuschauer in die Festhalle.

Als absoluter Publikumsmagnet erwies sich das „Traumpaar auf dem Eis"[219] Kilius/Bäumler, das nach einem Engagement bei dem Konkurrenzunternehmen „Wiener Eisrevue" erstmals vom 10. bis zum 30. Januar 1966 für „Holiday on Ice" in der Frankfurter

Unterbau der Radrennbahn,
Oktober 1951

Festhalle über die Kunsteisfläche schwebte. Bevor das Glamourpaar 1964 ins Profigeschäft gewechselt war, hatten die sechsmaligen Europameister 1963 und 1964 die Weltmeisterschaft gewonnen und bei den Olympischen Spielen von Squaw Valley 1960 und von Innsbruck 1964 jeweils die Silbermedaille geholt. Über das Wiedersehen des eislaufbegeisterten Frankfurter Publikums mit Marika Kilius am 10. Januar 1966 berichtete in der „Frankfurter Allgemeinen Zeitung" der Sportjournalist Herbert Neumann: „Ein Höhepunkt ist das Paar Kilius/Bäumler, das von den Frankfurtern gefeiert wurde. Marika Kilius hat man selten so gut aussehend erlebt, alle Härte der sportlichen Wettkampfzeit ist von ihr abgefallen. Strahlend und sicher läuft sie mit Hans-Jürgen Bäumler ihre Partien, die allerdings weniger Schwierigkeiten enthalten als frühere Kürläufe. Am besten gefällt das Paar in seiner kurzen Auftaktszene nach amerikanischen Melodien. Marika, die noch nie unter schwachen Nerven gelitten hat, startete unbefangen in ihrer Heimatstadt in die Premiere, erstmals als Schauläuferin."[220] Als Zugnummern sorgten Kilius/Bäumler ab 1966 für rauschende Eisfeste im Kuppelbau an der Friedrich-Ebert-Anlage. Ende der Sechzigerjahre ging das Publikumsinteresse spürbar zurück, bis die Show 1972 dank einer ideenreichen Choreographie von Ted Shuffle an erfolgreiche Zeiten anknüpfen konnte. Die Premierengäste, unter ihnen der designierte Frankfurter Oberbürgermeister Rudi Arndt, applaudierten am 4. Januar 1972 auf offener Szene und ließen die Festhalle zu Ehren des „Stolperkönigs" Guy Longpre durch Beifalltrampeln erbeben.

„Holiday on Ice" und die 6-Tage-Rennen verband der hohe Aufwand für den Einbau der Bahnen in die Festhalle. Ab 1952 wurde es daher Usus, dass die Eisrevue im direkten Anschluss an die aus mehreren Rennen bestehende Radsportsaison den Kuppelbau einschließlich der an den Geraden errichteten provisorischen Zuschauertribünen mietete. Da die alte Festhallen-Bahn im Zweiten Weltkrieg verbrannt war, hatte die Messe- und Ausstellungs-Gesellschaft als Veranstalterin den führenden Rennbahnarchitekten Clemens Schürmann mit dem Bau einer neuen Winterbahn beauftragt. Auf 302 Böcken wurden

Start zum 8. Frankfurter 6-Tage-Rennen am 27. Oktober 1951

Rudi Altig und die Jacob Sisters, um 1964

fein geschliffene Planken aus schwedischem Fichtenholz zu einem 192,30 Meter langen Oval mit beinahe senkrecht anmutenden, bis zu 4,90 Meter hohen Steilkurven montiert. Für fünf Kilometer mussten die Fahrer 26 Runden zurücklegen. Die Bahn wurde am 13. Oktober 1951 mit einem Mannschaftsrennen über 75 Kilometer um den „Eröffnungspreis der Festhalle" eingeweiht. Den Startschuss zum ersten 6-Tage-Rennen seit 1933 gab Oberbürgermeister Walter Kolb am 27. Oktober 1951 höchstpersönlich. Bei den achten Frankfurter „Six days" gingen 14 Teams an den Start, darunter der favorisierte Tour de France-Sieger Hugo Koblet mit seinem Schweizer Landsmann Armin von Büren. Die Frankfurter Radsportfans drückten in der mit 9.000 Zuschauern gleich am ersten Abend ausverkauften Festhalle Lokalmatador Theo Intra, der mit Jean Roth fuhr, die Daumen. Im Rennverlauf wurden Gesamtpreise im Wert von 100.000 D-Mark ausgefahren, den Siegern winkte der Ehrenpreis der Internationalen Fahrrad- und Motorrad-Ausstellung. Rund 100 Prämien-Spurts versetzten das Publikum vom Innenraum bis hinauf zum „Heuboden" genannten zweiten Rang immer wieder in Hochspannung. Dabei ging es sowohl um dreistellige Geldprämien als auch um von Firmen ausgelobte Sachpreise wie 600 Zigaretten, einen Radiotisch oder eine von der Frankfurter Geflügelhandlung Bachmann gestiftete „fette Gans". Nach 146 Stunden und 3.250 Kilometern siegten überraschend Harry Saager/Ludwig Hörmann mit zwei Runden Vorsprung vor Intra/Roth. Das 6-Tage-Rennen bekam einen festen Platz im Frankfurter Sportkalender und musste nur 1957 einmal ausfallen.[221]

Die „Six days" vereinten Hochleistungssport und Riesenfete unter einem Dach. Während im Innenraum des Holz-Ovals die Hautevolee feierte, das Orchester Benno Schilling den „Sportpalastwalzer" anstimmte und Billy Mo vom „Tirolerhut" sang, kämpften auf der Bahn die Fahrer um Prämien, Punkte und Rundengewinne. Der populäre Straßen-Radweltmeister von 1966, Rudi Altig, sorgte beim 6-Tage-Rennen 1967 für einen neuen Zuschauerrekord. In der Endabrechnung belegte der Kölner mit seinem Partner Sigi Renz

Unterlage aus Rohziegeln für den
Parcours, März 1966

aus München den zweiten Platz. 1964, 1965 und 1968 triumphierte Altig in der Festhalle im Duett mit Junkermann, Kemper und Sercu. Die Fahrer schlossen mit der Messe- und Ausstellungs-Gesellschaft Verträge, in denen sie sich unter anderem dazu verpflichteten, die Halle nicht ohne ausdrückliche Genehmigung der sportlichen Leitung zu verlassen. Von den beiden Fahrern einer Mannschaft musste einer immer auf der Bahn sein. Inmitten des Trubels war in den engen Fahrerkabinen an Schlaf kaum zu denken. Um den Profis Gelegenheit zur Regeneration zu geben, wurden die 6-Tage-Rennen ab 1968 täglich von 5 bis 13 Uhr neutralisiert. Um 1970 verlor das 6-Tage-Rennen an Reiz und verzeichnete rückläufige Zuschauerzahlen.[222] Die Erfolgsstory der dritten großen Sportveranstaltung mit Tradition, des Festhallen-Reitturniers, sollte sich Anfang der Siebzigerjahre ebenfalls dem vorläufigen Ende zuneigen.

„Die Frankfurter haben ihr Herz für den Pferdesport wiederentdeckt"[223], stellte die „Frankfurter Rundschau" in ihrer Ausgabe vom 21. März 1955 erfreut fest. Rund 22.000 Zuschauer sorgten am 19. und 20. März beim Festhallen-Reitturnier für ausverkaufte Ränge und Zufriedenheit beim Veranstalter, dem Frankfurter Reit- und Fahr-Club. Nach dem Wiederaufbau der Festhalle hatten der Versandhauschef und Dressurreiter, Josef Neckermann, und der Besitzer des Gutes Neuhof, Egon Schumacher, nicht eher geruht, bis es im März 1955 zu einer Neuauflage des Frankfurter Reitturniers kam. „Es herrschte", berichtete die „Rundschau" weiter, „eine Atmosphäre besonderer Art, eine fast atemlose Spannung unter den Zuschauern. Fiebernd verfolgten sie die mutigen Reiter, wenn sie mit ihren Pferden die Hindernisse des Parcours nahmen. Ein hörbares Aufatmen ging jedes Mal durch die Halle, wenn wieder ein Ritt glatt verlaufen war."[224] Besonders gut lief es am ersten Turniertag für Alfons Lütke-Westhues, der auf „Ala" das Sb-Springen im dritten Stechen gewann. Am zweiten Tag wurde Weltmeister Hans Günter Winkler seiner Favoritenrolle gerecht und siegte mit Deutschlands erfolgreichstem Springpferd „Halla" im Sa-Springen. Die Dressurreiter zeigten mit Volten im versammelten Trab, Pirouetten

Siegerehrung für Dressurreiter Josef Neckermann, März 1966

Springprüfung beim Festhallen-Reitturnier, um 1966

aus dem Galopp gedreht oder mehrmaligen Handwechseln Reitkunst in Vollendung. Für den schönsten Erfolg aus Sicht der Frankfurter sorgte Lokalmatadorin Liselott Linsenhoff (Gestüt Asta), die in der anspruchsvollen S-Dressur vor Rainer Klimke aus Münster gewann. Die Turnierleitung lag in den Händen der Pferdenarren Fritz Linsenhoff und Egon Schumacher, was den Slogan „Ein Turnier – von Reitern für Reiter gemacht" begründete.

Ab 1963 wurde das Festhallen-Reitturnier zu einem internationalen Wettbewerb aufgewertet. Bald gehörte Frankfurt neben Berlin und Dortmund zu den „großen Drei" in der Turnierfolge der deutschen Hallensaison. Der Bodenbelag für das Reitturnier in der Festhalle bestand Mitte der Sechzigerjahre aus etwa 70.000 auf dem mit Dachpappe abgedeckten Holzfußboden verlegten Rohziegeln, über die 300 Kubikmeter Muttererde gleichmäßig verteilt wurden, darüber kam noch als abschließende Deckschicht ein Torf-Sand-Gemisch. Bis 1972 waren alle, die Rang und Namen in der Reitsportszene hatten, zu den Turnieren nach Frankfurt gepilgert, um das reiterliche und gesellschaftliche Ereignis mitzuerleben. Zum 24. Festhallen-Reitturnier kamen vom 24. bis zum 26. März 1972 nur noch 18.177 Besucher. Die enttäuschende Zuschauerzahl bescherte dem FRFC ein Defizit von mehr als 100.000 Mark und führte letztlich zu einer 17-jährigen Turnierpause.[225]

In der Festhalle schrieb der Sport Geschichte, wurden rauschende Feste der Frankfurter Eintracht, der Polizeisportvereine und der Sportpresse gefeiert. Es wäre müßig, sämtliche Sportereignisse aufzuzählen, die sich in dem Kuppelbau zugetragen haben. Hervorzuheben sind eine untrennbar mit der Person des Eintrachtlers Heinz Ulzheimer verbundene Premiere der Leichtathleten und die Auftritte des Box-Champions Karl Mildenberger. Der deutsche Mittelstreckler der Nachkriegszeit, Heinz Ulzheimer, gewann 1952 bei den Olympischen Spielen in Helsinki zwei Bronzemedaillen über 800 Meter und in der 4 x 400-Meter-Staffel. Mit dem Erfolg im 800-Meter-Finale hatte der gebürtige Höchster die erste deutsche Olympiamedaille nach dem Zweiten Weltkrieg geholt und

Deutsche Leichtathletik-Hallen-Meisterschaften in der Festhalle am 20. März 1954

sich einen Namen gemacht. Auf die Einladung der „American Athletic Association" startete Ulzheimer im Februar 1953 bei den amerikanischen Hallen-Meisterschaften im New Yorker Madison Square Garden, wo er den Titel über 1.000-Yards gewann (914 Meter).

Ulzheimers Triumph im fernen Amerika verlieh den Befürwortern einer Hallensaison im Deutschen Leichtathletik-Verband (DLV) Rückenwind. Was im Madison Square Garden begann, mündete am 20. März 1954 in die 1. Deutschen Leichtathletik-Hallen-Meisterschaften in der Frankfurter Festhalle. DLV-Vorsitzender Max Danz lobte die von dem Eintracht-Meistersprinter der Zwanzigerjahre, Alex Weider, konstruierte 160-Meter-Piste im Innenraum des Kuppelbaus als „erste sportlich einwandfreie deutsche Hallenbahn."[226] Anhand eines straffen Zeitplans wurden die Titelkämpfe der Frauen und Männer in zwölf Disziplinen an nur einem Tag absolviert. Die Frankfurter Leichtathletik-Fans konnten vier deutsche Meister aus dem Kader der Eintracht bejubeln. Den Siegeslauf von Heinz Ulzheimer über die 400-Meter-Distanz kommentierte Sportjournalist Erich Wick: „Und wie Heinz das machte! Ex-Sprintmeister Krauss (Stuttgart) zerbrach an ihm wie ein Streichholz. Heinz als alter Taktiker lag in der ersten Kurve vorn. Krauss sprintete verzweifelt an ihn heran, zog auch an der nächsten Kurve vorbei, aber aus war es mit der Kraft. Im gleichen Moment zog Heinz weg und gewann klar mit großem Vorsprung, während Krauss erschöpft auf den letzten Platz zurückfiel."[227] Als erster deutscher 400-Meter-Meister in der Halle nahm Ulzheimer 1954 im Alter von 28 Jahren Abschied vom Leistungssport.

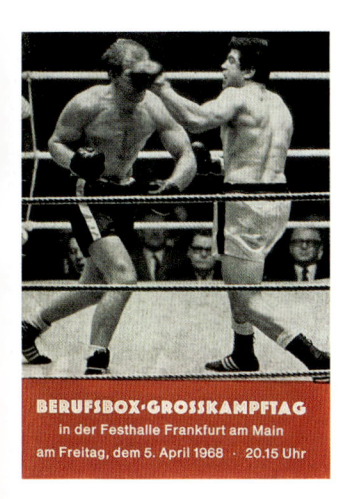

Die Frankfurter Boxwelt lag am Abend des 24. November 1961 dem jungen Karl Mildenberger zu Füßen. Der 24-jährige Kaiserslauterer hatte in einem faszinierenden Schwergewichtsfight über zehn Runden vor 7.000 Zuschauern in der Festhalle den US-Amerikaner Howard King klar nach Punkten besiegt. In seinem ersten Hauptkampf beeindruckte der Pfälzer durch die Reaktionsschnelligkeit, mit der er den Angriffen Kings auswich, und mit den variantenreichen Schlagkombinationen, die den Gegner an den Rand einer K.-o.-Niederlage brachten. Nach dem fulminanten Auftritt in der Frankfurter Festhalle bestand für die deutschen Boxfans kein Zweifel, dass der von ihnen fast zärtlich „Milde" genannte Schwergewichtler in dem für Anfang 1962 gegen den amtierenden Europameister Dick Richardson vereinbarten Titelkampf obsiegen würde. Als Europameister und Lokalmatador füllte „Karl der Große" die Festhalle in den Sechzigerjahren rund ein Dutzend Mal mit aufsehenerregenden Kämpfen wie gegen die amerikanischen Eliteboxer Eddie Machen, Zora Folley oder Amos „Big Train" Lincoln. Auf dem Höhepunkt seiner Karriere kämpfte Mildenberger am 10. September 1966 im Frankfurter Waldstadion vor knapp 23.000 Zuschauern gegen Muhammad Ali alias Cassius Clay um die Schwergewichts-Weltmeisterschaft der Berufsboxer. Im Vorfeld hatten Insider „Milde" gegen den begnadeten Box-Weltmeister keine drei Runden gegeben. Zur allgemeinen Überraschung hielt der Europameister trotz dreier Niederschläge bis zur Mitte der zwölften Runde durch, als der Ringrichter den Kampf wegen technischem K. o. abbrach. Die Niederlage gegen Ali wurde zu Mildenbergers größtem Erfolg.

Beim ersten Ringauftritt des Europameisters nach dem heldenhaften Kampf im Waldstadion war die Festhalle am 1. Februar 1967 mit 14.000 Zuschauern ausverkauft. Bravourös verteidigte der Lokalmatador den Titel gegen den Italiener Piero Tomasoni. Mit einer schweren K.-o.-Niederlage gegen den amerikanischen Weltklasseboxer Leotis Martin endete am 5. April 1968 die „Mildenberger-Ära" in der Festhalle. Der Pfälzer war in der siebten Runde bereits zweimal zu Boden gegangen, als das Drama seinen Lauf nahm: „Er stellte sich mit glasigen Augen und auf steifen Beinen dem Gegner, der nun beidhändig mit voller Kraft feuerte. Mildenberger wurde rechts-links am Kinnwinkel getroffen und fiel in die Seile und anschließend vornüber aufs Gesicht. Alle Zuschauer in der Halle wussten: das war das Aus für Mildenberger!"[228] Als Mildenberger im Frühjahr 1968 seinen Europameistertitel in London durch Disqualifikation an Henry Cooper verlor, erklärte der 30-jährige seinen Rücktritt vom Boxsport. Mit „Mildes" Rückzug endete der Boxboom in Frankfurts „Gudd Stubb". Alle Versuche des Boxpromoters Joachim Göttert, mit Rüdiger Schmidtke oder Charly Graf neue Lokalmatadore aufzubauen, scheiterten. Ohne „Karl den Großen" herrschte bei Boxveranstaltungen im Festhallen-Rund gähnende Leere.

Die Teilnehmer des im August 1956 auf dem Frankfurter Messegelände abgehaltenen Deutschen Evangelischen Kirchentags lebten nach dem Bibelspruch: „Wer dich auf die rechte Wange schlägt, dem halte auch die andere hin."[229] Der Kirchentag verstand sich als religiöse und politische Einrichtung. Als eine der am besten besuchten Veranstaltungen verzeichnete die in der Festhalle tagende Arbeitsgruppe „Volk und Politik" neben Eugen Gerstenmaier (CDU), dem Bundestagspräsidenten und Mitglied der Synode der Evangelischen Kirche, und Bundesinnenminister Gerhard Schröder (CDU) rund 12.000 Teilnehmer. In Anbetracht des sich verschärfenden Ost-West-Konflikts und der 1955 vollzogenen Aufnahme der Bundesrepublik in den Nordatlantikpakt (NATO) beanspruchte die Kirche mehr politische Mitspracherechte, zumal mit dem NATO-Beitritt die Wiederbewaffnung der Bundesrepublik und die Einführung der allgemeinen Wehrpflicht einhergegangen war. „Man solle endlich damit anfangen", so Kirchenpräsident Reinold von Thadden-Trieglaff, „die Kirche nicht nur den Pfarrern zu überlassen und den Staat nicht nur den Regierenden."[230] Für Thadden-Trieglaff bildete der von ihm 1949 ins Leben gerufene Evangelische Kirchentag eine Klammer zwischen Ost- und Westdeutschland.

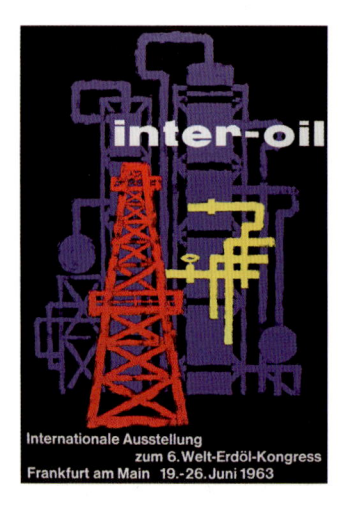

Installation „Tiefenbohrung durch geologische Formationen", Juni 1963

Der SPD-Unterbezirk Frankfurt am Main feierte in den Fünfziger- und Sechzigerjahren den Tag der Arbeit traditionell mit einem bunten Programm in der Festhalle. Die Festredner der Maifeiern gingen mit der von dem christdemokratischen Bundeskanzler Konrad Adenauer geleiteten Bonner Regierungskoalition hart ins Gericht und thematisierten darüber hinaus die wachsende Kriegsgefahr und atomare Bedrohung. Von der Christlich-Demokratischen Union Deutschlands (CDU) wurde der Kuppelbau in der sozialdemokratischen Hochburg nur selten in Anspruch genommen. Die Frankfurter CDU und die Junge Union nutzten die Festhalle am 18. November 1958 und am 2. Juli 1961 für Großkundgebungen im Land- und Bundestagswahlkampf mit Adenauer als Hauptredner.[231]

Die Besucher der „inter-oil" bestaunten im Juni 1963 die futuristisch anmutenden Einbauten in der Festhalle. Das bis zum Kuppeldach reichende Gebilde symbolisierte eine Tiefbohrung durch geologische Formationen. Die parallel zu dem 6. Welt-Erdöl-Kongress

In Verbindung mit Studenten der Hochschule für Gestaltung in Offenbach verwandelte das Frankfurter Stadtschulamt die Festhalle während der Sommerferien 1971 in einen „Kinderplaneten". Ohne Leistungsdruck konnten sich Kinder aus Familien, die nicht in den Urlaub fuhren, in zahlreichen Workshops ausleben

auf dem Messegelände veranstaltete Internationale Ausstellung der Zuliefererindustrie der Erdöl- und Erdgaswirtschaft präsentierte die neuesten Entwicklungen auf den Gebieten der Gewinnung, des Transports und der Verarbeitung fossiler Brennstoffe. Die Angebotspalette der „inter-oil" reichte von der Rotary-Tiefbohranlage bis zur kompletten Raffinerieausrüstung. Bundeswirtschaftsminister Ludwig Erhard hatte den Kongress am 19. Juni 1963 mit einem Plädoyer für einen freien und offenen Weltmineralölmarkt eröffnet. Da rund um den Globus nach neuen Vorkommen und Verwendungsmöglichkeiten des „schwarzen Goldes" geforscht wurde, biete der Welt-Erdöl-Kongress eine der seltenen Gelegenheiten zum Erfahrungsaustausch. Der amerikanische Geologe Lewis G. Weeks hielt den Einführungsvortrag zum Thema „Erdölsuche in aller Welt". Mit rund 7.000 Teilnehmern aus 62 Ländern und 250 Fachvorträgen war der 6. Welt-Erdöl-Kongress die größte wissenschaftliche Tagung, die bis dato in der Bundesrepublik stattgefunden hatte.[232] Während Geologen verborgenen Erdölvorkommen nachspürten, suchten die Krankenhausdirektoren händeringend zusätzliches Pflegepersonal. In der Bundesrepublik Deutschland fehlten Mitte der Sechzigerjahre etwa 30.000 Krankenschwestern. Auf dem im Juni 1965 in der Frankfurter Festhalle abgehaltenen XIII. Kongress des Weltbundes der Krankenschwestern spielte der Pflegenotstand nur eine untergeordnete Rolle. Schwerpunktmäßig befassten sich die circa 6.000 zur Aussprache über Berufsfragen aus 66 Ländern in die Mainmetropole gekommenen Krankenschwestern mit dem Themenkomplex „Kommunikation und Konflikt".[233]

Die außerparlamentarische Opposition (APO) zog am 1. Juni 1968 in die vom Verband Deutscher Studentenschaften (VDS) angemietete Festhalle ein. Der VDS hatte mit dem Sozialistischen Deutschen Studentenbund (SDS) einen Kongress zum Thema „Politik, Protest und Widerstand" organisiert, zu dem am Pfingstwochenende 1968 bis zu 10.000 Studenten und Schüler aus der ganzen Bundesrepublik und West-Berlin in Frankfurt erwartet wurden. Vor dem Hintergrund der auf Regierungsebene von CDU/CSU und SPD vereinbarten „Großen Koalition" (1966-1968) hatte sich Frankfurt am Main zu einer Hochburg der zumeist sozialistisch oder marxistisch ausgerichteten APO entwickelt. Unter der Führung des SDS erreichten die Proteste gegen die geplanten Notstandsgesetze, den Vietnam-Krieg der USA und die verkrusteten Strukturen im deutschen Bildungssystem mit den Osterunruhen 1968 ihren Höhepunkt. In der Mainmetropole besetzten Studenten die Alma mater und tauften sie „Karl-Marx-Universität". Nach zwei Tagen räumte ein Großaufgebot der Polizei den Campus. Auf dem „Widerstandskongress" in der Festhalle sollten eine Zwischenbilanz gezogen und neue Formen des Protests diskutiert werden. Der Aufruf zur Tagung stieß auf wenig Resonanz, denn am 1. Juni 1968 verloren sich gerade mal knapp 800 Studenten in dem Kuppelbau. „In der Festhalle", schilderte die „Frankfurter Rundschau" die trostlose Situation, „lagerten am Samstag die Studenten auf den Bodenbrettern, auf ausgebreitetem Zeitungspapier, auf Parkbänken, die sie mit hereingebracht hatten, und auf Klappstühlen, die sie von den Rängen abmontiert hatten. Im Hintergrund der riesigen Bodenfläche hatten zwei junge Mütter einen Kindergarten improvisiert. Hier spielten die Kleinen Fußball oder Cowboy und Indianer."[234] Zunächst ließen die demonstrationsmüden Studenten Referate zu den Themen „Springer-Konzern als Profitunternehmen" oder „Quantitative Analyse über die ‚Bild'-Leser" über sich ergehen. Als sich gegen 17 Uhr nur noch etwa 400 Teilnehmer in der Festhalle befanden, zog der Kongress in die Mensa der Johann Wolfgang Goethe-Universität um.

Im Juli 1970 verwandelte sich die Festhalle in eine „Kathedrale der Hippies."[235] Für das erste Rockkonzert in der Geschichte des altehrwürdigen Kuppelbaus hatte die Agentur Lippmann & Rau die englischen Superstars „Led Zeppelin" engagiert. Innenraum und erster Rang blieben am 18. Juli 1970 aus Gründen der Sicherheit und der Bewegungsfreiheit unbestuhlt, von der Kuppel wurden zur Verbesserung der Akustik zwei Dutzend

Rolling Stones in der Festhalle.
Fotografie von Hermann Wygoda,
5. Oktober 1970

Fahnen abgehängt. Rund 5.000 Tickets gingen zum Einheitspreis von zwölf Mark über die Theke. In eine süßliche Haschischduftwolke gehüllt feierten die Rockfans ein friedliches „Sit-in". In einem Beitrag für die „Frankfurter Rundschau" schilderte Lothar Vetter einige Impressionen von der Konzertpremiere unter der Überschrift „Götterdämmerung in der Festhalle" sehr anschaulich: „Überall saßen sie auf dem Boden – moderne Nomaden in bunten Gewändern, unter schwarzen Schlapphüten, Inkagötter mit buntbemalten Gesichtern, in sich versunken, eng umschlungen auch, andächtig lauschend oder, nach Art buddhistischer Mönche, in der Hocke, die Hände vor der Brust, den Oberkörper leicht im Takt der Melodien bewegend. [...] Nur dann, wenn die Gitarren besonders hart sägen, der peitschende Rhythmus immer lauter, bedrängender wird, zucken die Leiber in grauer Götterdämmerung, klatschen sie in die Hände, bis sie brennen."[236]

Turbulent ging es bei dem ebenfalls von Lippmann & Rau am 5. und 6. Oktober 1970 in der Festhalle veranstalteten Doppelkonzert der Rolling Stones zu. Nachdem sich eine anonyme Bombendrohung als schlechter Scherz entpuppt hatte, kam es am ersten Abend am Haupteingang zum Messegelände zu Ausschreitungen, da 300 Jugendliche ohne Eintrittskarten versuchten, die mit 11.000 Fans komplett ausverkaufte Halle zu stürmen. Durch Flaschen- und Steinwürfe wurden neun Polizeibeamte verletzt. Als plötzlich auch noch achtzig Mitglieder einer Rockerbande auf schweren Motorrädern auftauchten und freien Einlass begehrten, ließ sich selbst „Stones"-Sänger Mick Jagger über das Gesche-

Messe in der Festhalle. Schräg über dem Nummernschild schwebt Ufo-artig der Hallenlautsprecher, 1972

hen vor der Halle informieren. Dem besonnenen Leiter der Ordnungskräfte in der Festhalle, Willi Beyer, gelang es, die Motorradrocker zum Abzug zu bewegen. Im Saal spulten die „Stones" derweil routiniert ihr Live-Konzert ab. Die Festhalle hatte ihre Feuertaufe als Rockpalast bestanden. Fortan gaben sich die Stars der Musikbranche die Klinke in die Hand. So gastierten 1971 grundverschiedene Künstler wie Peter Alexander und Pink Floyd an der Friedrich-Ebert-Anlage. Kaum ein Frankfurter oder Bewohner des Rhein-Main-Gebiets, den nicht ein unvergessliches Konzerterlebnis mit dem charismatischen Kuppelbau verbindet.[237]

Szenenwechsel in der Festhalle. Seit dem Reitturnier waren keine acht Stunden vergangen und der Pferdegeruch lag noch in der Luft, da herrschte am Montagmorgen des 13. März 1967 in dem Gebäude hektische Betriebsamkeit. Räumbagger verluden das aus Muttererde und Ziegelrohlingen bestehende Geläuf auf Lastwagen. Der Abbau der Turniereinbauten erfolgte unter großem Zeitdruck, da bereits am 1. April 1967 die Internationale Fachausstellung Sanitär- und Heizungs-Technik in der Festhalle ihre Pforten öffnen sollte. Der Kuppelbau befand sich als Mehrzweckhalle, bildlich gesprochen, ständig in einem Spagat zwischen sportlichen und kulturellen Sonderveranstaltungen sowie dem eigentlichen Messe- und Ausstellungsbetrieb. Im Geschäftsjahr 1971 war die Festhalle in sechs der insgesamt elf Ausstellungen und Messen eingebunden, darunter die neue Internationale Fachmesse für Heimtextilien, Bodenbelag und Haustextilien, kurz

Gute Stube

Das Messegelände aus der
Vogelperspektive mit den neuen
Hallen 4 und 5 östlich und westlich
der Main-Weser-Bahnlinie, 1967

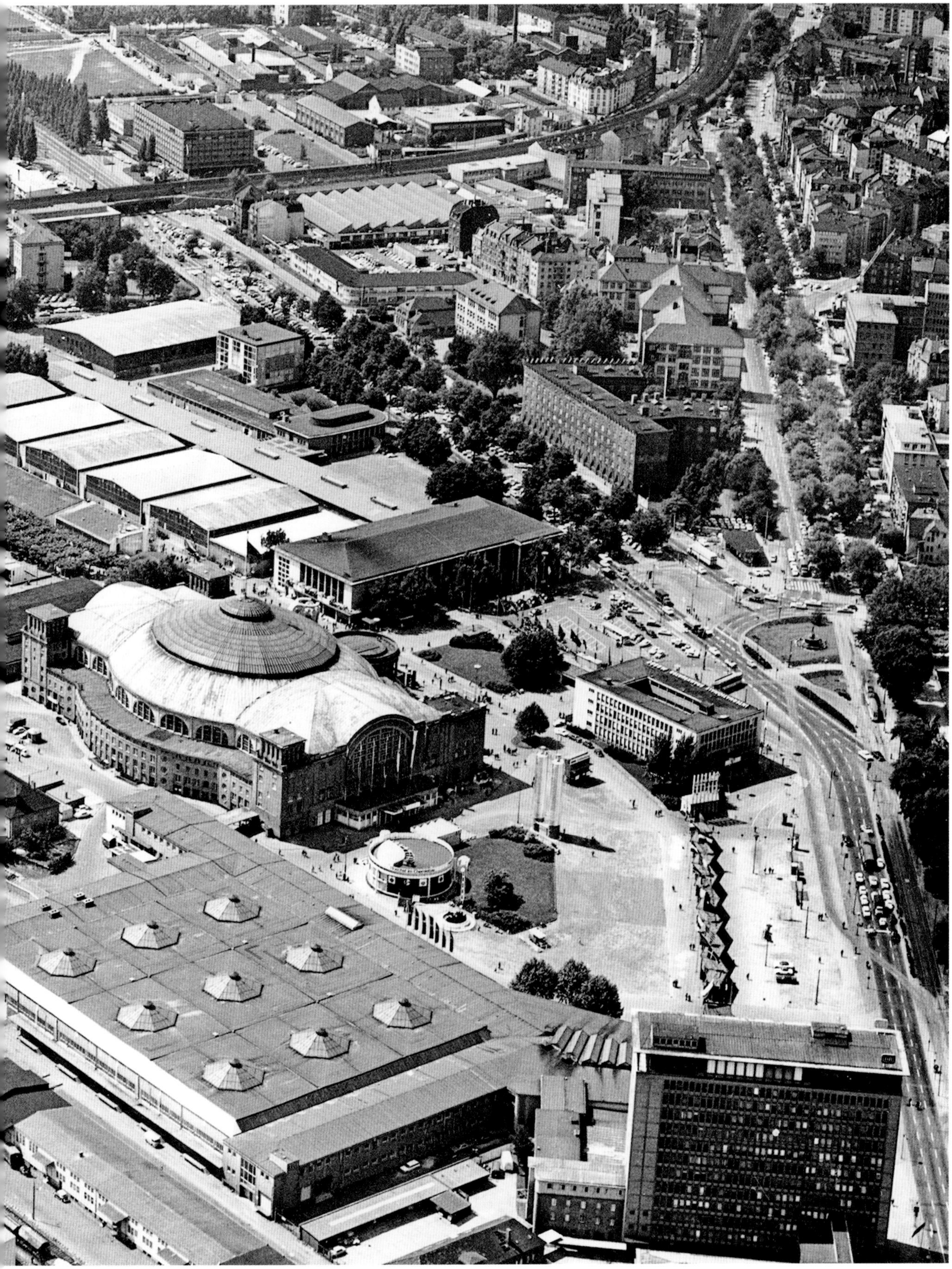

„Heimtextil" genannt, und die als Ersatz für die abgesagte IAA erstmals ausgerichtete Internationale Ausstellung für Auto-, Werkstatt-, Tankstellen- und Garagenausrüstung („automechanika"). Die Lückenbüßerin erfuhr so großen Zuspruch, dass die „automechanika" fortan im Wechsel mit der IAA alle zwei Jahre stattfand, wobei für letztere die ungeraden Jahreszahlen reserviert blieben.[238]

Der Frankfurter Sport hätte die Festhalle gerne für sich allein gehabt. Die Wintersporthalle im Waldstadion und die Sporthalle Süd der Willemerschule genügten Mitte der Sechzigerjahre längst nicht mehr den Ansprüchen der Mainmetropole. Für den am Ratsweg geplanten dreißig bis vierzig Millionen Mark teuren Neubau einer multifunktionalen Sporthalle, einschließlich Leichtathletik- und Eislaufbahn, mit Platz für bis zu 15.000 Zuschauer fehlten der Kommune die Mittel. Der Frankfurter Sportdezernent, Bürgermeister Rudolf Menzer, hatte daher im Sommer 1965 bei der Messe- und Ausstellungs-GmbH vorgefühlt, ob die Festhalle nicht aus dem Messebetrieb ausgegliedert und künftig nur noch für sportliche Zwecke genutzt werden könnte. In Anbetracht des chronischen Platzmangels erklärte Messedirektor Herbert Wittrock den Kuppelbau für unverzichtbar und vertröstete den Sportdezernenten auf die Zeit nach der Fertigstellung zusätzlicher Messehallen. Die GmbH habe nun mal primär den Auftrag, Messen und Ausstellungen zu organisieren, drüber hinaus sei die Gesellschaft aber weiterhin bereit, die Festhalle in der verbleibenden Zeit für sportliche Sonderveranstaltungen zu vermieten.[239]

Die Interessenvertreter des Sports setzten ihre Hoffnungen auf den 1960 beschlossenen Generalbebauungsplan, mit dem das Platzproblem der Messe gelöst werden sollte. Im ersten Bauabschnitt war bis zur Internationalen Frühjahrsmesse 1963 die viergeschossige, 23.000 Quadratmeter Ausstellungsfläche aufweisende Halle 4 entstanden, womit allerdings das östlich der Main-Weser-Bahnlinie gelegene Terrain vollständig bebaut war. Die Messe konnte nur jenseits des Bahndamms expandieren, wo ihr die bislang als Parkplatz genutzte Freifläche bis zur Kuhwaldsiedlung gehörte. 1964/65 wurde der Bahndamm für eine 65 Meter breite Straßenunterführung durchbrochen und das westliche Terrain an die Messe angebunden. Im Rahmen des Generalbebauungsplans eröffnete die Gesellschaft im Mai 1967 als erstes Gebäude westlich der Bahnlinie mit der Halle 5 die größte ebenerdige Messehalle Europas. Indem 1970/71 die noch aus der Nachkriegszeit stammenden Gebäude nördlich der Messestraße durch die mehrstöckigen Hallen 6 und 8 ersetzt wurden, erhöhte sich die Brutto-Ausstellungsfläche der Messe- und Ausstellungsgesellschaft auf knapp 155.000 Quadratmeter (1967: 104.000 Quadratmeter).[240]

Die Verwirklichung des Generalbebauungsplans hatte die Befürworter einer Umwandlung der Festhalle in einen multifunktionalen Sportpalast auf eine harte Geduldsprobe gestellt. Im Frühjahr 1971 hielten die Vertreter des Sports den Zeitpunkt für eine Umwidmung des Kuppelbaus für gekommen, da bei einer Gesamtfläche von 155.000 Quadratmetern die Ausstellungsfläche in der Festhalle, ihrer Meinung nach, kaum noch ins Gewicht fiel. Messedirektor Wittrock lehnte den Verzicht auf die Festhalle jedoch weiterhin strikt ab, da die Messe-Gesellschaft im Wettstreit mit anderen Standorten jeden Quadratmeter Ausstellungsfläche unbedingt benötigte. Der 1949/50 mit einfachsten Mitteln wieder aufgebaute Kuppelbau erfüllte 1970 als Messehalle noch immer seinen Zweck, bei Sonderveranstaltungen traten hingegen deutliche Mängel zutage. So war der Holzfußboden im Innenraum durch das häufige Auf- und Abbauen von Messen, Kunsteisbahnen oder Reitparcours ramponiert und erneuerungsbedürftig. Die Bestuhlung des ersten Rangs, der auch für Ausstellungszwecke genutzt wurde, bildete ein schweres Handicap für jeden Veranstalter. Der Einbau von 2.200 Sitzen schlug 1971 mit etwa 25.000 Mark zu Buche und brauchte eine ganze Woche, „da die Stühle nach alter Väter Sitte mit Hammer und Nägeln in die Reihe gebracht"[241] wurden. Die Heizung der Halle war veraltet und

Ansichtspostkarte, um 1972

unrentabel, die Umkleidekabinen und die sanitären Anlagen mussten dringend modernisiert werden. Die Kosten für eine Sanierung und Umwidmung des Prachtbaus in eine Sporthalle wurden mit 2,5 Millionen Mark veranschlagt. Selbst bei einem Verzicht der Messe-Gesellschaft auf die Festhalle als Ausstellungsgebäude hätte die Stadt Frankfurt die erforderlichen Mittel nicht aufbringen können, da bereits der Umbau des Waldstadions für die Fußball-Weltmeisterschaft 1974 den städtischen Haushalt mit mehr als acht Millionen Mark belastete. Der hessische Finanzminister und designierte Frankfurter Oberbürgermeister Rudi Arndt ließ im Februar 1972 keinen Zweifel daran, dass vor 1974 an eine Umgestaltung der Festhalle in eine Sportarena, geschweige denn an den Neubau einer Mehrzweckhalle nicht zu denken war.[242]

Die Frankfurter fühlten sich in der nach der messeinternen Nummerierung seit 1968 als Halle 2 geführten Festhalle trotz deren Macken fast wie zuhause, weshalb sich die ursprünglich auf den Römerberg gemünzte Bezeichnung „Gudd Stubb" auch für den Kuppelbau einbürgerte. In der Frankfurter Mundart ist mit der „Gudd Stubb" das Repräsentationszimmer einer Wohnung gemeint. In das „Wohnzimmer" der Frankfurter passten 1972 rund 12.000 Besucher, womit die Festhalle hinter der Berliner Deutschlandhalle mit 15.000 und der Dortmunder Westfalenhalle mit 13.000 Zuschauerplätzen zu den drei größten Sälen in der Bundesrepublik zählte. Aufgrund ihrer baugeschichtlichen und künstlerischen Bedeutung steht die Frankfurter Festhalle seit Februar 1972 unter Denkmalschutz.[243]

Grande Dame

„Zweiter Frühling für die Grande Dame"

Von der Messe- zur Mehrzweckhalle 1972–1986

Im Oktober 1974 wurde die Festhalle für drei Monate wegen Renovierung geschlossen. Der Aufsichtsrat der Messe- und Ausstellungs-GmbH hatte auf die anhaltenden Klagen über die aufwendigen Umbauphasen und den fehlenden Komfort reagiert und knapp zwei Millionen Mark für neue Tribünen und Bestuhlungen, für zusätzliche Umkleide- und Waschräume sowie für einen neuen Innenanstrich bewilligt. Während im Innenraum wie bisher 5.000 Stühle vorgesehen waren, sollte das Sitzplatzangebot auf dem ersten Rang von 2.200 auf 2.500 erhöht und die Anzahl der kaum noch gefragten Stehplätze entsprechend verringert werden. Insbesondere die neue, innerhalb weniger Tage einzurichtende Bestuhlung wurde von den Vertretern des Sports und der Kultur lebhaft begrüßt, da sie als Voraussetzung für eine intensivere Nutzung der Festhalle für Sonderveranstaltungen galt. Mit der Eisrevue „Holiday on Ice" wurde der Kuppelbau am 2. Januar 1975 wieder eröffnet.[244]

Auf den Vorwurf, die Festhalle befinde sich in einem Dornröschenschlaf und müsse von einem eigenen Management besser vermarktet werden, antwortete die Messe-Gesellschaft mit genauen Zahlenangaben zur Belegung, wonach die Halle 2 im Jahr 1975 nahezu ausgebucht gewesen war. In den zwölf Monaten hatte das Gebäude an 107 Tagen Messe- und Ausstellungszwecken gedient, unterteilt in 25 Veranstaltungs- und 82 Auf- und Abbautage. Für sportliche und kulturelle Ereignisse wurde der Saal 1975 an 199 Tagen in Anspruch genommen, darunter befanden sich 49 Veranstaltungstage. Unterm Strich verzeichnete die Festhalle 1975 eine Belegung von 306 Tagen, die übrige Zeit wurde zumeist für Reparaturen und zur Instandhaltung genutzt. Mit der Bekanntgabe der Belegungszahlen nahm die Geschäftsführung der Messe der Forderung nach einem Hallendirektor zur Akquisition von Sonderveranstaltungen die Spitze. Intern beauftragte die Messe- und Ausstellungs-GmbH im Mai 1975 die Frankfurter Aufbau AG (FAAG) mit einem Gutachten zu den Nutzungsmöglichkeiten der Festhalle. Die im März 1976 vorgelegte Untersuchung ist ein Schlüsseldokument für die weitere Entwicklung des Kuppelbaus.[245]

Bevor sich die FAAG-Studie mit den vielfältigen Nutzungsmöglichkeiten im Detail auseinandersetzte, stellte sie ganz im Sinne des Auftraggebers fest, dass der 1909 eingeweihte Kuppelbau in erster Linie als Ausstellungs- und Messehalle zu dienen habe. „Die Priorität der Festhalle als Messehalle", so die Autoren des Gutachtens, „ist nicht nur aus räumlicher Notwendigkeit (Standnachfrage) unbestreitbar, sie ist zudem Voraussetzung für eine wirtschaftliche und ertragssichere Nutzung des Gebäudes."[246] Ein Objekt dieser Größenordnung sei unter den gegebenen Umständen allein über das Veranstaltungsgeschäft auch nicht annähernd kostendeckend zu betreiben. Die Ausgliederung der Festhalle aus dem Messebetrieb verbiete sich zudem nicht nur aufgrund des anhaltenden Mangels an Ausstellungsflächen, sondern auch mit Blick auf die Positionierung des Kuppelbaus an der Friedrich-Ebert-Anlage. Durch die Isolierung der Halle 2 würde das komplette Ostdreieck mit dem Haupteingang, der Halle 1 und dem Verwaltungsgebäude vom übrigen Messegelände abgeschnitten. Eine intensivere Nutzung der Festhalle war nur in Abstimmung auf den Ausstellungsbetrieb und durch eine Verkürzung der Umbauzeiten zu erreichen. Als Voraussetzung hierfür erachtete die FAAG eine Modernisierung der technischen Betriebseinrichtungen und den Aufbau eines Hallenmanagements.

Für die Festhalle kamen einzig hochkarätige Veranstaltungen infrage, die zumindest 3.000 bis 4.000 Besucher anlockten. Erst ab dieser Besucherzahl waren die Betriebskosten des Kuppelbaus von 20.000 bis 25.000 Mark pro Tag abgedeckt. Selbst international besetzte Leichtathletik- und Turnwettkämpfe hielten die Gutachter wegen des geringen Zuschauerinteresses für ungeeignet. Erfolgversprechender erschienen dagegen Tennis-, Fußball-, Handball- und Reitturniere. Im Einbau der Radrennbahn erkannten die Prüfer einen entscheidenden Hemmschuh für eine intensivere Nutzung der Festhalle. Die Bahnaufbauten behinderten oder blockierten über mehrere Monate eine anderweitige Verwendung des Kuppelbaus. Von der kostspieligen Neuanschaffung einer innerhalb von 36 Stunden auf- und abbaubaren Bahn riet die FAAG angesichts rückläufiger Besucherzahlen ab, vielmehr empfahl sie, „die Radrennbahn in Zukunft überhaupt nicht mehr einzubauen und dem übrigen Veranstaltungsangebot in der gestrichenen Bahnradsaison – das sind immerhin in der veranstaltungsgünstigen Zeit über 3 Monate – den Vorrang zu geben."[247]

Seit 1970 traten Kultbands wie The Who, Deep Purple oder Santana im Verlauf ihrer Welttourneen regelmäßig in der Frankfurter Festhalle auf. Damit in dem Kuppelbau auch Musicals oder klassische Sinfonie- und Solistenkonzerte für ein breiteres Publikum zur Aufführung gebracht werden konnten, plädierte die FAAG-Studie dafür, in die Raum-

Vorherige Doppelseite:
Die „Grande Dame". Fotografie von Tadeusz Dabrowski, 1978

Internationale Frühjahrsmesse.
Fotografie von Klaus Meier-Ude, 1978

DUNLOP
REIFEN
Restaurant
IM OBERGESCHOSS
Klein-, Einzel- und Korbmöbel,
Korb- und Rohrgeflechtwaren
IM OBERGESCHOSS
Klein-, Einzel- und Korbmöbel,
Korb- und Rohrgeflechtwaren
INFORMATION
OULEVARDMÖBEL
manhattan
möbel aus Aluminium

SPORT PRESSE FEST 77

Die Sportschau des Jahres

mit Olympiasiegern, Deutschen Meistern, Europa- und Weltmeistern

Vorverkauf ab sofort

Frankfurt Innenstadt:

Festhalle, Kartenschalter
Verkehrsverein gegenüber Hauptbahnhof
 und in der B-Ebene der Hauptwache
Neue Presse, Schillerstraße 19
Riedel im Rundschauhaus, Gr. Eschenheimer Straße 18

Frankfurt-Sachsenhausen:

Lotto-Schäfer, Schweizer Straße 28a

Frankfurt-Bornheim:

Zigarrenhaus Richard Herrmann, Berger Straße 191

Frankfurt-Höchst:

Toto-Beck, Bolongarostraße 134
Zigarren-Brust, Casinostraße 11
 und Königsteiner Straße 18

Offenbach:

Manfred Berger, Herrnstraße

Neu-Isenburg:

Sporthaus Hoppner, Kirchstraße 4

Freitag
4. Februar 1977
20 Uhr
Frankfurter Festhalle

Druck: H. Klammes & Sohn, Neu-Isenburg

akustik zu investieren. Nach der Platzierung eines „Schalldeckels" als Reflektor über der Bühne und der Anordnung von Schürzenringen im Kuppelbereich zur Schallabsorption stünde einer Nutzung als Konzerthalle im Großen und Ganzen nichts mehr im Wege. Von der Verwendung gepolsterter Sitze beim Einbau einer ständigen Tribünenbestuhlung im ersten Rang erwarteten die Gutachter der FAAG eine akustische Dämpfung als positiven Nebeneffekt. Mit dem Verzicht auf die Galerie als Ausstellungsfläche und auf die erst vor einem Jahr angeschafften Schnellbautribünen sollte eine beachtliche Zeitersparnis von circa zwölf Wochen pro Jahr einhergehen, die für zusätzliche Sonderveranstaltungen zur Verfügung standen. Die FAAG-Studie endete mit einem in fünf Abschnitte gegliederten Stufenplan zur Realisierung der Ausbaumaßnahmen – Kostenpunkt bis zu 23 Millionen Mark! Die Messe- und Ausstellungs-Gesellschaft investierte bis zum Sommer 1979 rund 6,1 Millionen Mark in die Sanierung der Festhalle. So wurde zum Beispiel der beim Wiederaufbau verlegte Holzfußboden gegen einen Industriebelag aus Gussasphalt ausgetauscht. Außerdem verfügte der Kuppelbau nunmehr über vorschriftsmäßige Brandschutzeinrichtungen, neue Bestuhlungen, zusätzliche Sanitär- und Umkleideräume, einen Lastenaufzug sowie Auflegeböden für Sportveranstaltungen. Bevor die Geschäftsleitung weitere Positionen des FAAG-Stufenplans in Angriff nahm, wartete sie den für 1980 angekündigten „Strukturplan" ab, der den Messeplatz Frankfurt am Main zukunftsfähig machen sollte.[248]

Die Messe florierte trotz Wirtschaftskrise. „Das Jahr 1980", heißt es zu diesem scheinbaren Widerspruch erklärend im Geschäftsbericht der Messe- und Ausstellungs-GmbH, „hat in einer schwierigen Situation der Weltwirtschaft die keinesfalls selbstverständliche Prognose bestätigt, daß das Marktinstrument ‚Messe' als Informationsbörse und Impulsgeber in Zeiten diffiziler Konjunktur- und Absatzlage weiter angenommen wird. Marktwirtschaftliches Verhalten erfordert bei härterem Wettbewerb eine Kontaktintensivierung zu Handel und Verbraucher. Messen bieten hierfür eine geeignete Plattform."[249] Die westlichen Industriestaaten befanden sich seit der Ölkrise 1973 in der schwersten Wirtschaftskrise seit dem Ende des Zweiten Weltkriegs. Neben der explosionsartigen Verteuerung des Erdöls hatte der durch die Schwäche des US-Dollars ausgelöste Zusammenbruch der internationalen Währungsordnung die Lage verschärft. Die Krise legte die Schwachstellen in der bundesdeutschen Wirtschaftsstruktur offen, so waren das von Kohle und Stahl geprägte Ruhrgebiet und die vom Schiffbau abhängigen Küstenregionen besonders stark von Arbeitslosigkeit betroffen. Während die Konkurrenz japanischer Produkte der deutschen Elektro- und Autoindustrie zusetzte, geriet die Textilindustrie durch die Angebote der „Billiglohnländer" in der Dritten Welt unter Druck. Mit beschäftigungswirksamen Programmen gelang es der sozialliberalen Bundesregierung unter Kanzler Helmut Schmidt 1979/80 die Zahl der Arbeitslosen unter eine Million zu senken. Die zunehmende Staatsverschuldung und eine steigende Inflationsrate waren die Kehrseite der Beschäftigungsprogramme.[250]

Von der allgemeinen Wirtschaftslage vergleichsweise unberührt, verzeichnete die Frankfurter Messe- und Ausstellungs-GmbH 1980 bei zwölf international bedeutenden Veranstaltungen sowie zwei Verbraucherausstellungen mehr als 18.000 Aussteller, was die Erwartungen um rund 1.000 übertraf. Bislang in die Internationale Frühjahrsmesse integriert gelang der Musikmesse im Februar 1980 ein erfolgreicher Auftakt als eigenständige Veranstaltung. Für Furore sorgte nach wie vor die „automechanika", die gegenüber 1978 bei den Ausstellern noch einmal um 31 Prozent zulegte. Während die Musikmesse in den Hallen 5 und 5a stattfand, wurde die Festhalle 1980 von der Frühjahrs- und der Herbstmesse, der Internationalen Fleischwirtschaftlichen Fachmesse und der „automechanika" in Anspruch genommen. Insgesamt wurden in dem IAA-freien Jahr 1980 rund 860.000 Messegäste gezählt, weitere 435.000 Besucher kamen zu den überwiegend in

Einbau der Kunsteisbahn für „Holiday on Ice". Fotografie von Frank Senftleben, Dezember 1983

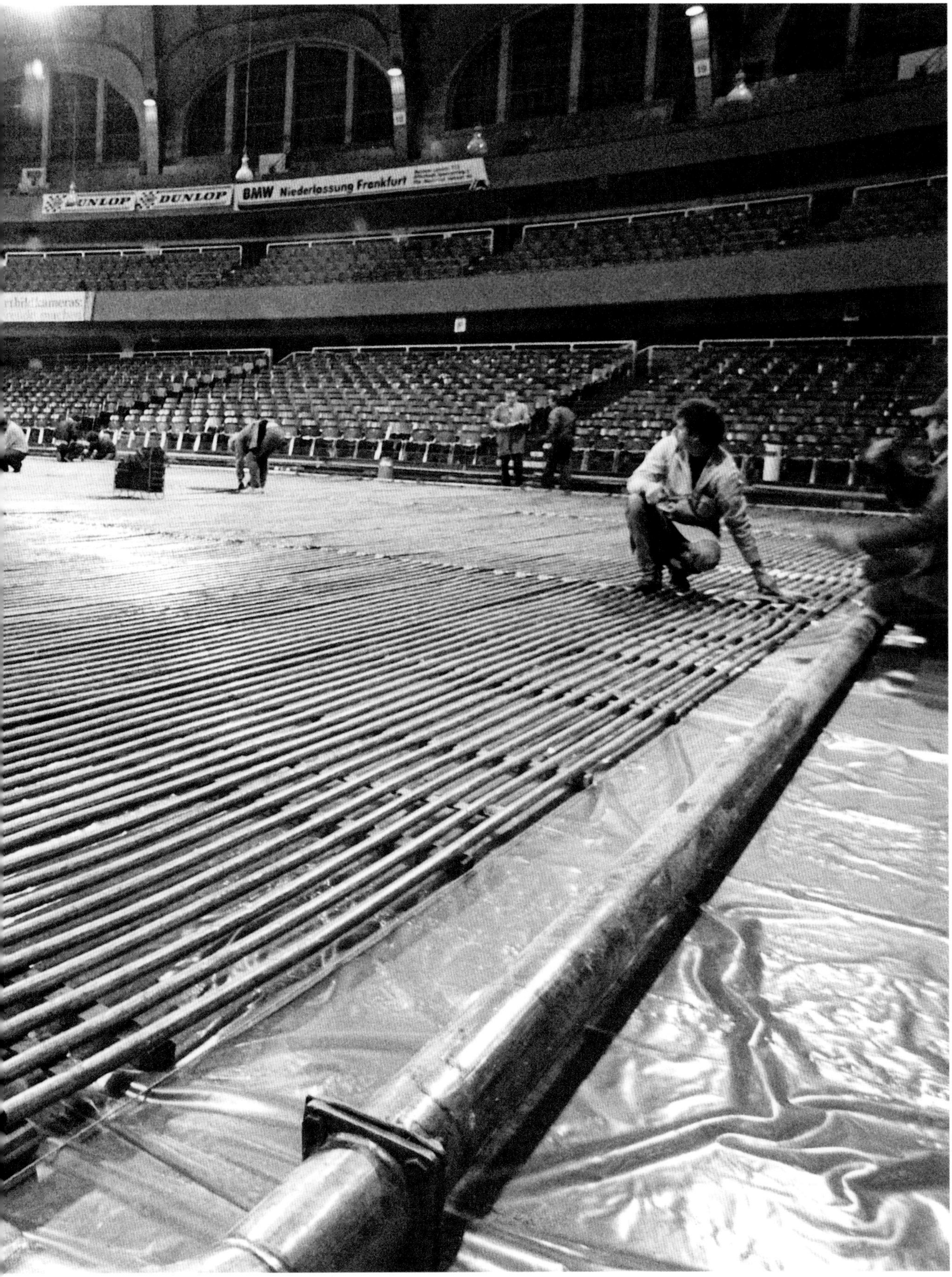
DUNLOP
DUNLOP
BMW Niederlassung Frankfurt

der Festhalle durchgeführten Sonderveranstaltungen. Die Messe- und Ausstellungs-GmbH trotzte der allgemeinen Wirtschaftskrise und schrieb auch im Geschäftsjahr 1980 schwarze Zahlen.[251]

Das Motto „The Show goes on", unter dem „Holiday on Ice" im Januar 1975 zum 25. Mal in Frankfurt gastierte, erinnert stark an eine Durchhalteparole. Offenbar musste in Zeiten der Krise auch in der amerikanischen Traumfabrik gespart werden. Die Kostüme der Eisläuferinnen waren zwar wie eh und je eine Augenweide, doch die großen Namen des Eiskunstlaufs fehlten weitgehend. Den meisten Applaus heimste die von Werner Müller einstudierte Dressurnummer mit Eis laufenden Schimpansen ein. Ab 1977 war das Traumpaar Marika Kilius und Hans-Jürgen Bäumler zurück und sorgte für ausverkaufte Gastspiele in der 5.500 Plätze bietenden Frankfurter Festhalle. Nach der Trennung des Eislaufpaars glänzte Marika Kilius ab 1982 bei „Holiday on Ice" als Solistin. „Als Show in der Show", schilderte die „Frankfurter Rundschau" im Januar 1982 den ersten Auftritt der Kilius als Sololäuferin, „wie ein Shop im Shop kam Marika Kilius, umgeben von sechs ansehnlichen männlichen Begleitern, mit einer eigenen kleinen Bühne, einer eigenen Leuchtschrift ‚Marika'. In Auftritt und mehrfach gewechseltem Kostüm war sie ganz der Star."[252]

Das Comeback von Kilius/Bäumler bei „Holiday on Ice".
Fotografie: Horstmüller, 1977

Im Sommer 1983 beherbergte das Messe-Gelände zum zweiten Mal nach 1908 das Deutsche Turnfest. Frankfurts Oberbürgermeister Walter Wallmann hatte die Chance zur Imagepflege erkannt und das Breitensportereignis nach Frankfurt geholt. Mit der Ankunft von etwa 65.000 Turnfestteilnehmern machte sich am 26. Juni 1983 in der Finanzmetropole „olympische Heiterkeit" breit. Im Waldstadion wurden die farbenfrohen Eröffnungs- und Abschlussfeiern zelebriert. Auf dem Gelände an der Ludwig-Erhard-Anlage fanden in der Festhalle die Deutschen Meisterschaften im Kunstturnen, Trampolinturnen und in der Rhythmischen Sportgymnastik statt, weitere Messehallen dienten als Treffpunkt der Turnerjugend, sportmedizinisches Zentrum oder Austragungsort allgemeiner Turnfestwettkämpfe. Vor 4.000 Zuschauern gewann am 1. Juli 1983 Ralf Pelle von der TG Jugenddorf Salzgitter in dem Kuppelbau die deutsche Meisterschaft im Trampolinturnen der Männer. Die Final-Übung besaß einen Schwierigkeitsgrad von 11,0 und ließ Pelle zur Weltspitze aufrücken. Mehr als 25.000 Frauen und Männer beteiligten sich am unter anderem in der Messehalle 5 zu absolvierenden Turnfestwettkampf, einem Vierkampf, den sich jeder Teilnehmer aus Geräteturnen, Leichtathletik, Gymnastik und Schwimmen selbst zusammenstellen konnte. Nach einer rundum gelungenen Turnfest-Woche schrieb die „Frankfurter Allgemeine Zeitung" Anfang Juli 1983: „Ihr könnt wiederkommen."[253]

Der 6-Tage-Kreisel drehte sich im Herbst 1983 in der Festhalle ein letztes Mal. Seit der vernichtenden Stellungnahme der Frankfurter Aufbau AG in dem Gutachten zu den Nutzungsmöglichkeiten des Kuppelbaus waren die Tage des Radsports in der Halle 2 gezählt. Allein die Erfolge und die Popularität des Frankfurter Radprofis Dietrich „Didi" Thurau verschafften den „Six days" eine Gnadenfrist. Beim 31. Frankfurter 6-Tage-Rennen ließ Lokalmatador Thurau die Kassen des Veranstalters klingeln. Für das Team Raleigh startend hatte „Didi" zuvor bei der 1977er Tour de France überraschend den Prolog gewonnen, das Gelbe Trikot des Spitzenreiters 15 Tage lang verteidigt und im Endklassement den fünften Platz belegt – seither zählte Thurau zu den Topstars der Sportszene. Als „Didi" Thurau mit seinem Partner Jürgen Tschan am Abend des 25. Oktober 1977 das Frankfurter 6-Tage-Rennen im entscheidenden Schlussspurt gewann, stieg die Stimmung in der Festhalle auf den Siedepunkt.[254]

Frankfurts Stadtväter nutzten die Radsporteuphorie und holten 1980 den Start der Tour de France an den Main. „So ein Großereignis", begründete Oberbürgermeister Wallmann die Investition in das Radsportspektakel, „motiviert junge Leute für den Sport."[255]

Finalwettkampf im Trampolinturnen im Rahmen des Turnfestes. Fotografie von Jutta Mehrens, 1. Juli 1983

Die traditionelle Zeremonie der Fahrervorstellung wurde am Vorabend des Starts der 3.895 Kilometer langen „Tour der Leiden" in der Festhalle vollzogen. 130 Profis aus zwölf Nationen gingen am 26. Juni 1980 beim Prolog – einem 7,6 Kilometer langen Einzelzeitfahren von der Festhalle zur Paulskirche und zurück – im Abstand von einer Minute auf die Strecke. Das neu entflammte Zuschauerinteresse am Frankfurter 6-Tage-Rennen erwies sich jedoch als Strohfeuer. Nach Verlustgeschäften 1980 und 1981 zog sich die Messe- und Ausstellungs-GmbH als Rennveranstalterin zurück.[256]

Die Ballsportarten standen in der Gunst des Publikums weit oben. Aus gutem Grund hatte daher das Gutachten der Frankfurter Aufbau AG über die Nutzungsmöglichkeiten der Festhalle die Veranstaltung von Fußball- und Tennisturnieren befürwortet. Nachdem im Januar und Dezember 1976 die ersten beiden Fußballturniere in dem Kuppelbau zugunsten der Frankfurter Sportstiftung stattgefunden hatten, wurde das Turnier ab 1981 regelmäßig zwischen den Jahren in der Festhalle ausgerichtet. Emotionsgeladene Höhepunkte bildeten die Begegnungen der Lokalrivalen Eintracht Frankfurt und Kickers Offenbach (OFC), zumal letztere 1976 aus der 1. Bundesliga abgestiegen waren und nur noch einmal 1983/84 für eine Saison in das Fußballoberhaus zurückkehrten. In der Winterpause der Bundesliga boten Hallenturniere die seltene Gelegenheit für Lokalderbys. Beim 1984er Festhallen-Turnier, an dem sich neben der Eintracht und dem OFC der 1. FC Kaiserslautern, Darmstadt 98, die Spielvereinigung 05 Bad Homburg und eine Amateur-Auswahl beteiligten, gingen die Wogen der Erregung nach dem erneuten Abstieg der Offenbacher in die Zweitklassigkeit besonders hoch.

Vorstellung des Puch-Teams mit dem sportlichen Leiter Rudi Altig (1. v. li.) und Dietrich Thurau (4. v. re.), 25. Juni 1980

„Erstaunlich auch immer wieder", kommentierte die „Frankfurter Allgemeine Zeitung" das Aufeinandertreffen der Erzrivalen Eintracht und OFC am 27. Dezember 1984, „daß die Spieler, sei es auf Rasen oder Kunstrasen, nie versäumen, von Anfang an auf alte Rivalitäten zu treffen, was sprichwörtlich zu nehmen ist. In solchen Spielen wird die von manch einem Gegner des Hallenfußballs befürchtete Verletzungswelle augenfällig. Wenn sich niemand zurückhalten will, der Auftritt zum Drauftritt wird und die Fans an der Bande außer Rand und Band geraten, herrscht Stimmung in der ‚Kiste'. Von dieser Stimmung lebt ein solches Turnier. Es lebt von Animositäten, es lebt von Feindbildern. In großen Stadien ist so etwas schwer umzusetzen. Es ist die Enge des Geschehens, die ständige Bewegung, die Spieler und Anhang in Atem hält und um die Fassung bringt. Und dies alles, bitte schön, hoch zwei, wenn Eintracht gegen Kickers spielt."[257] Für die 7:8-Niederlage im Gruppenspiel nahm die Eintracht im Finale Revanche, als es erneut zu einem Lokalderby gegen den OFC kam. Mit 8:1 fegte die von Dietrich Weise trainierte Eintracht die Offenbacher aus der Halle.

Weit nach Mitternacht hatten sich am 9. Dezember 1978 in der Festhalle tumultuarische Szenen abgespielt, waren Bierdosen, Blumentöpfe und andere Gegenstände auf das Spielfeld geflogen. Damals randalierten in dem Kuppelbau aber nicht etwa Fußballfans, sondern vielmehr enttäuschte Freunde des weißen Sports, die ihrem Ärger über ein ausgefallenes Tennismatch Luft machten. Der Veranstalter Hans Rainer Burkert hatte für das internationale Tennisturnier um den „Frankfurt Cup" acht Weltklassespieler verpflichtet, unter ihnen die Nummer eins der Weltrangliste, Jimmy Connors (USA), der Ranglistenvierte Vitas Gerulaitis (USA), der Rumäne Ilie Nastase (Rang 13) und als einziger Deutscher Jürgen Faßbender. Die Crème de la Crème des Profisports sollte vom 8. bis zum 10. Dezember 1978 in der Festhalle um insgesamt 100.000 Dollar Preisgeld kämpfen. Ein plötzlicher Wintereinbruch mit weit verbreitetem Glatteis hätte dem Veranstalter des bis

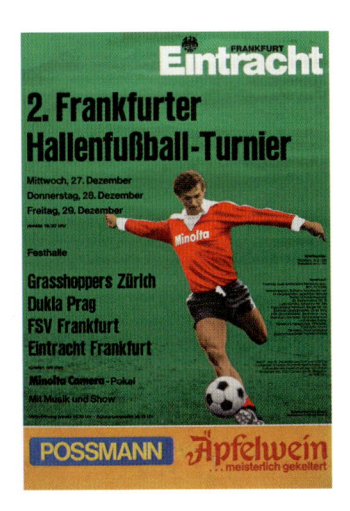

Karl-Heinz „Charly" Körbel mit dem „Portas-Cup" nach dem 8:1-Sieg über die Offenbacher Kickers. Fotografie von Bernd Czech, 28. Dezember 1984

dahin größten Tennis-Spektakels in Frankfurt beinahe noch einen Strich durch die Rechnung gemacht. Die Zuschauer nahmen am Spätnachmittag des 8. Dezember 1978 in der Festhalle bereits ihre Plätze ein, als noch das Spielfeld und die Spieler Connors, Nastase und Riessen fehlten. Der Lastwagen mit dem Spezialbodenbelag „Supreme Court" war auf eisglatter Fahrbahn liegen geblieben, das Flugzeug mit den Tennisprofis an Bord witterungsbedingt in Nürnberg statt auf dem Flughafen Rhein-Main gelandet. Nachdem Handwerker den bald darauf an der Friedrich-Ebert-Anlage eingetroffenen Bodenbelag im Rekordtempo verlegt und das Turnier mittlerweile begonnen hatte, erreichten nach siebenstündiger Taxifahrt gegen 21 Uhr auch die drei verschollen geglaubten Spieler den Ort des Geschehens. Doch während sich Nastase und Riessen bereit machten, um ihr Einzel zu bestreiten, aß der als Egozentriker verschriene Connors erst einmal ausgiebig zu Abend, woraufhin er sich unpässlich fühlte und trotz guten Zuredens sein Einzel absagte. Als das Publikum kurz nach ein Uhr von der Absage des seit Stunden mit Spannung erwarteten Connors erfuhr, entlud sich der Zorn in einem Hagel von Wurfgeschossen. Der Veranstalter rettete die Situation, indem er den enttäuschten Tennisfans als Entschädigung tags darauf freien Eintritt gewährte. Das Turnier endete am Sonntagnachmittag mit einem Sieg von Ilie Nastase, der im Finale vor 9.000 begeisterten Zuschauern Vitas Gerulaitis bezwang und nach dem holprigen Auftakt für einen versöhnlichen Ausklang sorgte.[258]

Turnierveranstalter Hans Rainer Burkert holte die große Welt des Tennis in die Festhalle. 240.000 Dollar Preisgeld lockten im Dezember 1979 mit Björn Borg, Jimmy Connors, John McEnroe, Ilie Nastase und vier weiteren Cracks nahezu die komplette Weltspitze zum zweiten „Frankfurt Cup" an den Main. Die Nummer eins der Weltrangliste, der Schwede Björn Borg, beeindruckte die Tennisfreunde bei seinem Viersatz-Sieg im Finale über Jimmy Connors. Burkert fühlte sich nach 22.000 zahlenden Zuschauern bei der Premiere 1978 und 30.000 Besuchern 1979 sowie durch den von der „World Championship of Tennis" (WCT) für März 1980 angebotenen offiziellen Grand-Prix-Termin bestätigt. Mit dem Frankfurter Chemiekonzern Hoechst AG stand ein finanzkräftiger Hauptsponsor für das rund eine Million Mark teure WCT-Grand-Prix-Turnier bereit. Bei dem nach einem Textilprodukt der Hoechst AG benannten „Trevira Cup" spielten im März 1980 in dem Kuppelbau an der Ludwig-Erhard-Anlage 32 Profis um Ranglistenpunkte und 175.000 US-Dollar Preisgeld. „Das Frankfurter Turnier", verkündete der aus Texas angereiste WCT-Boss und Öl-Milliardär Lamar Hunt vollmundig, „wurde als einziges neu in unsere Serie aufgenommen. Wir hoffen, daß es zu einer guten Zusammenarbeit für eine lange Zeit kommt. Ich habe schon viele Hallen auf der Welt gesehen, von der Frankfurter Festhalle bin ich sehr positiv beeindruckt."[259] Begünstigt durch die Absagen mehrerer Favoriten und dem verletzungsbedingten Ausscheiden von John McEnroe gewann die Nummer zwanzig der Weltrangliste, Stan Smith, den ersten „Trevira Cup". Von den dürftigen TV-Sendezeiten 1981 und 1982 enttäuscht, strich Veranstalter Burkert in Frankfurt die Segel, so dass in der Festhalle eine mehrjährige Turnierpause eintrat.[260]

Die „Disco-Queen" Diana Ross ließ im Oktober 1985 dem jungen „Tennis-Gott" Boris Becker in der Festhalle den Vortritt. Der 17-jährige aus Leimen hatte im Juli 1985 als erster deutscher und bis dahin jüngster Spieler das Herreneinzel der „All England Championships" in Wimbledon gewonnen und in seiner Heimat einen wahren Tennis-Boom ausgelöst. Auf einer Erfolgswelle reitend gelang Becker mit der deutschen Davis-Cup-Mannschaft Anfang August mit einem sensationellen Sieg über die USA am Hamburger Rothenbaum der Einzug ins Halbfinale. Der Vorsitzende des Hessischen Tennisverbandes, Wolfgang Kassing, setzte daraufhin alle Hebel in Bewegung, um das vom 4. bis zum 6. Oktober 1985 anberaumte Davis-Cup-Semifinale gegen die Tschechoslowakei (CSSR) in die Festhalle nach Frankfurt am Main zu holen. Durch das Entgegenkommen der Agentur Lippmann & Rau und die Verlegung des Diana Ross-Konzerts vom 5. auf den 11. Oktober

Davis-Cup-Doppel Becker/Maurer gegen Lendl/Smid, 5. Oktober 1985

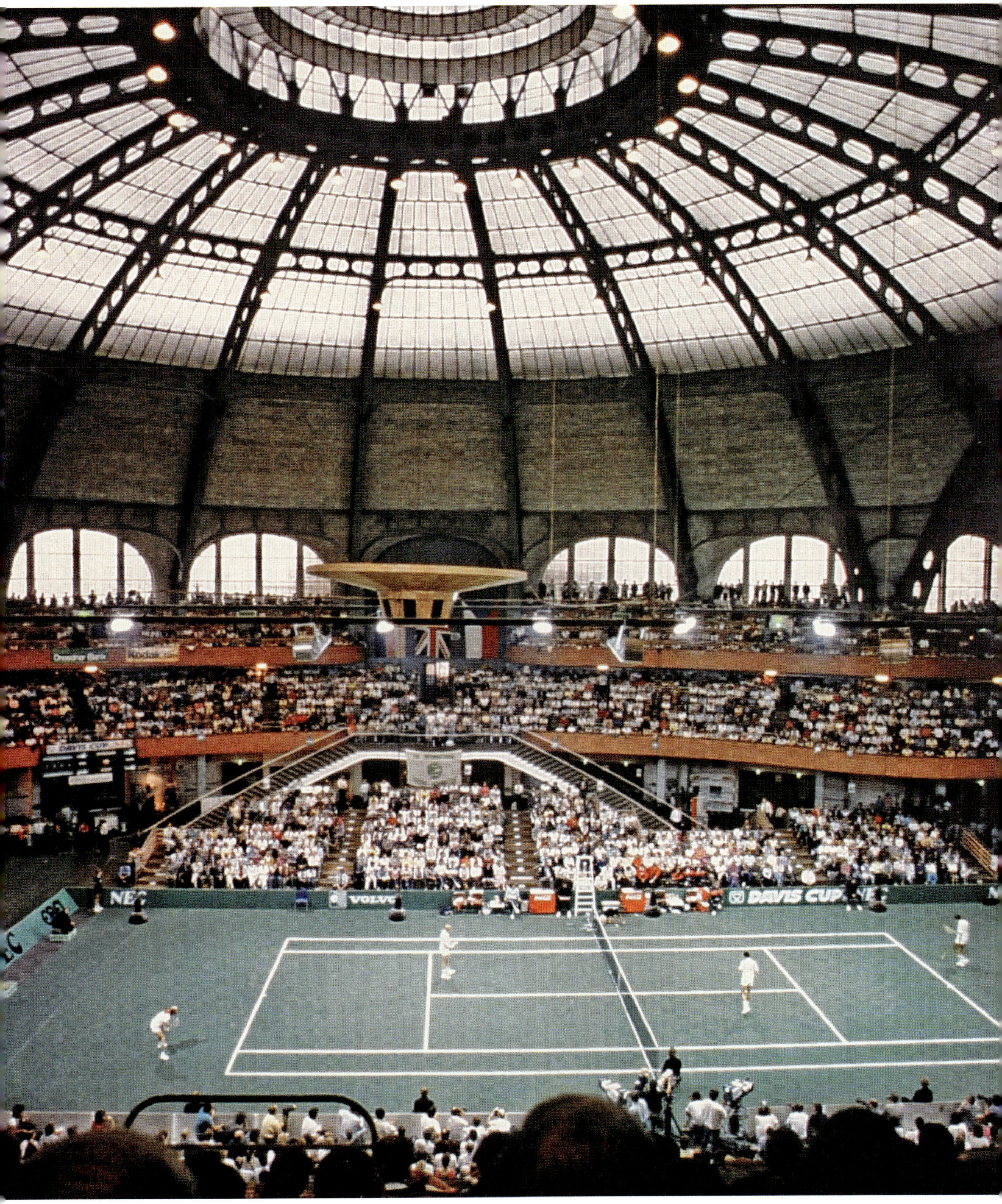
NEC
DAVIS CUP

Vorbereitungen für das Doppelkonzert der Rolling Stones im Juni 1982. Ein Mitarbeiter der „Lokal-Crew" prüft einen Motor zum Anheben der Lichtanlage. Fotografie von Fertsch-Röver, 28. Juni 1982

Queen-Sänger Freddie Mercury in der Festhalle. Fotografie von Ulla Reime, 28. April 1982

1985 wurde der Kuppelbau für drei Tage zum Nabel der Tenniswelt. Eintrittskarten der ausverkauften Davis-Cup-Begegnungen wurden zu Schwarzmarktpreisen gehandelt. Der Weltranglistenachte Boris Becker gewann das Auftaktmatch am 4. Oktober 1985 gegen die Nummer zwölf der Rangliste, Miloslav Mecir, erwartungsgemäß mit 6:3, 7:5 und 6:4. Im Anschluss sorgte der 20-jährige Pinneberger Michael Westphal (Ranglistenplatz 57) im zweiten Einzel gegen den Tschechoslowaken Tomas Smid (Rang 17) für einen hochdramatischen Tennis-Krimi. Nach zwei verlorenen Sätzen schien Westphal unweigerlich auf der Verliererstraße, als sich gegen 19 Uhr im dritten Satz der Filzboden vom Hallenuntergrund zu lösen begann und die Reparatur eine Spielunterbrechung erzwang. Anschließend wirkte Westphal wie ausgewechselt, spielte sich in einen wahren Rausch und hatte um 21:45 Uhr im fünften Satz den ersten Matchball. Der entscheidende Break zum 17:15 gelang dem Pinneberger jedoch erst nach weiteren mitreißenden Ballwechseln gegen 23 Uhr (6:8, 1:6, 7:5, 9:7, 17:15). Die Festhalle glich längst einem Tollhaus, das Publikum spendete Westphal minutenlang stehende Ovationen, bis er auf Schultern vom Platz getragen wurde. Indem Boris Becker und Andreas Maurer auch das Doppel gegen Ivan Lendl und Tomas Smid gewannen, führte das deutsche Davis-Cup-Team schon am zweiten Spieltag uneinholbar mit 3:0. In München unterlagen Becker & Co. im Finale Schweden mit 2:3.[261]

Diana Ross verwandelte am 11. Oktober 1985 die Festhalle in eine Megadisco. Mit Hits wie „Reach out and touch" oder „Upside down" brachte die 41-jährige Sängerin von einer erstmals in der Hallenmitte aufgebauten Rundbühne den voll besetzten und fest in amerikanischer Hand befindlichen Saal in Fahrt. Die „Frankfurter Neue Presse" berichtete anschließend unter der Überschrift „Wollüstiger Kuppelbau" von einem „angenehmen Musikabend", von mangelhafter Klangqualität war nicht die Rede.[262] Die meisten Musikkritiker verband mit der Festhalle inzwischen jedoch eine Art Hassliebe. So beendete Uwe Schmitt seine Konzertberichte aus dem Kuppelbau eine Zeit lang mit der Formel

Informationsmaterial
zum „Strukturplan",
Oktober 1980 bis März 1982

„Ceterum censeo: Daher ist sie eine zu boykottierende."[263] In der „Frankfurter Rundschau" rechnete im September 1984 Michael Mönninger mit der „Festhölle" ab, in der Akustiker ein 16-faches Echo nachgewiesen hatten: „Seitdem Mammut-Veranstaltungen wieder Konjunktur haben – Rekordjahr 1984 mit 20 Festhallen-Konzerten – müssen sich weit über Hunderttausend Musikhörer den wohl übelsten Klangbrei der westlichen Hemisphäre um die Ohren schlagen lassen."[264] Der Veranstaltungskalender des von der Kritik geschmähten Kuppelbaus war 1984 tatsächlich prall gefüllt und liest sich angefangen von Udo Lindenberg über Neil Diamond und Stevie Wonder bis zu Queen, die bereits zum fünften Mal in der Halle auftraten, wie das Who's who der Rock- und Popmusik. Mönninger erinnerte an die segensreiche Wirkung des 1957 zur Deutschen Rundfunk-, Fernseh- und Phonoausstellung installierten Schalldeckels und ließ Marek Lieberberg von der Agentur Mama-Concerts und den Techniker Lauti Lautenfeld von Lippmann & Rau zu Wort kommen, die zur Verbesserung der Akustik schwebende „Klangwolken" wie in der Londoner „Royal Albert Hall" oder eine auf halber Hallenhöhe gespannte, abnehmbare Textildecke empfahlen. Letztlich richteten sich die Hoffnungen der Konzertbesucher und Musikkritiker auf den seit 1980 verfolgten „Strukturplan", der auch eine Runderneuerung der Festhalle vorsah und mit dem sich die Messe Frankfurt neu erfand.

Die Galleria, um 1984

Für den Aufbruch in eine neue Zeit legte sich die Messe 1983 eine neue optische Identität zu. Das alte, immer wieder abgewandelte „FM"-Signet hatte ausgedient und wurde durch das bis heute gültige Würfellogo aus vier Quadraten in drei Farben abgelöst. Das von Landor Associates in San Francisco entwickelte neue Markenzeichen symbolisierte die Fähigkeit „auf unserer Messetradition mit neuen, stabilen Strukturen den Anforderungen der Zukunft an eine Messegesellschaft flexibel zu antworten."[265] Nach dem Logo änderte die Gesellschaft am 2. September 1983 ihren Namen in Messe Frankfurt GmbH. Gegen Ende der Siebzigerjahre hatten Marktanalysen ergeben, dass der Bedarf an zielgruppengerechten Fachmessen und -ausstellungen mittleren Umfangs stark anwachsen würde. Die Messe-Gesellschaft beauftragte daher 1978 fünf Planungsbüros, die Möglichkeiten für eine anpassungsfähige Nutzung autarker Bereiche des Gesamtareals zu prüfen. Die Auswertung der Stellungnahmen mündete in den Vorschlag, das Messe-Gelände in einen Ostteil einschließlich der Festhalle, einen Mittelbereich bis zu den Bahngleisen und das Westgelände zu gliedern. Mit der Speerplan Regional- und Stadtplaner GmbH und der Frankfurter Aufbau AG wurde der Neubauten und Modernisierungsmaßnahmen für rund 360 Millionen Mark enthaltende „Strukturplan" ausgearbeitet, den der Aufsichtsrat der Messe am 25. Juni 1980 einstimmig verabschiedete.

Tradition und Moderne zwischen Festhalle und „Torhaus", 1986

„Die Bauplanung", informierte die Messe im Juli 1980 über die kommende Strukturanpassung, „berücksichtigt das klassische Frankfurter Veranstaltungsprogramm, aber auch manche Tendenzen in Richtung zu Fachmessen. Die Konsequenz: Schaffung in sich autarker Teilgelände, die neben gemeinsamer Inanspruchnahme bei den vielen Großveranstaltungen auch für Spezialmessen einen in sich geschlossenen ‚intimen' Rahmen bieten. Mittelfristig erweist sich hierzu der Ersatz der Hallen 4 und 5a durch zeitgemäße Messehäuser in der Art des Messehauses West als sinnvoll. Jeder der beiden Neubaukomplexe soll – der eine für den Mittelbereich, der andere für den Westbereich des Frankfurter Messegeländes – unter einem Dach die Summe aller Serviceeinrichtungen bieten, die zur Verwirklichung ebenso anspruchsvoller wie effektiver Messeveranstaltungen in den nächsten Jahrzehnten erwartet werden können. Organisch in die Gesamtstruktur der Frankfurter Messelandschaft eingebettet und durch wetterschützende Laufstege mit den übrigen Hallen verbunden, ermöglichen sie das Nebeneinander von mittleren Messeveranstaltungen ohne organisatorische Überlappungen in den beiden Teilbereichen."[266]

Die neuen Messebauten tragen überwiegend die Handschrift des Architekturprofessors Oswald Mathias Ungers. Der aus Kaisersesch am Rand der Eifel stammende Ungers lehrte seit 1968 in den USA, so unter anderem in Harvard, und betrieb seit 1979 ein Architekturbüro in New York. In Frankfurt am Main hatte der Stararchitekt mit dem Entwurf für den Umbau einer Villa am Museumsufer zum Deutschen Architekturmuseum von sich reden gemacht. Die Ausführung des „Strukturplans" begann mit der von Ungers konzipierten und 1983 in Betrieb genommenen Halle 5a (heute: Halle 9) und der als Bindeglied

Grande Dame

Abbrucharbeiten. Fotografie von
Jochen Günther, April 1986

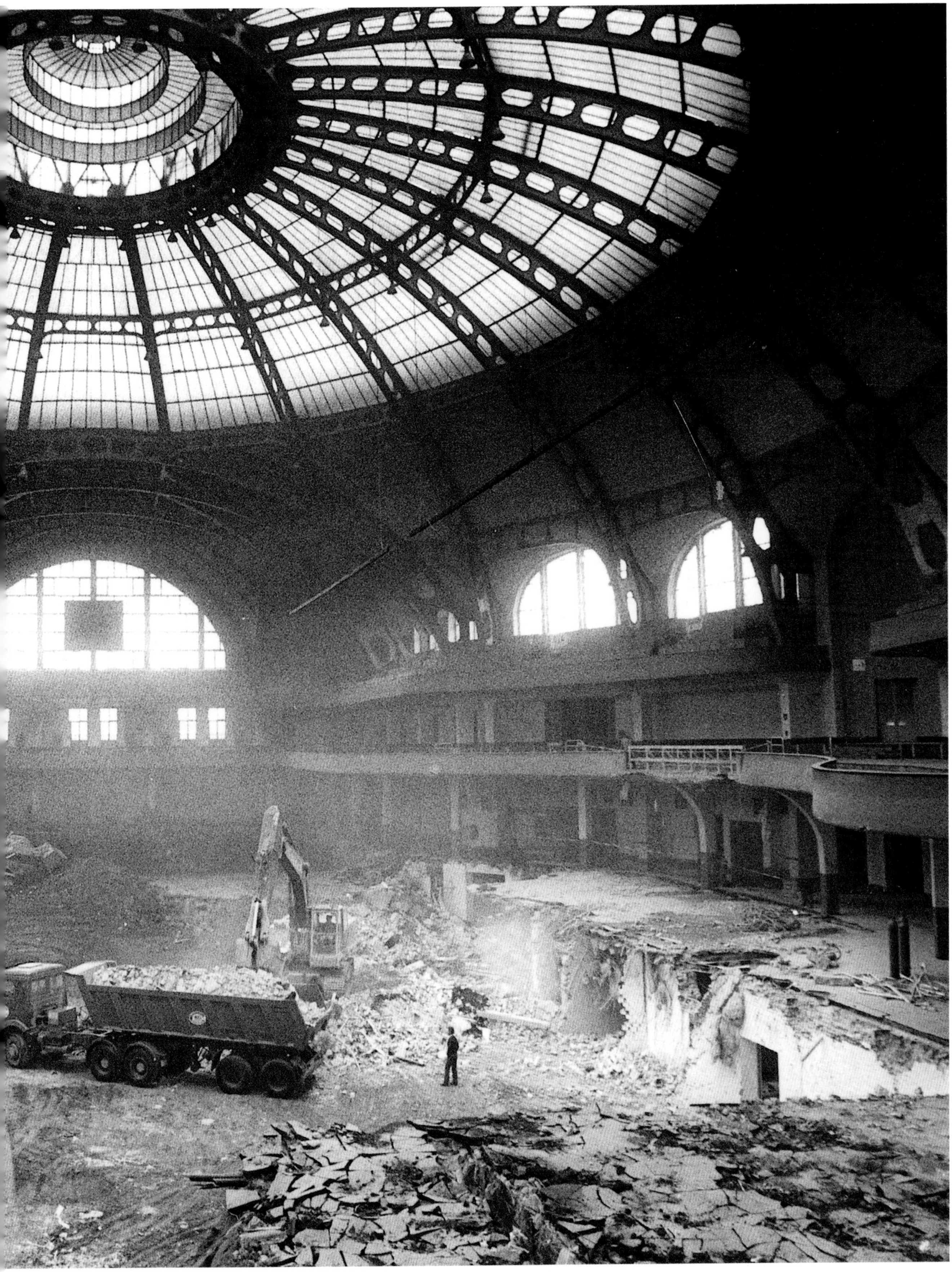

Hubbodenanlage. Fotografie von Tadeusz Dabrowski, Oktober 1986

zur Halle 5 (heute: Halle 8) dienenden Galleria. Durch das postmoderne Verbindungsgebäude und die in der Halle 5a konzentrierten Serviceleistungen besteht die Möglichkeit, Messen mit bis zu 75.000 Quadratmetern Flächenbedarf quasi unter einem Dach und unabhängig vom übrigen Messegeschehen auf dem Westgelände zu veranstalten. Mit der gewölbten Überdachung der Galleria zitierte Ungers Formen der Festhalle. Für den angedeuteten halbrunden Vorbau an der Ostfassade der neuen Messehalle 4 hatte ebenfalls der Kuppelbau aus dem Jahr 1909 Pate gestanden. Der 1982/83 nach den Plänen der Münchner Architekten Groethuysen, Maurer, Otzmann und Wirsing errichtete dreigeschossige Neubau der Halle 4 verfügt als „neue Mitte der Messe" über 44.000 Quadratmeter Ausstellungsfläche und ähnlich wie die Halle 5a über alle relevanten Serviceangebote. Beim Bau des neuen Verwaltungs-, Büro- und Service-Hochhauses der Messe kam 1983/84 wieder Oswald Mathias Ungers zum Zug. Im so genannten Gleisdreieck entstand ein 117 Meter hoher „Wolkenkratzer" mit einem sechsgeschossigen Sockel für die Serviceabteilungen, über dem sich ein 23 Stockwerke hoher Turm erhebt. Die sandsteinfarbene Betonhülle des gläsernen Büroturms wirkt durch eine überdimensionale quadratische Aussparung wie ein Tor zur Messestadt Frankfurt. Das im Dezember 1984 bezogene „Torhaus" wurde zum neuen Wahrzeichen der Messe. Nachdem die Umstrukturierung des Westgeländes und des Mittelbereichs abgeschlossen war, beflügelten im Geschäftsjahr 1985 die neuen Hallen 4 und 9, die Galleria, das 1,3 Kilometer lange „Besucherführungssystem Via Mobile", das „Torhaus" sowie der Umbau des alten Verwaltungsgebäudes zum Eingang City das Messegeschehen.[267]

An der Festhalle nagte derweil unablässig der Zahn der Zeit. Der Aufsichtsrat der Messe Frankfurt bewilligte daher im Juni 1985 rund 36 Millionen Mark für ein „Lifting" der „Grande Dame" unter den modernen und postmodernen Messegebäuden an der Ludwig-Erhard-Anlage. Im dritten dem Ostteil des Messe-Geländes gewidmeten Teil des „Strukturplans" sollte der unter Denkmalschutz stehende Kuppelbau in eine moderne Mehrzweckhalle umgewandelt werden. Die architektonische Betreuung des Vorhabens legte die Messe in die bewährten Hände von Oswald Mathias Ungers, seitens der Gesellschaft verantwortete der technische Leiter, Diplom-Ingenieur Thomas Norweg, das Projekt. Das Gros der Baumaßnahmen betraf das Innere des Kuppelbaus. Die Fassaden wurden lediglich ausgebessert, gereinigt und stellenweise neu gestrichen. Die Anbauten der Fünfzigerjahre, der Foyer-Vorbau an der Ostseite der Halle und der zwischen der Westseite und dem Hauptrestaurant gelegene Zierhof, fielen der Spitzhacke zum Opfer. Das Restaurant widmete Ungers zum Kongresssaal „Forum" um. Zwischen dem „Forum" und der Halle 4 entstand mit der „Agora" ein Platz für Open-Air-Veranstaltungen. Die sanierte Festhalle sollte baldmöglichst an die „Via Mobile" angeschlossen werden und mit dem Neubau der Halle 1 im Jahr 1988/89 auf der Südseite ein weiträumiges Foyer erhalten.[268]

Ab April 1986 blieb die Festhalle wegen Renovierung geschlossen, diesmal für sieben Monate. Da der Kuppelbau in Zukunft primär als Mehrzweckhalle genutzt werden sollte, investierte die Messe Frankfurt in die Verkürzung der Umbauzeiten. So erhielt die Halle, die bislang nur zum Teil unterkellert gewesen war, ein komplettes Untergeschoss, um dort drei wahlweise auch als Tribünen einsetzbare Hubbodenanlagen zu platzieren. Für die Einrichtung der Hubbühnen musste die geschichtsträchtige Kaisertreppe weichen. Außer einem neuen Lüftungssystem und einer Heizzentrale mit Anschluss an die Fernwärmeversorgung befinden sich in den „Katakomben" der Festhalle seither Einzel- und Gruppengarderoben, in denen sich Künstler, Sportler und andere Akteure auf ihren Einsatz vorbereiten. Der Innenraum bietet rund 8.500 Stehplätze, auf dem ersten und dem zweiten Rang finden insgesamt etwa 5.000 Zuschauer einen Sitzplatz. Anhand von Trennvorhängen und mehr als einhundert Bestuhlungsvarianten können praktisch für jede gewünschte Veranstaltung die entsprechenden Bedingungen geschaffen werden. Per

Die Festhalle im Werden.
Sommer 1986

Knopfdruck lassen sich die Kuppel und die großflächigen Seitenfenster vollständig verdunkeln. Geregelt werden die elektrisch angetriebene Kombination aus Verdunkelung und Akustik-Vorhang sowie die Hallenbeleuchtung und die Lautsprecheranlage von einer im zweiten Rang eingebauten Regiekanzel. Neben den schallschluckenden Vorhängen bewirken eine neu eingezogene Akustik-Deckenverkleidung und eine unter der Kuppel aufgehängte „Schallampel" eine deutlich verbesserte Klangqualität. Mit viel Liebe zum Detail erhielt der Kuppelbau einen neuen Innenanstrich. Die Gestaltung der Brüstungen des ersten und zweiten Rangs orientiert sich an Friedrich von Thierschs ursprünglichem Entwurf und weist ein dekoratives Karomuster auf, das mit dem Erscheinungsbild und dem neuen Würfellogo der Messe Frankfurt bestens harmoniert. Der Vorsitzende der Geschäftsführung, Horstmar Stauber, wurde nicht müde daran zu erinnern, dass die Festhalle auch in Zukunft für große Messen und Ausstellungen beansprucht werde. Nur unter dieser Prämisse mache die Investition von letztlich mehr als 43 Millionen Mark in die Sanierung Sinn. Die zeitweise Nutzung als Messegebäude deckt die Grundkosten der Festhalle.[269]

In einem „Zweiter Frühling für die alte Dame" überschriebenen Statement zur bevorstehenden Wiedereröffnung des Kuppelbaus äußerte Horstmar Stauber am 2. Oktober 1986 die Erwartung, „daß die Festhalle den Frankfurtern und allen, die sich auch außerhalb dieser faszinierenden Stadt insgeheim als Frankfurter fühlen, ein kulturelles und soziales Heimatgefühl vermittelt. Sie soll ein Zentrum urbanen Lebens und Erlebens

Grande Dame

Galashow am 7. November 1986

sein."²⁷⁰ Für die Vermietung der Festhalle hatte die Messe im Frühjahr 1986 eigens die Stelle eines „Bereichleiters Gastveranstaltungen" geschaffen und mit dem langjährigen Veranstaltungsleiter der Dortmunder Westfalenhalle, Peter von Löbbecke, besetzt. Außer der Halle 2 hatte sich von Löbbecke auch noch um die Vermarktung von etwa vierzig weiteren Veranstaltungsräumen auf dem Messe-Gelände zu kümmern, darunter die Kongresshalle und das neue „Forum". Mit der dreistündigen, von Rudi Carrell und Barbara Dickmann moderierten Galashow zur Wiedereröffnung der Festhalle lieferte von Löbbecke am 7. und 8. November 1986 sein Frankfurter Gesellenstück. Dass von Löbbecke sein Handwerk verstand, belegte eine erste Zwischenbilanz für den Zeitraum vom 1. Januar bis zum 31. Mai 1987. Zu 27 grundverschiedenen Veranstaltungen wie den Kundgebungen der CDU mit Bundeskanzler Helmut Kohl und der SPD mit Kanzlerkandidat Johannes Rau im Bundestagswahlkampf am 21. und 23. Januar 1987 oder dem „Musikantenstadl" von Karl Moik und dem Konzert der Pop-Ikone Prince waren insgesamt 340.900 Besucher geströmt. Zum Vergleich: Im kompletten Jahr 1985 wurden in dem Kuppelbau nur 195.595 Besucher gezählt.²⁷¹ Der Architekturkritiker Dieter Bartetzko sprach wohl den meisten seiner Kollegen aus der Seele, als er das Ergebnis der Festhallen-Renovierung, die im Juni 1987 mit der Eindeckung eines neuen Kupferdachs für 2,3 Millionen Mark ihren krönenden Abschluss fand, als „gelungen" bewertete. Nostalgiker vermissten lediglich die Hauben auf den Ecktürmen und die Kuppel auf der Rotunde. Für den Vorsitzenden der Geschäftsführung der Messe Frankfurt, Horstmar Stauber, blieb die Festhalle trotz des tief greifenden Strukturwandels in den Achtzigerjahren „der archimedische Punkt im Messegelände."²⁷²

Tradition und Moderne

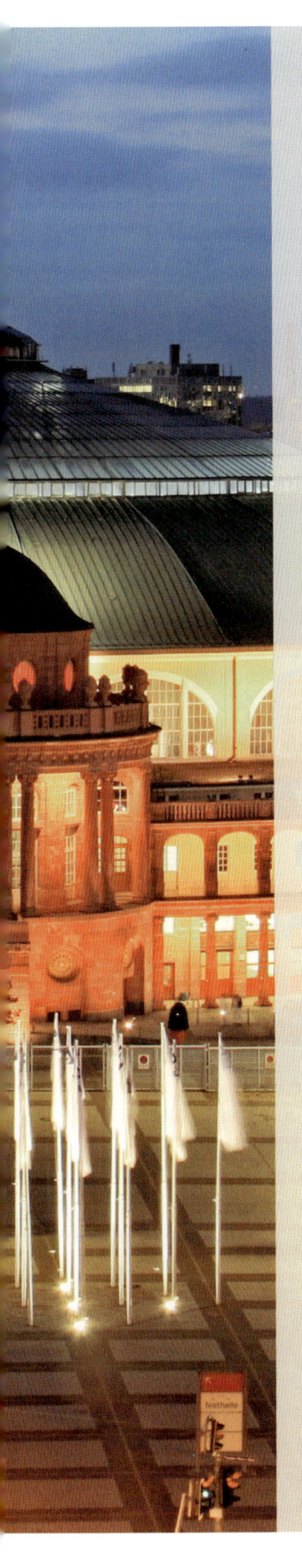

„Man soll die Jahresringe abzählen können"

Tradition und Moderne
1986–2009

Das Messewesen befand sich in den Achtzigern in einer Phase des Umbruchs. Der langfristige Wandel von der Angebots- zur Nachfrageorientierung bewirkte, dass „Universalmessen" wie zum Beispiel die Internationale Frankfurter Frühjahrsmesse gegenüber den wie Pilze aus dem Boden schießenden zielgruppenbezogenen Spezialmessen zurückfielen. Thematische Fachveranstaltungen bieten Ausstellern und Besuchern effiziente Messeteilnahmen, geringe Streuverluste und damit eine Kostenoptimierung im Marketing. Im Zeitraum von 1981 bis 1989 verdreifachte sich daher nahezu die Anzahl der Messen und Ausstellungen auf dem Gelände an der Ludwig-Erhard-Anlage von 13 auf 35 im Jahr.

Über die Zeitenwende ist im Geschäftsbericht 1989 der Messe Frankfurt GmbH nachzulesen: „Von der Veranstaltungsbehörde der Nachkriegszeit verlief die Entwicklung über eine Messegesellschaft, deren Tätigkeits-Schwerpunkt sich in den achtziger Jahren in erster Linie auf den Frankfurter Platz konzentrierte. Die Implementierung neuer Specialinterest-Messen wurde vorangetrieben und das Messegelände ist grundlegend neu gestaltet worden. Letzteres war und ist eine der Voraussetzungen zur Stärkung und Stabilisierung von Eigen- und Gastveranstaltungen am Frankfurter Platz. Heute geht es um die Ausrichtung auf neue interkontinentale Messeaktionen, mit denen die Messe Frankfurt zum weltumspannenden Messepartner ihrer Branchen entwickelt wird."273

Zu den Spezialisierungstendenzen gesellte sich in der Unternehmenspolitik der Messe Frankfurt GmbH der Trend zur Globalisierung. Der Messeplatz am Main verzeichnete 1989 mit rund 32.500 Ausstellern zwar ein neues Rekordergebnis, doch in Asien und Nordamerika wies der Messemarkt wesentlich dynamischere Wachstumsraten auf. Während die klassischen alten Messeländer in Europa als mehr oder weniger ausgereizt galten, bestand in den boomenden Regionen Asiens und Nordamerikas enormer Nachholbedarf. Die Messe Frankfurt reagierte auf die neue tripolare Struktur des Weltmarktes (Europa, Asien, Nordamerika) mit dem Transfer bewährter Veranstaltungen in die überseeischen Wachstumsregionen. Mit der „Interstoff Asia" exportierte die Messe Frankfurt 1987 ihre erste Marke ins Ausland. Die in Hongkong stattfindende Textilmesse markiert den Beginn einer Erfolgsgeschichte. Im Jahr 2007 haben 21 ausländische Tochtergesellschaften und Niederlassungen der Frankfurter Zentrale 68 Messen an rund dreißig Standorten der Welt organisiert. Der Anteil der Auslandstöchter am Konzernumsatz betrug 2007 rund ein Viertel. Ausgangspunkt des internationalen Erfolges sind die Leitmessen „automechanika", „heimtextil", Musikmesse, ISH und „Ambiente" am Heimatstandort Frankfurt. Indem die Messe ihre Markenmessen in viel versprechende Auslandsmärkte hineinträgt, ermöglicht sie es ihren ausstellenden Kunden, mit neuen Abnehmergruppen in Kontakt zu treten. Gleichzeitig wird im Ausland das Interesse an der Leitmesse in Frankfurt geweckt. Leit- und Markenmessen bestärken einander, wovon letztlich auch die jeweilige Branche profitiert.274

An der Frankfurter Ludwig-Erhard-Anlage stand unterdessen die Zeit nicht still. Zur „heimtextil" wurde im Januar 1989 die neue Halle 1 und der „Eingang City" in Betrieb genommen, womit das letzte Vorhaben des „Strukturplans" erfüllt war. Die an das Südfoyer der Festhalle angrenzende 77 Millionen Mark teure Halle 1 wurde aus dem Erlös des Erbbaurechtsvertrags mit dem amerikanischen Investor Tishman Speyer finanziert, der neben dem „Eingang City" das höchste Bürogebäude Europas plante. Die Wahl des nahe bei der Festhalle gelegenen Standortes für den 256 und einen halben Meter hohen Wolkenkratzer begründete der Bauherr unter anderem mit dem von Friedrich von Thiersch ursprünglich an der Nordostecke des Kuppelbaus vorgesehenen, aber nie realisierten 70-Meter-Turm. Die Entwürfe für das Gebäude-Ensemble aus Halle 1, „Eingang City" und Messeturm stammen von dem Chicagoer Architekturbüro Murphy/Jahn. „Der Messe-Turm", erläuterte der gebürtige Nürnberger Helmut Jahn die Gestalt des die klassische amerikanische Hochhausarchitektur beschwörenden Gebäudes, „erinnert in seiner Grundform an einen Kampanile. Er ist jedoch eine Abwandlung der historischen Form. Aus einem quadratischen Steinzylinder wächst ein Glas-Schaft heraus. Der Gegensatz in den Formen wird durch die unterschiedlichen Materialien unterstrichen. Der Stein, das natürliche Material, berührt den Boden, Glas, das künstliche Material, berührt den Himmel."275 Für die Baugrube und den Grundbau des Messeturms musste der Grundwasserspiegel vorübergehend abgesenkt werden, was offenbar zu Rissen in der Ostfassade der Festhalle führte. Die „BILD-Zeitung" schlug am 21. Juni 1989 Alarm und orakelte unter der Überschrift „Unsere Festhalle hat Risse – bricht sie auseinander?" über die Zukunft des

Vorherige Doppelseite:
Die Festhalle am Vorabend der 100-Jahr-Feier. Fotografie von Helmut Stettin, 2008

Der Messeturm mit dem Congress Center Messe Frankfurt (re.) und dem „Eingang City" sowie der Halle 1 (li.). Dahinter liegt das an die Buckel einer Walherde erinnernde Aluminiumdach der 2001 fertig gestellten Halle 3, 2005

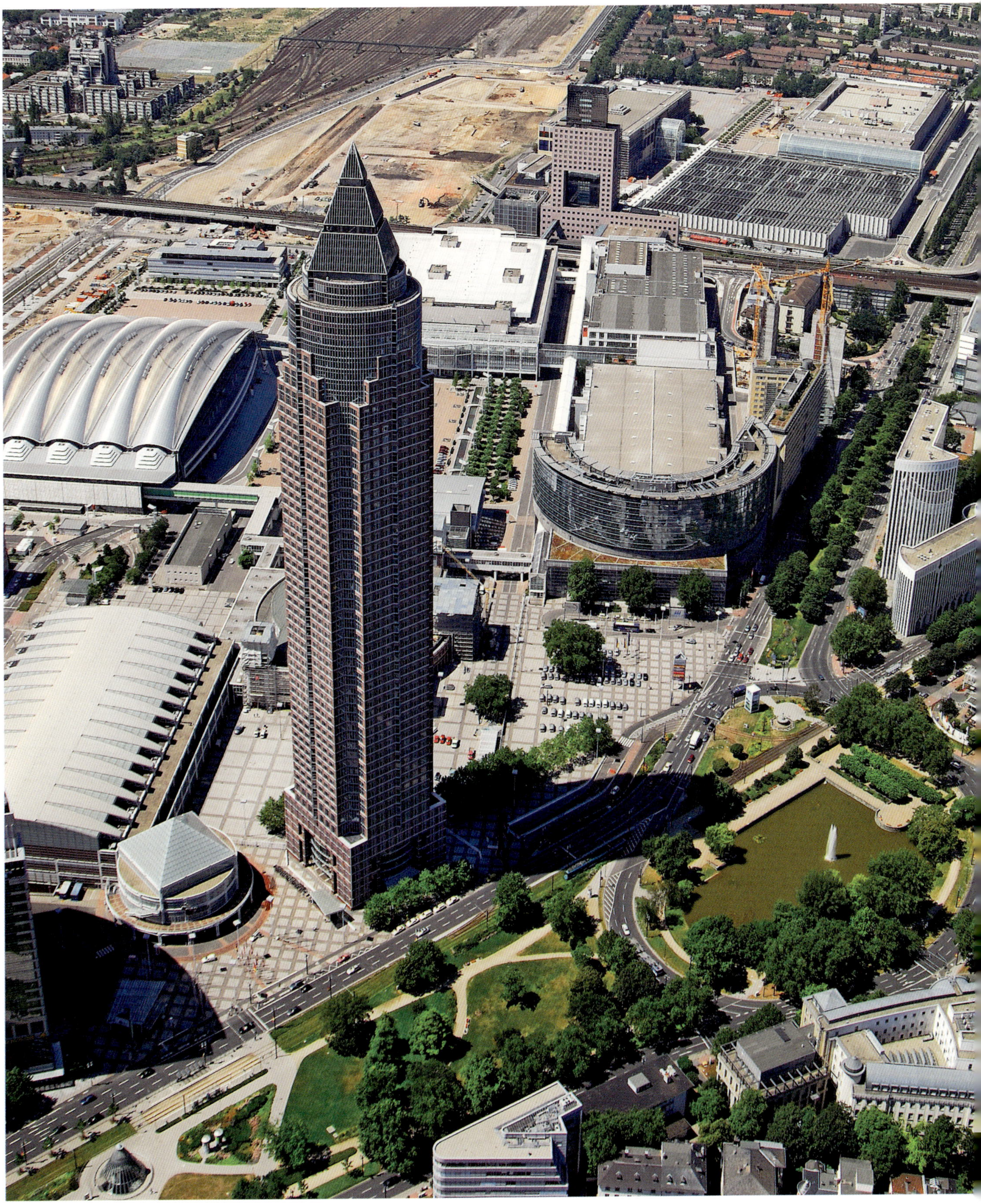

Eingang zur Festhalle am
Hemmerichsweg. Fotografie von
Matthias Schüssler, 1995

achtzig Jahre alten Kuppelbaus. Aber die Halle hielt – und der im Dezember 1991 fertig gestellte, mit rötlichem Granit verkleidete Messeturm wurde von der Bevölkerung umgehend als neues Wahrzeichen der Stadt Frankfurt am Main angenommen.

Auf wenig Gegenliebe stieß die Verlegung des Festhallen-Eingangs von der repräsentativen Nord- auf die unwirtliche Südseite. Die Messe Frankfurt GmbH hatte Ende 1994 den Vorplatz der Festhalle zwischen dem Messeturm und dem im Bau befindlichen Congress Center durch einen von Helmut Jahn entworfenen Gitterzaun vom öffentlichen Raum abgetrennt. Für die Besucher von Veranstaltungen in der Festhalle wurde am Hemmerichsweg ein neuer Eingang mit zwei Flachbauten für die Kassen, einem Kiosk und den Toilettenanlagen errichtet. Von der Neuregelung waren am 4. Januar 1995 als erste die Premierengäste von „Holiday on Ice" betroffen, die sich prompt über den Umweg und die „Hinterhof-Atmosphäre" beklagten. Der Messe waren ihrerseits die Hände gebunden, da sich mit dem gesteigerten Veranstaltungsbetrieb die vor der Festhalle kreuzenden Verkehrsströme zunehmend gegenseitig behinderten. Während des Auf- und Abbaus von Messen wird auf dem Vorplatz zwischen den Hallen 1 und 2 der Lastverkehr abgewickelt. Bei Veranstaltungen in der Festhalle ist die Anlieferung der Ausrüstung nur über das Ladetor an der Ostseite des Kuppelbaus möglich – die Zufahrt erfolgt über den nördlichen Vorplatz. Messebesucher, die das Gelände am Eingang City betreten oder verlassen, werden mit Shuttlebussen über den Platz nördlich und östlich der Halle 2

Das neue „Forum" an der Westseite der Festhalle. Fotografie von Jean-Luc Valentin, 2001

transportiert, was mit dem Veranstaltungsbetrieb in der Festhalle kollidiert. Darüber hinaus wurde der Festhallen-Eingang aus Sicherheitsgründen auf die Südseite verlegt, um das Messegelände besser abschirmen zu können. Die Haltepunkte der öffentlichen Verkehrsmittel wurden auf den neuen Südzugang der Festhalle und auf den Messeeingang City ausgerichtet. So befindet sich die ehemals auf Höhe des nördlichen Festhallen-Vorplatzes gelegene Haltestelle der Straßenbahnlinien 16 und 17 jetzt weiter südöstlich beim Eingang City. Die Zugänge zur U-Bahnstation „Festhalle/Messe" der Anfang 2001 in Betrieb genommenen Linie 4 sind ebenfalls auf die Erschließung der Südseite des Messegeländes hin konzipiert. Den Kritikern des Messezauns kam die Geschäftsführung 2003 einen Schritt entgegen, als sie einige Glaselemente in den Gitterzaun einfügen ließ, die den Blick auf die Schauseite der Festhalle freigeben.[276]

Der Messezaun grenzte im Westen an den Bauzaun für den im Herbst 1994 begonnenen Neubau des Congress Centers Messe Frankfurt (CMF). Auf dem Areal der niedergelegten Kongresshalle entstanden ein modernes Tagungszentrum mit angeschlossenem Vier-Sterne-Plus-Hotel sowie ein Bürogebäude. Das Hotel mit 543 Zimmern und Suiten gehört zur Maritim-Kette. Die Messe Frankfurt räumte den Investoren auf 99 Jahre befristete Teilerbbaurechte ein, wofür sie das Kongresszentrum zu Eigentum und zum Eigenbetrieb erhielt. Das CMF wurde im November 1996 mit einem dreitägigen Kongress des „Europäischen Forums für Zahnmedizin" eröffnet. Die Premiere mit 3.600 Teilnehmern

Illumination der Festhalle
von Patrice Warrener zur
Fachmesse „Light + Building",
Februar/März 2000

und einer 5.000 Quadratmeter großen Ausstellung in der benachbarten Halle 5 bestätigte das CMF-Konzept der kurzen Wege: Tagen, Wohnen, Ausstellen unter einem Dach. Das Raumangebot des Congress Centers umfasst insgesamt 14.000 Quadratmeter, dazu zählen ein großer Saal für bis zu 2.300 Personen sowie acht Konferenz- und Besprechungsräume. Vom großen Saal haben die Kongressteilnehmer direkten Zugang zur Messehalle 5. Über die „Via Mobile" ist das CongressCenter mit der Festhalle und dem im Jahr 2001 in Betrieb genommenen neuen „Forum" verbunden. Das nach den Plänen des Frankfurter Architektenbüros KSP Engel und Zimmermann erbaute Konferenzgebäude besticht durch die außergewöhnliche Form einer Ellipse. Es bietet zu ebener Erde 2.150 Quadratmeter Veranstaltungsfläche sowie Konferenzräume. Im Zwischengeschoss befindet sich die Gastronomie, darüber liegt der 2.000 Quadratmeter große unterteilbare Bankettsaal für maximal 2.300 Personen. Zusammen bilden die Festhalle, das Congress Center und das „Forum" ein „multifunktionales Dreieck, das an Veranstaltungen jeglicher Couleur und Größe flexibel angepasst werden kann."[277] Innerhalb von nur einem Jahrzehnt hat sich die unmittelbare Umgebung der Festhalle damit komplett gewandelt. Von den modernen Großbauten Halle 1, Messeturm, Congress Center und „Forum" umstellt, korrespondiert der 100 Jahre alte, unter Denkmalschutz stehende Kuppelbau auf einzigartige Weise mit seinen Nachbarn, denn er besitzt, was ihnen noch fehlt – Tradition und Emotion!

Der Autokonzern Mercedes-Benz nutzt seit der 54. Internationalen Automobil-Ausstellung 1991 die „Aura" der Festhalle zur Präsentation der neuen Modelle. Der prestigebewusste Autohersteller scheut weder Mühen noch Kosten, um den historischen Kuppelbau für zehn Tage in einen Auto-Salon zu verwandeln. Dem Berichterstatter der „Frankfurter Neuen Presse", Michael Lennartz, bot sich im September 1995 beim Rundgang über die 56. IAA das gewohnte Bild, bis er die Halle 2 betrat: „Nur in der Festhalle", so Lennartz, „kommt der Besucher wirklich ins Staunen. Mercedes-Benz hat in der Frankfurter ‚Gudd Stubb' eine bemerkenswerte Standarchitektur geschaffen. Vier Ebenen haben die Stuttgarter in die Festhalle eingebaut. Mit einer schier endlosen Rolltreppe fährt der Gast bis unter die Kuppel und kann sich dann beim Rundgang durch die Ebenen alles anschauen, was Mercedes zum Thema Auto und Mobilität zu erzählen hat."[278] Die zusätzlich eingezogenen Ebenen erhöhten die Ausstellungsfläche von 6.000 auf circa 12.000 Quadratmeter.

Firmenveranstaltung, 2008

Internationale Automobil-Ausstellung. Fotografie von Ingo Bach, September 2007

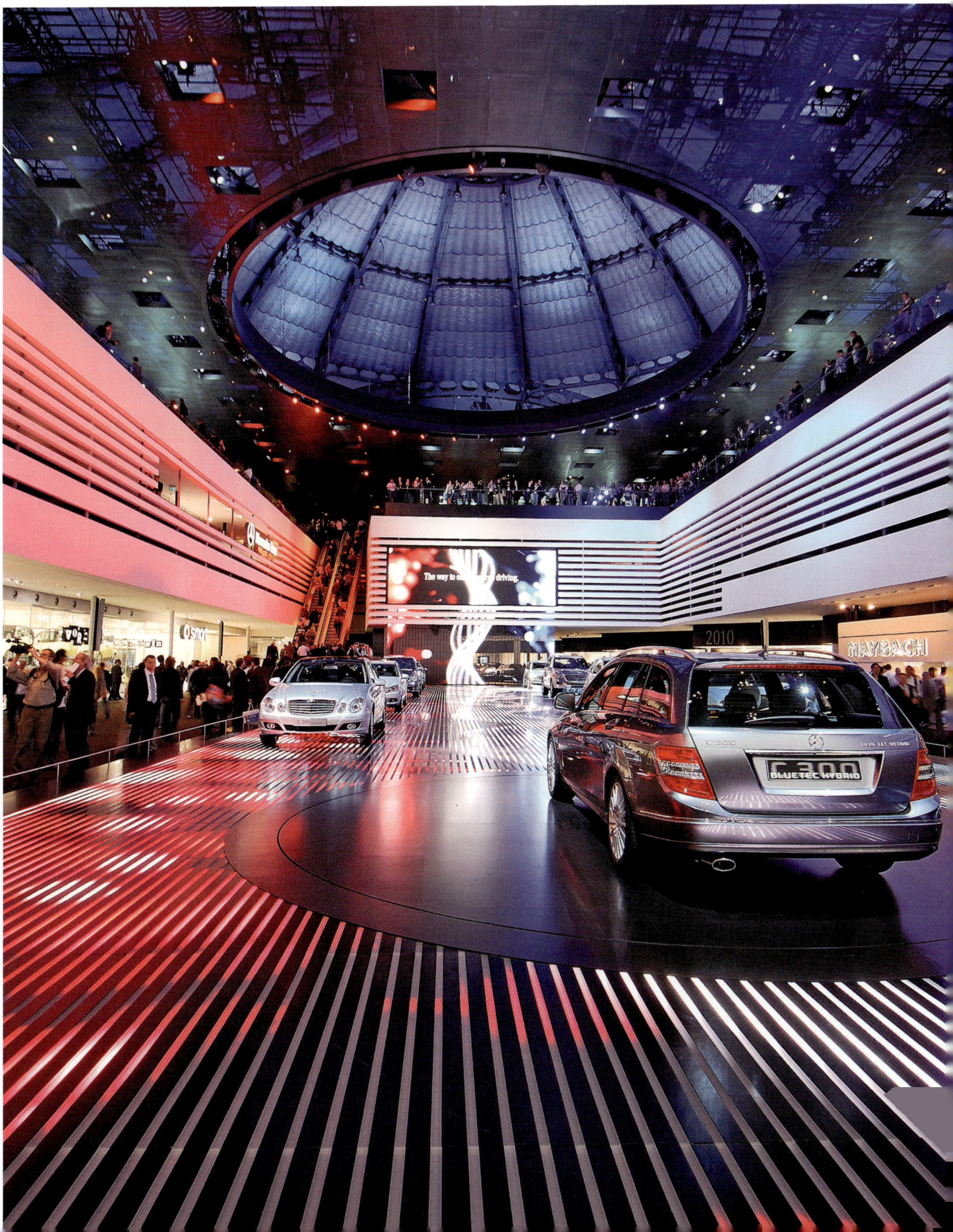
2010
MAYBACH
C 300
BLUETEC HYBRID

Tradition und Moderne

Sting on Stage in der Festhalle, 13. November 2004

Den spektakulären Auftritt in der Festhalle ließ sich das Stuttgarter Unternehmen 1995 fast zwanzig Millionen Mark kosten. Die Daimler-Chrysler-Show in der Halle 2 war auch im September 2007 bei der von 971.000 Gästen besuchten 62. Internationalen Automobil-Ausstellung eine der Hauptattraktionen. Außer der IAA diente der Kuppelbau 2007 der Kosmetik- und Wellnessmesse „Beautyworld", der Fachmesse der Coiffeure „Hair & Beauty", der unter dem Motto „inside: private identity" veranstalteten „The Design Annual" sowie der ISH als Messehalle. Die 1960 ins Leben gerufene „Weltleitmesse Erlebniswelt Bad, Gebäude-, Energie-, Klimatechnik, Erneuerbare Energien", kurz ISH genannt, zählt inzwischen zu den größten Messen in Frankfurt am Main. Im März 2009 warben fast 2.400 Aussteller aus 58 Ländern für neue Trends im Badezimmer und Ideen zum Energiesparen.[279] Finanzstarke Unternehmen nutzen den Kuppelsaal von Fall zu Fall für Firmenveranstaltungen. Die Deutsche Bank AG richtet seit 1996 ihre jährlichen Hauptversammlungen regelmäßig in der Festhalle aus. Neben dem größten deutschen Kreditinstitut haben 2007 das Wirtschaftsprüfungsunternehmen KPMG („Audit Day"), die Commerzbank AG („Gipfeltreffen") und die Pricewaterhouse Coopers AG („Staff Day") die Halle 2 für Firmenevents gemietet.

Der Gitarrist der englischen Supergruppe „Queen", Brian May, soll den Auftritt bei einem Open-Air-Konzert in Mannheim mit den – ins Deutsche übersetzten – Worten kommentiert haben: „Okay, 90.000 Leute da. Aber lieber hätte ich in der Frankfurter Festhalle gespielt."[280] Mit seiner Meinung stand May nicht alleine, denn auch die Sängerin Tina Turner hatte den Kuppelbau ins Herz geschlossen: „Diese Halle ist mir fast so lieb wie mein Zuhause."[281] Den guten Ruf der Festhalle in Musikerkreisen bestätigte eine im

Verleihung der „MTV Europe Music Awards" in der Festhalle. Fotografie von Oliver Stratmann/AP, 8. November 2001

Herbst 1992 von dem Radiosender SWF 3 unter Tourneeleitern und Konzerttechnikern durchgeführte Befragung. Die Rockprofis sollten anhand eines Punktesystems die 13 größten Hallen in Deutschland beurteilen. Nach Auswertung der Fragebögen stand fest: Die Frankfurter Festhalle ist in Deutschland für Rock-Konzerte der am besten geeignete Veranstaltungsort. Mit 223 von 230 möglichen Punkten schlug die „Grande Dame" ihre Mitkonkurrenten um Längen. Auf Platz zwei kam die Dortmunder Westfalenhalle (181 Punkte), den dritten Rang belegte die Stuttgarter Schleyerhalle (179 Punkte). Die Punktvergabe erfolgte nach den Kriterien Besucherfreundlichkeit, Akustik, Garderoben/Arbeitsräume, Anfahrt/Parkmöglichkeiten, technische Ausstattung, Einfahrt für Trucks, Hängemöglichkeit Ton/Licht und Engagement des Hallenpersonals. Während die Festhalle in mehreren Kategorien die Bestnote erhielt, gab es bei der Akustik Abstriche. Der Leiter der Festhalle, Peter von Löbbecke, machte die Veranstalter für die Klangqualität mitverantwortlich: „Da gibt es Tonchaoten, die drehen so laut auf, daß alles zum Klangbrei verschwimmt. Pavarotti war jedenfalls zufrieden."[282]

Von Löbbecke spielte in seiner Replik auf den umjubelten Auftritt des italienischen Startenors Luciano Pavarotti am 19. Mai 1990 in der Festhalle an. Rund 9.000 Opernfreunde waren nicht nur von der einzigartigen Stimme und der ungewöhnlichen Bühnenpräsenz des vom Münchner Rundfunkorchester begleiteten Maestros begeistert gewesen, sondern auch von der Tonqualität in dem Kuppelbau. Zwar mussten die intimeren Nuancen und die Intensität des Ausdrucks teilweise der Weite des Raums geopfert werden, im Großen und Ganzen hatten die Tontechniker die schwierige Akustik aber in den Griff bekommen. Dass sich die Festhalle als Konzertsaal eignete, hatte nach vielen Jahr-

174|175   Tradition und Moderne

André Rieu-Konzert. Fotografie von
Helmut Stettin, 15. Januar 2003

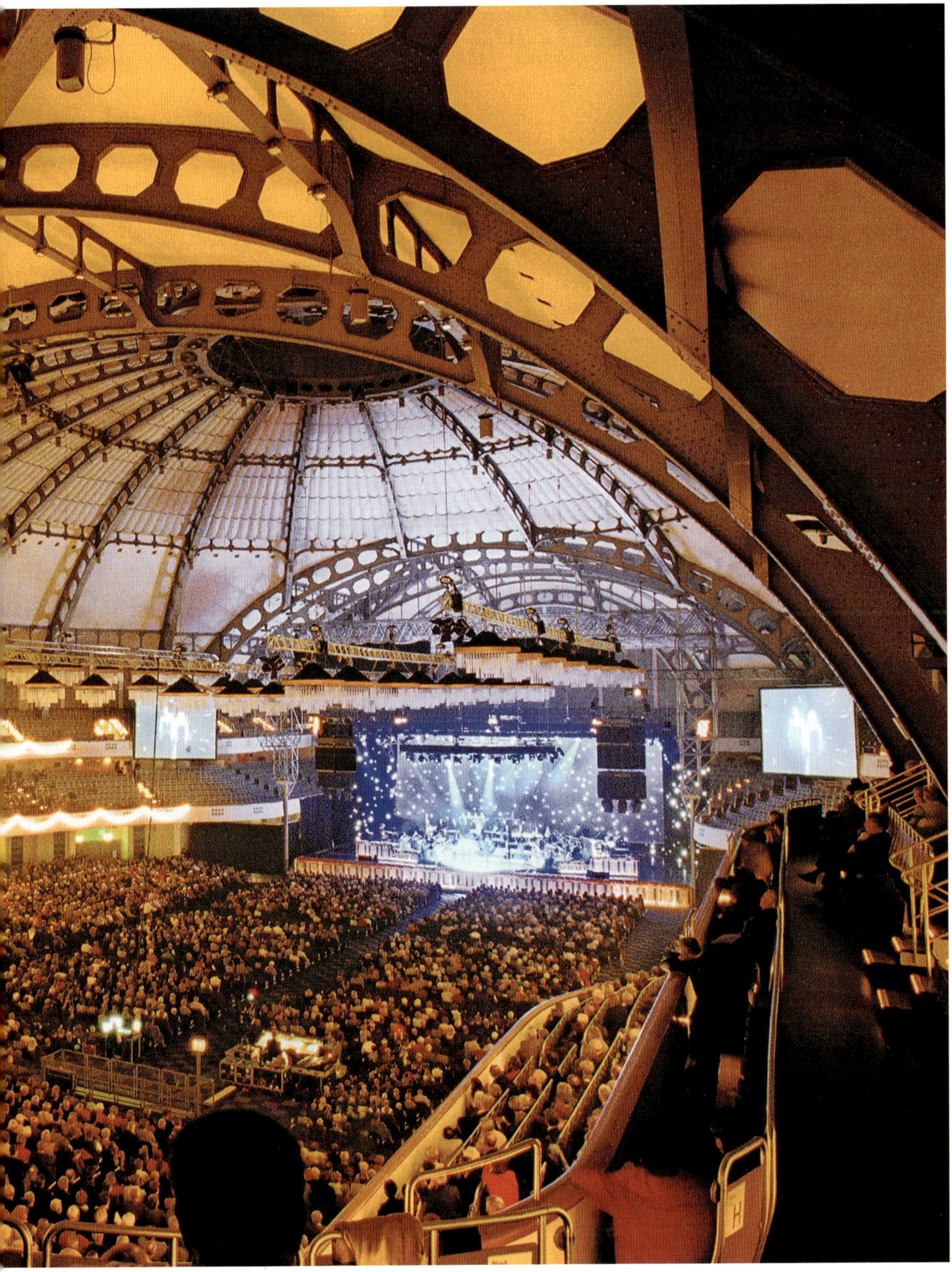

zehnten erstmals wieder am 7. Juli 1987 der spanische Tenor Placido Domingo unter Beweis gestellt. Auf einer in der Mitte der Halle unter der „Schallampel" aufgebauten Bühne führte der Opernstar mit der Gruppe „Antologia de la Zarzuela" ein volkstümliches Singspiel aus Spanien auf, das Elemente der populären wie klassischen Musik der Iberischen Halbinsel verarbeitet. Die Arena di Verona brachte drei Jahre hintereinander mit „Aida" (1993), „Nabucco" (1994) und „La Bohème" (1995) monumentale Operninszenierungen in der Festhalle zur Aufführung. Seit 1997 macht der geigende Dirigent André Rieu mit dem Johann-Strauß-Orchester Jahr für Jahr in dem dann ausverkauften Kuppelbau Station, um seine eingeschworene Fangemeinde im Dreivierteltakt zu wiegen. Die beeindruckende Bilanz an konzertanten Aufführungen untermauert ein Statement des Veranstalters Fritz Rau zu den Akustikproblemen in der Frankfurter Festhalle: „Es ist für keinen Veranstalter leicht, große Hallen in den Griff zu bekommen. Was jedoch die Akustik angeht, bleibt nur eines zu sagen, es gibt nur schlechte Tontechniker."[283]

Die „Gudd Stubb" war um 1995 die beliebteste und bestgenutzte Halle in Deutschland. Zu siebzig bis achtzig Großveranstaltungen pro Jahr kamen im Schnitt etwa 550.000 Besucher. In der Regel verzeichnete der Kuppelbau jährlich 120 Veranstaltungstage, wozu noch 100 Auf- und Abbautage sowie sechzig Messetage kamen. Mit summa summarum 280 Nutzungstagen war die Festhalle laut Bereichsleiter von Löbbecke 1996 die „bestgenutzte Halle Deutschlands."[284] Im darauf folgenden Jahr übernahm von Löbbecke die Leitung des Congress Zentrums in Hannover, Ende 1999 wechselte die Objektleiterin Festhalle, Gabriele Rihn, nach zwölfjähriger Tätigkeit in der Halle 2 zur Schalke-Arena nach Gelsenkirchen. In Rihns Fußstapfen trat im Januar 2000 Dieter Otto, der als Leiter „Special Events" auch für das Management der Festhalle zuständig ist. Als übergeordneter „Bereichsleiter Gastveranstaltungen" amtiert seit 2000 Georg-Günther Kruse. In der Unternehmensgruppe gehört die Festhalle zur Messe Frankfurt Venue, die im August 2003 aus der Umstrukturierung der Messe Frankfurt in eine Besitz- und in eine Betriebsgesellschaft hervorgegangen ist. Die Trennung in zwei Gesellschaften unter dem Dach der gemeinsamen Holding Messe Frankfurt entspricht den unterschiedlichen Aufgaben und sorgt für mehr Transparenz und Flexibilität. Als Besitzgesellschaft obliegen der von Geschäftsführer Uwe Behm geleiteten Messe Frankfurt Venue der Erhalt und der Ausbau des Messegeländes, die Vermarktung der Hallen sowie unter anderem das Veranstaltungsmanagement der Festhalle.[285]

Paul McCartney, U 2, Sting, Depeche Mode, George Michael oder Peter Maffay mit der „Tabaluga"-Story – es wäre müßig all die Stars der Rock- und Popmusik aufzählen zu wollen, die in der Festhalle vor großem Publikum gespielt haben. Zur ständigen Einrichtung wurde die erstmals am 8./9. November 1997 in dem Kuppelbau von insgesamt 16.000 Zuschauern gefeierte „Night of the Proms". Über die Premiere des Klassik-Pop-Happenings mit 60-köpfigem Orchester, Chor und Pop-Stars wie Debbie Harry, Alan Parsons, Paul

ATP-Weltmeister und Geburtstagskind Boris Becker. Fotografie von Peter Müller, 22. November 1992

Boxweltmeister im Halbschwergewicht Henry Maske nach der erfolgreichen Titelverteidigung gegen Egerton Marcus in der Festhalle. Fotografie: Werek, 11. Februar 1995

Young und den Simple Minds berichtete in der „Frankfurter Rundschau" der Musikkritiker Martin Scholz: „Bei dem Musiker-Treffen ging es freilich weniger um eine Verschmelzung aus U- und E-Musik, sondern vielmehr darum, aus beiden Genres die süßesten Melodien herauszudestillieren und aneinanderzureihen. Auf Verdis Gefangenenchor aus ‚Nabucco' folgte John Miles mit seiner pathetischen Ode an seine erste und letzte Liebe – die Musik: ‚Music of the future and music of the past'. Danach ein ‚Oldie' von Johann Strauss: Das Orchester spielte ‚Wiener Blut' und die Festhalle tanzte Walzer. Aber nicht lange, dann kam schon Ex-Blondie Debbie Harry und versuchte die Fans mit ‚Call me' zu lasziven Hüftschwüngen zu animieren. Wer da einen wie auch immer gearteten musik-historischen Zusammenhang suchte, suchte vergeblich. Gespielt wurde, was bewegt."[286] Bei der inzwischen rituelisierte Züge aufweisenden „Nokia Night of the Proms" gestalteten am

3./4. Dezember 2008 der Sänger der legendären Bee Gees, Robin Gibb, Tears for Fears, 10cc und Kim Wilde die Programm-Höhepunkte. Hatten die Künstler der „Nokia Night" den Zenit ihrer Karrieren zumeist vor einiger Zeit überschritten, so gaben sich am 8. November 2001 bei der Verleihung der „MTV Europe Music Awards" die aktuellen Stars und Sternchen des Musikgeschäfts in der Frankfurter Festhalle ein Stelldichein. In einer von dem Moderator „Ali G." mit den Worten „Let's get this party start!" eröffneten, perfekt inszenierten Show vor 7.000 Zuschauern prämierte der Musiksender in 22 Kategorien die Popstars der Saison. Glänzten die zum besten weiblichen beziehungsweise männlichen Interpreten gekürten Jennifer Lopez und Robbie Williams an dem Abend durch Abwesenheit, so ist der Auftritt der Sängerin Kylie Minogue in umso besserer Erinnerung geblieben. Gemessen an der weltweiten Aufmerksamkeit ist der 8. November 2001 einer der beiden größten Tage in der Geschichte der Festhalle: MTV übertrug den Pop-Rummel in 140 Länder und schätzungsweise in 330 Millionen Haushalte.[287]

Die Welt schaute am 5. Dezember 2003 erneut auf die Festhalle Frankfurt. Das ZDF sendete die Bilder von der in dem Kuppelbau zelebrierten Auslosung der Qualifikationsgruppen für die Fußball-Weltmeisterschaft 2006 in mehr als 100 Länder. Rund um den Globus sollen etwa 400 Millionen Menschen die durch Auftritte des Sängers Herbert Grönemeyer und des Formel 1-Piloten Michael Schumacher aufgelockerte Prozedur der Gruppenauslosung an ihren Fernsehgeräten verfolgt haben.[288] Weltmeisterlich war es in der Festhalle bereits von 1990 bis 1995 zugegangen, als dort jeweils im November das Finale der ATP-Tour-Weltmeisterschaft ausgetragen wurde. Das seit 1970 bestehende „Masters"-Turnier hatte in den Anfangsjahren an wechselnden Orten, seit 1978 aber regelmäßig im New Yorker Madison Square Garden stattgefunden. Die sportliche Leitung des Turniers der jeweils acht weltbesten Tennisprofis lag bei der Spielergewerkschaft „Association of Tennis Professionals" (ATP). Auf der Suche nach neuen, lukrativen Märkten vergab die ATP das im Rang eines Grand Slam-Turniers stehende, auch von Tokio oder Barcelona umworbene Finale zunächst für drei Jahre in die Mainmetropole mit der 1985 und 1988 im Davis-Cup erprobten Festhalle. Mit dem Ortswechsel wurde das „Masters" in „ATP-World-Tour-Championship" umbenannt und das Preisgeld auf zwei Millionen US-Dollar erhöht.

Im November 1990 spielten Andre Agassi, Boris Becker, Stefan Edberg, Andres Gomez, Ivan Lendl, Thomas Muster, Pete Sampras und Emilio Sanchez in Frankfurt um die ATP-Weltmeisterschaft – die Festhalle war vom 13. bis zum 18. November 1990 das Mekka des Tennissports. Nachdem der schon verletzt angereiste Weltranglistenzweite Becker im Halbfinale gegen den 20-jährigen Agassi ausgeschieden war, bezwang die in Las Vegas lebende Nummer vier der Rangliste in einem packenden Endspiel den Schweden Edberg mit 5:7, 7:6, 7:5 und 6:2. Agassi kassierte 750.000 Dollar, 350 Weltranglistenpunkte und verabschiedete sich nach seinem ersten großen Turniersieg überglücklich aus der Festhalle: „Das ist der Höhepunkte in meiner Karriere: Boris Becker und Stefan Edberg in einem Turnier zu schlagen. Die Unterstützung durch die Leute hier in Frankfurt war großartig, obwohl ich weiß, daß sie lieber Boris Becker an meiner Stelle gesehen hätten. Erst war ich enttäuscht, daß das ATP-Finale nicht in New York stattfand, doch jetzt muß ich sagen, daß das hier in Frankfurt eine ganz tolle Woche war. So etwas Tolles habe ich noch nicht erlebt, Frankfurt hat die Weltmeisterschaft verdient. Alle Spieler waren mit Freude dabei. Ich freue mich schon auf das nächste Jahr."[289]

Im übernächsten Jahr stemmte Boris Becker die ATP-Siegestrophäe, eine schwere Krone aus blauem Kristall, in die Höhe. Vor rund 9.000 Zuschauern war dem Leimener am 22. November 1992 im Finale gegen den Weltranglistenersten Jim Courier ein überwältigendes Comeback gelungen. Nach dem verwandelten Matchball feierten die Tennis-

Die Festhalle als Nabel der Fußballwelt: Auslosung der Qualifikationsgruppen für die Fußball-Weltmeisterschaft 2006. Fotografie von Helmut Stettin, 5. Dezember 2003

fans den neuen Weltmeister und das Geburtstagskind mit einem „Happy birthday to you". Der just an jenem denkwürdigen 22. November 1992 25 Jahre alt gewordene Becker dirigierte den Chor mit dem Racket und bekam auf dem Court eine Geburtstagstorte überreicht. Das ATP-Finale blieb für weitere drei Jahre in der Frankfurter Festhalle, wo Boris Becker am 19. November 1995 im Endspiel gegen Michael Chang seinen Erfolg noch einmal wiederholen konnte. Mit verständlichem Wehmut kommentierte der zweifache ATP-Weltmeister die Verlegung des Turniers ab 1996 nach Hannover: „Das Frankfurter Publikum", äußerte sich Becker in einem Interview, „war für mich das beste, das es in Deutschland gibt. Es ist quasi mein Doppelpartner. Ich wurde – aber auch die anderen Spieler – in keiner anderen Stadt derart unterstützt. Es war hier immer eine Atmosphäre wie auf einem Volksfest. Das macht auch die Halle aus, die ist beinahe perfekt für ein Hallenturnier."[290]

Drei große Sportereignisse finden traditionell am letzten Oktoberwochenende und im Winterhalbjahr in dem Kuppelbau an der Ludwig-Erhard-Anlage statt: Der Zieleinlauf beim Frankfurter Marathon, das Internationale Festhallen-Reitturnier und die Eisrevue „Holiday on Ice". Mitglieder des im Frankfurter Westen ansässigen Olympischen Sportclubs Hoechst hatten Anfang der Achtzigerjahre die Idee für einen Marathon mitten in der Großstadt von Stockholm übernommen. Der legendäre Langstreckenläufer und Olympiasieger Emil Zatopek gab am 17. Mai 1981 den Startschuss zum „1. Internationalen Stadt-Marathon Hoechst-Frankfurt". 2.850 Läufer aus dreißig Ländern gingen beim ersten

Die Festhalle als Ballsaal. Der Ball des Sports, die hochkarätige Benefizveranstaltung der Deutschen Sporthilfe, fand von 2002 bis 2006 unter der Kuppel der „Grande Dame" statt, 5. Februar 2005

deutschen City-Marathon auf die 42,195 Kilometer lange Strecke von Höchst zur Frankfurter Innenstadt und zurück. Der Schwede Kjell-Erik Stahl erreichte nach 2:13:30 Stunden als Erster das Ziel, bei den Frauen siegte die Deutsche Doris Schlosser in 2:47:18 Stunden. 1986 fiel der Marathon wegen finanzieller Probleme ins Wasser. 1987 und 1988 wurde der in den Oktober verlegte Lauf mit Start und Ziel an der Messe von der Stadt Frankfurt veranstaltet. Danach wechselten mehrfach die Streckenführung und die Titelsponsoren, die dem Marathon den Namen gaben. Seit 2002 engagiert sich die Messe Frankfurt als Sponsor für den ältesten deutschen Stadtmarathon, der seit 2003 mit einem für jeden Finisher unvergesslichen Zieleinlauf in der Festhalle endet. Bei der 27. Auflage des drittgrößten deutschen Lauf-Events nahmen am 26. Oktober 2008 rund 12.000 Läufer den „Messe Frankfurt Marathon" in Angriff. Nach einem atemberaubenden Schlussspurt stürmte der Kenianer Robert Kiprono Cheruiyot in der neuen Streckenbestzeit von 2:07:21 Stunden durch das Zielband in der Festhalle. Als schnellste Frau erreichte die Kölnerin Sabrina Mockenhaupt nach 2:26:22 Stunden das Ziel. Das Bad in der Menge entschädigt die Finisher in der stimmungsvollen Festhalle für die Entbehrungen auf der Strecke.[291]

Der Präsident des Frankfurter Reit- und Fahr-Clubs, Peter Behnsen, wagte 1989 mit dem Internationalen Frankfurter Festhallen-Reitturnier einen Neuanfang, hatte aber nach der langen Unterbrechung in den beiden ersten Jahren mit großen finanziellen Anlauf-

Finisher-Medaille „25 Jahre"
Frankfurter Stadtmarathon,
29. Oktober 2006

Zieleinlauf beim Frankfurter
Stadtmarathon. Fotografie von
Erich François, 28. Oktober 2007

182|183   Tradition und Moderne

Internationales Festhallen-Reitturnier. Fotografie von Helmut Stettin, 19. Dezember 2004

naler Mitsubishi Cup
REISS von Hessen
432
GER
,Holger
Zeit: 28,00
rthaus-verden.de
BORBET
Borbet Group
BORBET
Eternit

Tradition und Moderne

schwierigkeiten zu kämpfen. Die Sportpresse war über das Festhallen-Reitturnier des Lobes voll: „Hallenreitturnier der Spitzenklasse", „Weltklassepferde am Start" oder „Pferdesport vom Feinsten" lauteten die Kommentare. Die Festhalle, in der das traditionelle Turnier sein Comeback feierte, bekam ebenfalls sehr gute Noten: „Das ist die schönste Halle in Deutschland"[292], urteilte der Bad Homburger Dressur-Weltcupsieger Sven Rothenberger. Doppelsieger Rothenberger hatte bei dem Festhallen-Turnier vom 7. bis zum 9. Dezember 1990 sowohl in der St. Georgs-Prüfung mit „Petit Prince" als auch im Grand Prix Spezial mit „Ideaal" gesiegt und war mit dem neuen Bodenbelag, der nur aus vier Zentimeter dicken und mit einer Sandschicht bedeckten Gummimatten bestand, besonders gut zurecht gekommen. Im „Jump and Drive-Cup", bei dem als Siegprämie ein von dem Hauptsponsor des Festhallen-Turniers, Mitsubishi Motors, gestifteter Sportwagen winkte, wurde der Belag einem Härtetest unterzogen. In dem vom Publikum begeistert aufgenommenen Wettstreit, der sich aus einer Springprüfung und einem Geschicklichkeitsfahren mit einem Auto der Marke Mitsubishi zusammensetzt, triumphierte im Dezember 1990 der Brite John Whittaker. Als 1990 trotz des sportlichen Erfolgs statt der erhofften 20.000 nur rund 13.000 Besucher in der Festhalle gezählt wurden, drohte dem Reitturnier wiederum das Aus.

Der Geschäftsführer der Veranstaltungsgesellschaft für Sport, Kultur und Unterhaltung, Udo Schaar, sprang in die Bresche und rettete mit Unterstützung des FRFC, des Hessischen Reit- und Fahrverbandes sowie der Stadt Frankfurt das Turnier. Die an einer dauerhaften Etablierung der Großveranstaltung interessierte Kommune lobte den mit 60.000 D-Mark dotierten Preis der Stadt Frankfurt aus. Die neuen Ideen für das Rahmenprogramm lockten bei gleich bleibend hohem sportlichen Niveau vom 6. bis zum 8. Dezember 1991 rund 25.000 Reitsportbegeisterte in die Festhalle. Der Pfälzer Hugo Simon gehört seit Anfang der Siebzigerjahre zur Weltspitze im internationalen Springsport und wurde in der Frankfurter Festhalle zu einem Publikumsliebling. Auf seinem Erfolgspferd, dem Hannoveraner Fuchswallach E. T., konnte Simon den „Großen Preis um den Mitsubishi-Cup" 1996, 1997 und 2001 gewinnen. Bis heute ist das Internationale Festhallen-Reitturnier trotz mehrerer Wechsel im Veranstaltungsmanagement ein Höhepunkt im Frankfurter Sportkalender geblieben. Zuletzt stand das Turnier im Jahr 2003 auf der Kippe. Damals haben engagierte Pferdefreunde aus dem Rhein-Main-Gebiet, allen voran die erfolgreiche Dressurreiterin Ann Kathrin Linsenhoff, den Fortbestand des Turniers ermöglicht. Die inzwischen als Turnierpräsidentin amtierende Ann Kathrin Linsenhoff steht für die ungebrochene Aktualität des Slogans „Ein Turnier – von Reitern für Reiter gemacht."[293]

Der Global Player Messe Frankfurt ist sich seiner historischen Wurzeln bewusst. In der Chefetage fiel daher der Vorschlag des in der Festhalle beschäftigten Veranstaltungstechnikers und Hobby-Historikers, Helmut Frömelt, den Kuppelbau aus Anlass der 2009 anstehenden 100-Jahr-Feier wieder in seiner alten Pracht erstrahlen zu lassen, auf fruchtbaren Boden. Beim Wiederaufbau war 1949/50 aufgrund des Baustoffmangels auf die Jugendstilhelme über den Ecktürmen und die neobarocke Tambourkuppel auf der Rotunde sowie auf jeglichen Zierrat an den Fassaden verzichtet worden, weshalb das Hauptdach überdimensioniert und das Gebäude insgesamt „massig, plump und ungelenk"[294] wirkte. Durch die Restaurierung der Fassaden und die Rekonstruktion der Dachlandschaft in den baulichen Zustand vor der Brandkatastrophe von 1940 versetzt, sollte die Festhalle bis zum Jubiläum und dem Deutschen Turnfest im Mai/Juni 2009 ihre Ausstrahlungskraft zurückerhalten. Die Aufsichtsratsvorsitzende der Messe Frankfurt GmbH, Oberbürgermeisterin Petra Roth, war die denkmalgerechte Rekonstruktion der „Grande Dame" eine Herzensangelegenheit, „denn ohne sie würde es Frankfurt an Glanz, Leben und Freude fehlen."[295] Im unverwechselbaren Ambiente sahen die Oberbürgermeisterin

Dauerbrenner „Holiday on Ice". Nachdem die Show von 2005 bis 2007 drei Gastspiele in der neuen Messehalle 3 gegeben hatte, kehrte sie 2008 unter dem Motto „Elements" in die Festhalle zurück. Fotografie der „Energia"-Show von Helmut Stettin, 17. Januar 2009

Detailaufnahmen der
rekonstruierten Nordfassade, 2007

und der für Baufragen zuständige Geschäftsführer der Messe Frankfurt, Uwe Behm, den entscheidenden Vorteil des geschichtsträchtigen Kuppelbaus gegenüber den oftmals gesichtslosen modernen Multifunktionsarenen. Bei dem mit rund vier Millionen Euro veranschlagten Vorhaben ließ sich die Messe Frankfurt laut Behm nicht von „romantischer Naivität", sondern von dem „festen Glauben an das Konzept und den einzigartigen Charakter unserer Festhalle"[296] leiten. Schließlich war die Festhalle im Jahr 2005 an 288 Tagen belegt, erwirtschaftete die Besitzgesellschaft mit den Veranstaltungen in dem Kuppelbau pro Jahr einen Umsatz von rund sieben Millionen Euro. Nachdem die Messe zuletzt per annum jeweils etwa eine Million Euro in die Innenausstattung und die Technik des Gebäudes hineingesteckt hatte, war es an der Zeit, das äußere Erscheinungsbild des Jahrhundertbauwerks herauszuputzen.

Die Restaurierung und Rekonstruktion der unter Schutz stehenden Festhalle erfolgten in enger Zusammenarbeit mit dem Denkmalamt der Stadt Frankfurt. Auf der Basis einer im Januar 2004 von der Frankfurter Aufbau AG vorgelegten Machbarkeitsstudie hatte die Messe das Architekturbüro Albert Speer & Partner (AS&P) mit der Projektleitung beauftragt. Die Gesamtbaumaßnahme begann im Sommer 2004 mit der Wiederherstellung der Nordfassade. Eine vom Denkmalamt angeregte restauratorische Voruntersuchung brachte, neben gravierenderen Verwitterungs- und Bauschäden als zunächst angenommen, überraschende Befunde zur ursprünglichen Fassadenfarbgebung an den Tag. Sowohl der nachweislich rötliche Außenanstrich als auch die Vergoldung der Eisengeländer, Ziergitter und Torflügel wurden anschließend dem Originalzustand entsprechend ausgeführt. Die Wiederherstellung des im Zweiten Weltkrieg zerstörten Rabitz-Kreuzgratgewölbes in den Arkadengalerien zu beiden Seiten der Rotunde bildete im Frühjahr 2006 den Abschluss des ersten Bauabschnitts. Mit der Planung und Ausführung der Rotundenkuppel und der drei Eckturmdächer setzten in der zweiten Bauphase die eigentlichen Rekonstruktionsarbeiten ein. Anhand von Originalbauplänen aus dem Büro Friedrich von Thierschs, die im Architekturmuseum der Technischen Universität München und im Frankfurter Institut für Stadtgeschichte überliefert sind, sowie der Auswertung historischer Fotografien tastete sich eine Arbeitsgruppe an den ursprünglichen Zustand der zu ergänzenden Bauteile heran. „Im Grunde", so Stefan Timpe vom Frankfurter Denkmalamt, „haben wir über jeden Quadratzentimeter diskutiert."[297]

Ein 200-Tonnen-Kran hievte am 21. Juli 2006 das Stahlgerüst für das Kuppeldach auf den vorbereiteten Tambour der Rotunde. Das Gerüst erhielt eine Holzverschalung, die mit Kupfer verkleidet wurde. Damit die Kuppel gleich die entsprechende Patina aufwies, hatten die Spengler das Kupfer zwei Jahre im Voraus der Witterung ausgesetzt. Den Abschluss der Rotunde bildet ein neun Meter hoher vom Stadtadler bekrönter Fahnenmast, von dem die Farben der Stadt Frankfurt wehen. Das Innere des Rundbaus, der im Erdgeschoss gelegene „Steinerne Saal" und der darüber befindliche ehemalige „Kaisersaal", wurde komplett entkernt und anschließend für Repräsentationszwecke aufwendig hergerichtet. Der „Steinerne Saal" erhielt eine teilweise marmorne Wandverkleidung und einen Fußboden aus schwarzem Granit, im Obergeschoss wurde die kassettierte, zum Tambour hin geöffnete Saalkuppel zusammen mit dem Hauptgesims vereinfacht rekonstruiert. Die mit modernster Technik ausgestatteten exklusiven Räumlichkeiten werden von der Messe Frankfurt nur für besondere Anlässe genutzt oder vermietet.[298] In den Sommermonaten 2006 nahmen die drei Ecktürme mit dem Aufsetzen der in einer Spenglerei handgefertigten kupfernen Helme Gestalt an. Die Pressestelle der Messe textete: „Hütchenspiele an der Festhalle."[299] Nur der Nordostturm erhielt keine Bedachung, da der unvollendete Urzustand des Turmstumpfs beibehalten werden sollte. Als i-Tüpfelchen wurden am 21. September 2006 auf den Spitzen der Ecktürme drei 200 Kilogramm schwere und einen Durchmesser von 1,60 Meter aufweisende Weltkugeln angebracht. Den im Krieg zerstörten Originalkugeln Friedrich von Thierschs nachgebildet, zeigen die Kupfer-Globen die Umrisse der Kontinente sowie Längen- und Breitengrade. Die Erdkugeln stehen der Messe Frankfurt gut zu Gesicht, da sie „exzellent zur fortschreitenden Globalisierung passen."[300] Eine Hommage an die Historie ist der in Frankfurt traditionell verwendete Miltenberger Sandstein, aus dem der Tambour der Rotunde, die Balustraden und die bis zu 2,10 Meter hohen Ziervasen gearbeitet sind. Mit der Anbringung der in einem Bamberger Steinmetzbetrieb erstellten Sandsteinvasen auf den Ecktürmen und auf der Rotunde neigte sich im Frühsommer 2007 die denkmalgerechte Rekonstruktion der Festhalle

Montage einer Weltkugel auf dem
Nordwestturm der Festhalle.
Fotografie von Helmut Seuffert,
21. September 2006

ihrem Ende entgegen. Die „Grande Dame" hatte zur 100-Jahr-Feier im Mai 2009 ihr Festkleid angelegt.

Der Vorsitzende der Geschäftsführung der Messe Frankfurt, Michael von Zitzewitz, weihte am 29. Juni 2007 die prachtvoll rekonstruierte Rotunde mit der Bilanzpressekonferenz des Unternehmens ein. Von Zitzewitz informierte die Vertreter der Medien nicht nur über die Wirtschaftszahlen des Geschäftsjahres 2006, sondern teilte ihnen noch ein weiteres ehrgeiziges Unterfangen der Messe-Gesellschaft mit: Die Neugestaltung des Festhallen-Vorplatzes. In der Machbarkeitsstudie der Frankfurter Aufbau AG war im Januar 2004 neben der fehlenden Dachlandschaft die Trostlosigkeit der Freifläche vor dem Bauwerk als größtes Handicap für die Fernwirkung der Festhalle benannt worden. „Das Fehlen von vorbereitenden, die Wirkung steigernden Außenanlagen, der auf der Nordseite sehr eng an das Bauwerk herangerückte Zaun und der homogen bis an die Gebäudehülle anlaufende Platzbelag beeinträchtigen die Außenwirkung des Gebäudes sehr und behindern die Kontaktaufnahme mit der historischen Fassade, sowie deren Hinauswirken in den Platzraum."[301] Die Messe Frankfurt initiierte Ende Juli 2007 in Kooperation mit dem Stadtplanungsamt einen planerischen Wettbewerb zur bestandsorientierten Neugestaltung des Freiraums zwischen der Festhalle, dem Congress Center, dem Messeturm und der Halle 1 im Sinne eines Masterplans für das räumliche Umfeld des Kuppelbaus. Von den 27 am Wettbewerb teilnehmenden jeweils aus einem Landschaftsarchitekten und einem Architekten bestehenden Arbeitsgemeinschaften wurde erwartet, dass sie für den Messezaun eine Alternativlösung entwickelten. Während sich dem Betrachter ein möglichst freier Blick auf die Schokoladenseite der Festhalle bieten sollte, musste das Messegelände vom öffentlichen Raum abgeschottet bleiben. Der von einer hochkarätigen Jury im Dezember 2007 ausgezeichnete Siegerentwurf der Arbeitsgemeinschaft RMP Lenzen Landschaftsarchitekten / TEK TO NIK Architekten empfiehlt in Anlehnung an die ursprünglichen Planungen Friedrich von Thierschs auf dem Platz vor der Festhalle die Anlage eines Stadtgartens. In der Form eines unregelmäßigen Vierecks wird die Grünfläche in einer an den Ecken bis zu 2,70 Meter in die Höhe ragenden Schale eingebettet. Die aufragenden Kanten sollen den Zaun weitestgehend obsolet machen. Von der Ludwig-Erhard-Anlage wäre der Garten frei zugänglich, der Zugang zur Festhalle bliebe weiterhin verwehrt. Da die Festhalle im Jubiläumsjahr baustellenfrei bleiben soll, befindet sich das Vorhaben „Umfeld der Festhalle Frankfurt" momentan noch in einer Planungsphase.[302]

Das Messe-Gelände unterliegt einem permanenten Wandel und wird bisweilen wegen der dort anzutreffenden unterschiedlichen Baustile als „Architekturausstellung" bezeichnet. Das Spannungsverhältnis zwischen Tradition und Moderne setzt allenthalben Akzente. Die Verbindung aus modernster Technik und historischem Ambiente machen die Frankfurter Festhalle zu einem einmaligen Erlebnisraum. „Wir wollen", so Geschäftsführer Uwe Behm, „keine Uniformität, wir wollen kein Gelände aus einem Guss, man soll die Jahresringe abzählen können."[303]

Zeittafel

März 1901	Gründung des „Comités zur Errichtung einer Industrie- und Festhalle in Frankfurt a. M."
13. April 1907	Friedrich von Thiersch gewinnt den Wettbewerb um den Bau einer Ausstellungshalle.
4. Juni 1907	Die Stadtverordnetenversammlung beschließt den Bau der Ausstellungs- und Festhalle.
11. Juni 1907	Beginn der Bauarbeiten.
22. November 1907	Gründung der Ausstellungs- und Festhallen-Gesellschaft mbH.
18.–23. Juli 1908	Im Rohbau und auf dem Gelände der Festhalle findet das XI. Deutsche Turnfest statt.
19. Mai 1909	**Einweihung der Festhalle im Beisein Kaiser Wilhelms II. und Auftakt zum 3. Wettstreit Deutscher Männergesangsvereine.**
10. Juli – 17. Oktober 1909	Internationale Luftschifffahrtausstellung.
15. Mai – 15. Juli 1910	Internationale Ausstellung für Sport und Spiel mit 12.000-Zuschauer-Stadion auf dem Festhallengelände.
12.–18. Dezember 1911	In der Festhalle dreht sich erstmals der Sechstagekreisel.
28. September 1912	„Adickes-Feier" für den scheidenden Oberbürgermeister Franz Adickes.
20. Oktober 1912	Der Sozialdemokratische Verein hält in der Festhalle die erste parteipolitische Veranstaltung ab.
1. August 1914 – 12. Februar 1919	Im Ersten Weltkrieg und während der Demobilisierung dient die Festhalle als Kaserne.
1. Januar 1918	Die Stadt Frankfurt wird Alleingesellschafterin der Ausstellungs- und Festhallen-Gesellschaft mbH.
1.–15. Oktober 1919	Mit der Internationalen Einfuhrmesse wird die Festhalle zur Keimzelle der modernen Messe.
10. März 1920	Umbenennung der Festhallen-Gesellschaft in Messe- und Ausstellungs-Gesellschaft mbH.
Mai 1920	Mit der Eröffnung des „Hauses Offenbach" beginnt die Entwicklung zur Messestadt.

1925	Das „Haus der Moden" wird als Westflügel an die Festhalle angebaut.
11. Juni – 28. August 1927	„Sommer der Musik" mit der Ausstellung „Musik im Leben der Völker".
4. November 1928	„Sport-Palast" und Radrennbahn für 6-Tage-Rennen eröffnet.
April 1929	Nach der Frühjahrsmesse wird die Frankfurter Internationale Messe eingestellt.
3. August 1930	Auftritt des NSDAP-Vorsitzenden Adolf Hitler im Reichstags-Wahlkampf.
1. Juli 1933	„Gleichschaltung" des Aufsichtsrats der Messe- und Ausstellungs-Gesellschaft.
10./11. März 1934	Erstes Festhallen-Reitturnier.
5.–13. Mai 1934	Rhein-Mainische Braune Messe.
10.–13. November 1938	Im Regierungsbezirk Wiesbaden lebende Juden werden in die Festhalle verschleppt und von dort über den Südbahnhof in Konzentrationslager deportiert.
3. Juni 1939	Die Reichsstelle für Getreide lagert 1.200 Tonnen Roggen in der beschlagnahmten Festhalle ein.
April–Dezember 1940	Das Heeresbekleidungsamt nutzt die Halle zur Wiederherstellung und Lagerung von Ausrüstungsgegenständen.
18./19. Dezember 1940	Bei einem Großbrand wird der Kuppelbau schwer beschädigt.
1942–1944	Im Luftkrieg wird das Messegelände fast vollständig zerstört.
1945–1947	Die US-Armee beschlagnahmt für den „Motor-Pool" des 250th Engineer Battalion einen Großteil des Messegeländes.
3.–8. Oktober 1948	Erste Frankfurter Nachkriegsmesse.
25. April 1949	Wiederaufbau der Festhalle beginnt.
19.–24. März 1950	Wiederinbetriebnahme der Festhalle zur Frühjahrsmesse.
1951	Das Land Hessen wird Mitgesellschafterin der Messe- und Ausstellungs-GmbH.
19.–29. April 1951	Die IAA findet erstmals auf dem Messegelände statt.
27. Oktober 1951	Start zum ersten 6-Tage-Rennen seit 1933.
1952	Premiere der Eisrevue „Holiday on Ice" in der Festhalle.
19./20. März 1955	Neuauflage des Festhallen-Reitturniers.
8.–12. August 1956	7. Deutscher Evangelischer Kirchentag.

2.–11. August 1957	Zur Deutschen Rundfunk-, Fernseh- und Phonoausstellung wird der Kuppelbau in einen Sendesaal umfunktioniert.
19. – 26. Juni 1963	Internationale Ausstellung „inter-oil" zum 6. Welt-Erdöl-Kongress.
18. Juli 1970	Lippmann & Rau veranstalten das erste Rockkonzert in der Festhalle. Zu Gast ist die Gruppe Led Zeppelin.
10. Februar 1972	Die Festhalle wird unter Denkmalschutz gestellt.
Oktober 1974 – Januar 1975	Renovierung der Festhalle.
März 1976	Gutachten der FAAG zu den Nutzungsmöglichkeiten der Festhalle. Bis 1979 werden 6,1 Millionen Mark in die Sanierung des Kuppelbaus investiert.
26. Juni 1980	Start und Ziel des Prologs der Tour de France liegen an der Festhalle.
26. Juni – 3. Juli 1983	Deutsches Turnfest.
2. September 1983	Umbenennung der Messe- und Ausstellungs-GmbH in Messe Frankfurt GmbH.
27. Oktober – 1. November 1983	Der Sechstagekreisel dreht sich zum letzten Mal.
Dezember 1984	Das Torhaus wird zum neuen Wahrzeichen der Messe.
4. – 6. Oktober 1985	Davis-Cup-Halbfinale Bundesrepublik – Tschechoslowakei.
April – November 1986	Sanierung und Umbau in eine moderne Mehrzweckhalle für 43 Millionen Mark.
Juni 1987	Eindeckung eines neuen Kupferdachs.
Januar 1989	Die neue Halle 1 und das Südfoyer der Festhalle werden in Betrieb genommen.
12.–22. September 1991	Mercedes-Benz präsentiert sich zur IAA erstmals mit einer spektakulären Ausstellungsarchitektur in der Festhalle.
Dezember 1991	Einweihung des Messeturms.
Herbst 1992	Der Radiosender SWF 3 kürt die Festhalle zum beliebtesten Veranstaltungsort für Rockkonzerte.
22. November 1992	Boris Becker gewinnt die ATP-Weltmeisterschaft.
Januar 1995	Verlegung des Eingangs auf die Südseite.
November 1996	Eröffnung des Congress Centers Messe Frankfurt.
8./9. November 1997	Premiere „Night of the Proms".
August 2001	Inbetriebnahme des neuen „Forums" an der Westseite der Festhalle.

8. November 2001	Verleihung der „MTV Europe Music Awards".
2. Februar 2002	Ball des Sports.
26. Oktober 2003	Zieleinlauf beim „Eurocity Marathon Messe Frankfurt" in der Festhalle.
5. Dezember 2003	Auslosung der Qualifikationsgruppen für die Fußball-Weltmeisterschaft 2006.
Sommer 2004 – Mai 2007	Denkmalgerechte Rekonstruktion der Festhalle.
Dezember 2007	Die Arbeitsgemeinschaft RMP Lenzen Landschaftsarchitekten/ TEK TO NIK Architekten gewinnt den Wettbewerb um die Neugestaltung der Freifläche vor der Festhalle.
28. Juni 2009	Tag der offenen Tür „100 Jahre Festhalle".

Anmerkungen

1 Vgl. „Dritter Gesangswettstreit. Festhallen-Weihe", in: KP vom 21. Mai 1909.
2 Vgl. „Die Festhalle vor dem Fest", in: KP vom 19. Mai 1909.
3 „Dritter Wettstreit deutscher Männergesangvereine", in: FN vom 20. Mai 1909.
4 „Dritter Gesangswettstreit. Festhallen-Weihe", in: KP vom 21. Mai 1909.
5 Vgl. H. von Thiersch, S. 213.
6 Zitiert nach: „Dritter Wettstreit deutscher Männergesangvereine", in: FN vom 20. Mai 1909. Siehe auch: Oskar Wolf, Die Akustik der Frankfurter Festhalle und anderer Säle, in: FZ vom 19. September 1908 (Erstes Morgenblatt).
7 „Dritter Gesangswettstreit. Festhallen-Weihe", in: KP vom 21. Mai 1909.
8 Ebd.
9 Ebd.
10 Ebd.
11 Vgl. „Orden", in: KP vom 21. Mai 1909 und C. Kaross, S. 44 ff.
12 „Eine Ausstellungshalle", in: FZ vom 18. Februar 1902 (Abendblatt). Siehe auch: V. Rödel, S. 279 ff., 299 ff. und 349 f.
13 Vgl. ebd., S. 371 ff.
14 Der Technische Verein und der Verein für Volkswirtschaft und Gewerbe.
15 „Die Errichtung einer Industrie- und Festhalle in Frankfurt a. M.", gedruckter Aufruf des Comités zur Errichtung einer Industrie- und Festhalle in Frankfurt a. M. vom 30. September 1902.
16 Vgl. „Ein neues Millionenprojekt", in: Frankfurter Neueste Nachrichten vom 19. Juli 1905.
17 Vgl. W. Klötzer, Franz Adickes, S. 245-259 und R. Koch, S. 101-121.
18 Zitiert nach: R. Frost, S. 14.
19 Vgl. R. Roth, S. 553 ff.
20 Zitiert nach: Manfred Köhler, Die Stadt auf das 20. Jahrhundert vorbereitet, in: FAZ vom 4. Februar 1995. Vgl. W. Klötzer, Adickes, S. 254.
21 Vgl. den Vortrag des Magistrats an die Stadtverordnetenversammlung vom 9. Februar 1906, AS 698, f. 1r.-3r. (ISG) sowie den Protokoll-Auszug der Stadtverordnetenversammlung § 238 vom 1. März 1906 und das „Ausschreiben, den Bau einer Ausstellungshalle für Frankfurt a. M. betr." vom 25. März 1906, MA S 2332, Bd. 2, f. 18r. und 24r.-25v.
22 Ausschreiben, wie Anm. 21, f. 24r.
23 Ebd.
24 Ebd., f. 24v.
25 Ebd., f. 25v.
26 „Protokoll des Preisgerichts für die Wettbewerbsentwürfe zum Bau einer Ausstellungshalle am Hohenzollernplatz in Frankfurt a. M." vom 12./13. Oktober 1906, MA S 2332, Bd. 2, f. 46v.
27 Ebd., f. 46r. Friedrich Pützer kooperierte mit der Frankfurter Aktiengesellschaft für Hoch- und Tiefbau sowie der Brückenbau-Flender-AG in Benrath; Schaffner & Albert waren mit der Maschinenbauanstalt Humboldt in Kalk bei Köln assoziiert; Friedrich von Thiersch stand mit der Maschinenfabrik Augsburg-Nürnberg, Zweiganstalt Gustavsburg, und der Baufirma Philipp Holzmann & Cie. GmbH in Verbindung.
28 Vgl. „Die Wettbewerbspläne der neuen Ausstellungs- und Festhalle", in: FN vom 4. November 1906 und „Zur Festhallenkonkurrenz", in: GA vom 27. November 1906.
29 Zitiert nach: H. von Thiersch, S. 209.
30 F. von Thiersch, Die Ausstellungs- und Festhalle, S. 11.
31 Urteil des Preisgerichts vom 12./13. April 1907, Anlage zum Vortrag des Magistrats an die Stadtverordnetenversammlung vom 30. April 1907, Akten der Stadtverordnetenversammlung 698, f. 41r. (ISG).
32 Ebd., f. 41v. Siehe auch: C. Kaross, S. 25.
33 Vgl. ebd., S. 35-38, H. K. Marshall, S. 11-19 und V. Rödel, S. 232 ff.
34 Zitiert nach: C. Kaross, S. 38. Die Formulierung „Meister aller Architekturzeichner" gebrauchte Theodor Fischer in einer Gedenkrede an Thiersch, vgl. H. K. Marshall, S. 1.
35 Vgl. den Vortrag des Magistrats an die Stadtverordnetenversammlung vom 30. April 1907, AS 698, f. 38r.-39v. (ISG).
36 „Wohin treiben wir mit unserer Festhalle?", in: GA vom 8. Mai 1907. Siehe auch den kritischen Beitrag „Die Ausstellungshalle am Hohenzollernplatz" in: ebd. vom 27. Februar 1906.
37 „Wohin treiben wir mit unserer Festhalle?", in: GA vom 8. Mai 1907.
38 Ebd.
39 Schreiben des Frankfurter Architekten- & Ingenieur-Vereins an die Stadtverordnetenversammlung vom 18. Mai 1907, AS 698, f. 45v.
40 Ebd., f. 46v.

Abkürzungen

AS	Akten der Stadtverordnetenversammlung (ISG)
FAZ	Frankfurter Allgemeine Zeitung
FN	Frankfurter Nachrichten
FNP	Frankfurter Neue Presse
FR	Frankfurter Rundschau
FZ	Frankfurter Zeitung
GA	Frankfurter General-Anzeiger
GB	Geschäftsbericht der Ausstellungs- und Festhallen-Gesellschaft mbH / ab 1983 der Messe Frankfurt GmbH
GZM	Galleria. Zeitschrift der Messe Frankfurt
ISG	Institut für Stadtgeschichte, Frankfurt a. M.
KP	Kleine Presse
MA	Magistratsakten (ISG)
MF	Messe Frankfurt GmbH/Archiv

41 Zitiert nach: H. von Thiersch, S. 210. Einen Tag vor der entscheidenden Sitzung des Stadtparlaments brachten die Kritiker am 3. Juni 1907 eine fünfseitige Druckschrift in Umlauf, um Einfluss auf das Abstimmungsergebnis zu nehmen, AS 698, f. 83r.-85r.

42 Mittheilungen aus den Protokollen der Stadtverordneten-Versammlung der Stadt Frankfurt a. M., Bd. 40, Frankfurt a. M. 1907, S. 316 (23. Sitzung vom 4. Juni 1907).

43 Ebd., S. 317.

44 Vgl. ebd., S. 320 f. und 325-328.

45 Ebd., S. 330.

46 Vgl. ebd., S. 330 f.

47 Ebd., S. 332.

48 Ebd., S. 333.

49 Vgl. F. von Thiersch, Die Ausstellungs- und Festhalle, S. 24 und 34 sowie den von Stadtkämmereidirektor Löwenstein unterzeichneten „Bericht betreffend Fortschritt der Bauarbeiten seit 1. Januar 1908 sowie den derzeitigen Stand der Geldmittel" vom 23. Oktober 1908, MA S 2340, Bd. 1, Quadrangel 10.

50 Weitere Anteilseigner waren Maximiliane Lucius, Emma Mumm von Schwarzenstein, Franziska Speyer, Jean Andreae-Passavant, Isaac Leopold Beer, Eduard Beit, Adolf Gans, Bankhaus Grunelius, Charles L. Hallgarten, Richard von Passavant-Gontard und Carl Weinberg. Vgl. auch die Niederschrift der „Sitzung der Interessenten und Beitragszeichner für die Errichtung einer Ausstellungshalle zu Frankfurt a. Main, Donnerstag 2. Mai 1907, Nachmittags 5 Uhr im Amtszimmer des Herrn Oberbürgermeisters", MA S 2332, Bd. 2, f. 109r.-110v., den GB 1907, S. 1 f. und R. Roth, Stadt und Bürgertum, S. 575 ff.

51 „Gesellschaftsvertrag der Ausstellungs- und Festhallen-Gesellschaft mit beschränkter Haftung in Frankfurt am Main", Frankfurt a. M. 1907, S. 2, MA S 2333.

52 Vgl. den „Pospekt über M 1,600,000.- 4 % Obligations-Anleihe der Ausstellungs- und Festhallen-Gesellschaft m.b.H. in Frankfurt a/M.", Juni 1909, S. 2, MF 335, das Protokoll der ersten Sitzung des Aufsichtsrats der Ausstellungs- und Festhallen-Gesellschaft vom 22. November 1907, MA S 2339, das Bewerbungsschreiben von Joseph Modlinger vom 21. Dezember 1908, MA S 2337, Bd. 1 und den am 13. Januar 1909 ausgefertigten Anstellungsvertrag für Modlinger, MA S 2339 (Akten nicht paginiert).

53 F. von Thiersch, Die Ausstellungs- und Festhalle, S. 24.

54 „Besichtigung des Festhallenbaues", in: FN vom 16. April 1908. Siehe auch: „Die Frankfurter städtische Festhalle", in: KP vom 4. April 1908, den Bericht von W. Löwenstein, wie Anm. 49 und F. von Thiersch, Die Ausstellungs- und Festhalle, S. 35 f.

55 Die Hauptfeier des Deutschen Turnfests dauerte vom 18. bis zum 23. Juli 1908.

56 Mennige = rote Malerfarbe aus Bleioxid, die als Schutzanstrich gegen Rost verwendet wird.

57 „Das Elfte deutsche Turnfest. Die Weihe der Festhalle", in: FZ vom 12. Juli 1908. Siehe auch: „Die fertige Festhalle" und „Weihe der Festhalle", in: KP vom 11. und 13. Juli 1907 sowie „XI. Deutsches Turnfest", in: FN vom 12. Juli 1908.

58 „Das Elfte deutsche Turnfest", wie Anm. 57.

59 Ebd.

60 Vgl. F. von Thiersch, Die Ausstellungs- und Festhalle, S. 15-21, Die Eisenkonstruktion der Ausstellungs- und Festhalle zu Frankfurt am Main ausgeführt von der Maschinenfabrik Augsburg-Nürnberg A.G. Werk Gustavsburg, Frankfurt a. M. 1909, S. 5-14, V. Rödel, S. 344 ff., F. W. Gravert, S. 25 ff. und J. Bähr, passim.

61 Vgl. F. W. Gravert, S. 27.

62 Dieter Bartetzko, Zwischen Mythos und Messe. Die neue Festhalle, in: az (1986), Heft 11, S. 14.

63 Julius Jakob Strauß, Zur Eröffnung, in: KP vom 11. Juli 1908. Die ungekürzte Originalversion umfasst zehn Strophen.

64 „Hin und Her", in: KP vom 22. Juli 1908. Zur Geschichte des XI. Deutschen Turnfests: A. Volze, S. 8-12 und H. Neumann, Stoltzes stolze Begrüßung, S. 200-206.

65 Vgl. H. Neumann, Stolzes stolze Begrüßung, S. 5.

66 Zitiert nach: H. von Thiersch, S. 213. Siehe auch: F. von Thiersch, Die Ausstellungs- und Festhalle, S. 25 f. und 37-41 sowie GB 1908, S. 3 ff.

67 Zitiert nach: C. Kaross, S. 7.

68 „Weiheakt und Festessen in der Festhalle", in: KP vom 7. Juli 1908.

69 Vgl. H. K. Marschall, S. 315 und S. Timpe, S. 13.

70 „Die Festhalle ist für Feste der freien Gewerkschaften nicht zu haben!", in: Volksstimme vom 24. Dezember 1908. Siehe auch: R. Roth, Gewerkschaftskartell, S. 213 f.

71 Protokoll-Auszug der Stadtverordnetenversammlung § 139 vom 23. Februar 1909, MA S 2332, Bd. 2, f. 210r. Hierzu auch das Sitzungsprotokoll der Stadtverordnetenversammlung § 94 vom 9. Februar 1909, AS 698, f. 124r.-131r.

72 Vertrag zwischen der Festhallen-Gesellschaft und dem Gewerkschaftskartell vom 14. Juli 1910, MA S 2340, Bd. 1, Quadrangel 32.

73 Vgl. „Die Gewerkschaften in der Festhalle", in: KP vom 1. Juni 1909.

74 Zitiert nach: U. Haver, S. 71.

75 Mit diesen Worten wandte sich Adickes an die Gäste der Eröffnungsfeier, zitiert nach: „Die Eröffnung der Luftschiffahrt-Ausstellung", in: GA vom 10. Juli 1909. Siehe auch: M. Kutscher, S. 24-28.

76 Vgl. „Zur Eröffnung der IIa. Ein Ausstellungs-Rundgang" und „Zeppelin in Frankfurt und sein Abschied", in: GA vom 10. Juli und 2. August 1909, U. Haver, S. 72 f., C. Kaross, S. 56 und M. Kutscher, S. 32-38.

77 „Zur Eröffnung der Rollschuhbahn", in: FN vom 20. November 1909. Vgl. das „Exposé über die Gründung eines Rollschuhbahn-Etablissements in der Städtischen Festhalle zu Frankfurt a. M.", MA S 2339 (Akte nicht paginiert), „Von der Rollschuhbahn", in: FN vom 17. November 1909 und „Frankfurt rollt. Die Rollschuhbahn in der Festhalle", in: KP vom 20. November 1909.

78 Vgl. den GB 1910, S. 2 und den Vertrag zwischen der Festhallen-Gesellschaft und Emil Goll vom 4. Dezember 1911, MA S 2340, Bd. 1, Quadrangel 55.

79 „Eröffnung der Ausstellung für Sport und Spiel", in: FZ vom 14. Mai 1910 (Abendblatt). Siehe auch das Programm und die Allgemeinen Bestimmungen der Internationalen Ausstellung für Sport und Spiel, Frankfurt a. M. 1910, S. 3-6 und den Vertrag zwischen der Festhallen-Gesellschaft und dem Verein Internationale Ausstellung für Sport und Spiel vom 16. November 1909, MA S 2340, Bd. 1, Quadrangel 22.

80 „Die ersten Radrennen", in: KP vom 17. Mai 1910. Vgl. GB 1910, S. 1.

81 „Der Festplatz. Eine Anregung", in: KP vom 10. August 1911. Vgl. J. Borig, S. 14-17 und „Die Frankfurter Tagung des Radfahrerbunds", in: KP vom 5. und 7. August 1911.

82 „Ein Frankfurter Stadion", in: FN vom 12. März 1914. Vgl. GB 1913, S. 2 f., den Vertrag zwischen der Festhallen-Gesellschaft und dem Fußballclub Frankfurt 1880 e. V. vom 4. April 1914, MA S 2340, Bd. 2, f. 40r.-45r. und J. Brundert, S. 42-46.

83 „Geistliches Musikfest in Frankfurt", in: KP vom 4. April 1912. Hierzu auch 25 Jahre, S. 14 f.

84 G. Fladung, S. 8.

85 Zitiert nach: H. von Thiersch, S. 220. Weiterführend: Friedrich von Thierschs Unterlagen zu einer Denkschrift über die Erweiterungsbauten zur Festhalle Frankfurt a. M. vom 15. August 1912, MA S 2332, Bd. 3 (Akte nicht paginiert) und die von Adickes unterzeichnete „Denkschrift über den Ausbau der Ausstellungs- und Festhalle. Entwurf vom 20. September 1912", S 3/N 411 (ISG).

86 „Die Adickes Feier", in: FZ vom 29. September 1912 (3. Morgenblatt). Siehe auch: W. Klötzer, Franz Adickes, S. 259.

87 Zitiert nach: „Die Adickes Feier", wie Anm. 86. Vgl. den Aufruf des Festkomitees für die „Adickes-Feier" an die Mitbürger vom August 1912 und die Festrede von Adolf Jung vom 28. September 1912, MA S 1768 (Akte nicht paginiert) sowie K. Maly, S. 192 f.

88 Der IV. Wettstreit Deutscher Männergesangsvereine hat wie geplant vom 5. bis zum 8. Mai 1913 in der Festhalle stattgefunden.

89 Zitiert nach dem Protokoll der Aufsichtsratssitzung vom 11. Oktober 1912, S. 5, MA S 2339 (Akte nicht paginiert).

90 Ebd. S. 6 ff. Schon in der „Festhallenaffäre" um ein schließlich im Tivoligarten auf dem Sachsenhäuser Berg abgehaltenes „Internationales Massen-Meeting" der Sozialdemokraten hatte sich die Stadtverordnetenversammlung am 8. September 1910 zur Vergabepraxis erklärt: „I. Die Stadtverordneten-Versammlung spricht ihr Bedauern darüber aus, daß von den Veranstaltern der für den 11. September 1910 in der Festhalle beabsichtigte Massenversammlung die Erfüllung von Bedingungen verlangt worden ist, welche als eine in Frankfurt bisher nicht übliche gewesene Beschränkung der freien Meinungsäußerung aufgefaßt werden müssen. II. Sie spricht den Wunsch aus, daß die Festhalle in Zukunft allen politischen Parteien zur Verfügung gestellt werde.", in: Mittheilungen aus den Protokollen der Stadtverordneten-Versammlung der Stadt Frankfurt a. M., Bd. 43, Frankfurt a. M. 1910, S. 1189 (8. September 1910). Siehe auch die Berichterstattung in der „Volksstimme" vom 5. bis zum 12. September 1910.

91 „Sozialdemokratische Versammlung in der Festhalle", in: FZ vom 21. Oktober 1912 (1. Morgenblatt).

92 Ebd.

93 Karl Liebknecht stimmte im Dezember 1914 und im August 1915 als einziger Sozialdemokrat im Reichstag gegen die Kriegskredite. Im Oktober 1918 trat er mit Rosa Luxemburg an die Spitze des Spartakusbundes und beteiligte sich zur Jahreswende 1918/19 an der Gründung der Kommunistischen Partei Deutschlands. Als Anführer eines linkssozialistischen Aufstandes wurde Liebknecht im Januar 1919 festgenommen und zusammen mit Rosa Luxemburg von Freikorpsoffizieren hinterrücks ermordet.

94 „Die Festhalle als Versammlungslokal", in: KP vom 21. Oktober 1912. Siehe auch: H. M. Müller, S. 164.

95 Vgl. den Bericht über die Verhandlungen der Stadtverordneten-Versammlung der Stadt Frankfurt a. M., Bd. 46, Frankfurt a. M. 1913, S. 345-349, (8. Sitzung vom 18. Februar 1913), „Die Festhalle", in: GA vom 20. Februar 1913, „Festhalle und Sozialdemokratie", in: Volksstimme vom 21. Februar 1913 und „Die Bescherung auf dem Hohenzollernplatz", in: Frankfurter Bürgerzeitung Sonne vom 22. Februar 1913.

96 Vgl. das Schreiben der Stadtkämmerei an den Magistrat vom 3. Januar 1913 und den Vortrag des Magistrats an die Stadtverordnetenversammlung vom 4. März 1913, MA S 2332, Bd. 3 (Akte nicht paginiert), das Schreiben der Stadtkämmerei an den Magistrat vom 10. Januar 1922, MA S 2332, Bd. 6, f. 49r./v., das „Regulativ, die Einsetzung einer gemischten Stiftungs-Deputation betr.", vom 14. Januar 1898, St. Katharinen- und Weißfrauenstift-Abgabe im ISG, Kasten 1, Akte 1, f. 186r. und T. Bauer, Für die Zukunft, S. 57.

97 Vgl. H. M. Müller, S. 131 f., GB 1914, S. 1 ff. sowie das Schreiben der Ausstellungs- und Festhallen-Gesellschaft an den Aufsichtsratsvorsitzenden Voigt vom 21. September 1918, MA S 2332, Bd. 5 (Akte nicht paginiert).

98 H. Drüner, S. 155. Siehe auch: D. Hoffmann, S. 71 ff. und H. M. Müller, S. 212 ff.

99 Vgl. das Schreiben der Ausstellungs- und Festhallen-Gesellschaft an den Magistrat vom 24. August 1915, MA S 2332, Bd. 4 (Akte nicht paginiert) und den Bericht über die Verhandlungen Stadtverordneten-Versammlung der Stadt Frankfurt a. M., Bd. 50, Frankfurt a. M. 1917, S. 377 (vom 5. Juni 1917).

100 Vgl. den GB 1917, S. 1 f. und das Schreiben (Entwurf) der Ausstellungs- und Festhallen-Gesellschaft an die Metall-Mobilmachungsstelle vom Juni 1918, MA S 2332, Bd. 5.

101 Schreiben des Gefreiten Kurt Ganss an Oberbürgermeister Voigt vom 29. August 1918, MA S 2332, Bd. 5.

102 Vgl. den Briefwechsel zwischen Voigt und Saran vom 2./3. September 1918, MA S 2332, Bd. 5.

103 Schreiben Modlingers an Voigt vom 18. Juni 1918, MA S 2332, Bd. 5. Hierzu auch das Schreiben der Ausstellungs- und Festhallen-Gesellschaft an den Aufsichtsrat vom 25. September 1915, MA S 2332, Bd. 4 und das Schreiben von Emil Benkard an Oberbürgermeister Voigt vom 8. Juni 1918, MA S 2332, Bd. 5.

104 Vgl. die Schreiben (Abschriften) der Festhallen-Gesellschaft und des Magistrats an die Metall-Mobilmachungsstelle vom Juli 1918, MA S 2332, Bd. 5.

105 Vgl. das Schreiben des Aufsichtsratsvorsitzenden an die Geschäftsleitung der Ausstellungs- und Festhallen-Gesellschaft vom 23. Dezember 1918, die Schreiben des Magistratskommissars für Militärangelegenheiten an den Magistrat vom 12. April 1919 und 5. November 1920, alle: MA S 2332, Bd. 5 sowie den GB 1919, S. 3.

106 Vgl. D. Rebentisch, Frankfurt, S. 434-438, K. Maly, S. 287, 25 Jahre, S. 16 und U. Haver, S. 76 f.

107 Schreiben Landmanns an den Magistrat vom 21. Mai 1919, MA 42, Bd. 1. Hierzu grundlegend: R. Hoede, S. 390 f.

108 Vgl. „Frankfurter Messe. Der erste Tag", in: KP vom 1. Oktober 1919, 25 Jahre, S. 16 und R. Hoede, S. 392.

109 Aus dem Presseexemplar der Ansprache Voigts, MA 42, Bd. 1.

110 Vgl. „Frankfurter Messe. Der erste Tag", in: KP vom 1. Oktober 1919 und D. Rebentisch, Ludwig Landmann, S. 88 ff.

111 Schreiben des Wirtschaftsamts an den Magistrat vom 4. November 1919, MA S 2332, Bd. 5. Siehe auch den GB 1920, S. 5.

112 Vgl. ebd., „Lehren von der Messe", in: KP vom 16. Oktober 1919 und R. Hoede, S. 394.

113 Vgl. den Bericht über die Verhandlungen der Stadtverordneten-Versammlung der Stadt Frankfurt a. M., Bd. 52, Frankfurt a. M. 1919, S. 1856-1869 (41. Sitzung vom 18. November 1919) und 1932-1937 (42. Sitzung vom 25. November 1919).

114 Vgl. das Schreiben des Wirtschaftsamts an den Magistrat vom 6. Dezember 1919, MA S 2332, Bd. 5, das Schreiben der Ausstellungs- und Festhallen-Gesellschaft vom 20. November 1919, MA S 2337, Bd. 2, das Schreiben der Messe- und Ausstellungs-Gesellschaft an den Magistrat vom 23. April 1920, MA S 2336, Bd. 1 (Akten nicht paginiert) und U. Haver, S. 79.

115 Vgl. D. Rebentisch, Frankfurt, S. 432 ff. Der Hinweis auf die Einquartierung französischer Soldaten in der Festhalle findet sich in einem Vermerk des Feuerwehrrats vom 7. Mai 1920, Akten der Branddirektion 216 (ISG).

116 Vgl. das Schreiben (Abschrift) Friedrich von Thierschs an die Ausstellungs- und Festhallen-Gesellschaft vom 8. Dezember 1919, MA S 2332, Bd. 5, 25 Jahre, S. 17 und H. K. Marschall, S. 314.

117 F. von Thiersch/ H. Lömpel, S. 3.

118 Ebd., S. 8.

119 H. von Thiersch, S. 224. Vgl. F. Roeckle, passim, „Das Ausstellungsgelände in Frankfurt" und „Die Bebauung des Festhallengeländes", in: FZ vom 13. Oktober 1920 und 2. März 1921.

120 J. Modlinger/ O. E. Sutter, S. 6.

121 „Die Bebauung des Festhallengeländes", in: FZ vom 2. März 1921. Vgl. den Protokoll-Auszug der Stadtverordnetenversammlung der Stadt Frankfurt am Main § 877 vom 2. November 1920, MA S 2332, Bd. 5 und U. Haver, S. 82 ff.

122 Vgl. das Schreiben (Abschrift) des Aufsichtsrats der Messe-Gesellschaft an den Magistrat vom 15. März 1922, AS 698, f. 408r./v., Auszug Protokolls des Magistrats der Stadt Frankfurt am Main Nr. 480 vom 11. Mai 1922, MA S 2332, Bd. 6, f. 63r. und GB 1922, S. 1.

123 „Die Herbstmesse", in: FN vom 23. September 1923. Siehe auch die Messe-Berichte in den Frankfurter Nachrichten vom 24. und 25. September 1923 und D. Rebentisch, Frankfurt, S. 438-441.

124 Die Goldmark war nicht Währungseinheit oder umlaufendes Zahlungsmittel, sondern diente lediglich als Recheneinheit, die eine feste Wertrelation zwischen dem inflationären deutschen Geld und den ausländischen Währungen auf Goldgrundlage herstellen sollte. 1 Goldmark = 0,358423 Gramm Feingold. Siehe auch den GB 1923, S 1. f. und die beigefügte „Eröffnungsbilanz in Goldmark" vom 1. Januar 1924 sowie R. Hoede, S. 396 f.

125 Vgl. das Schreiben der Messe- und Ausstellungs-Gesellschaft an den Magistrat vom 21. August 1924, MA S 2332, Bd. 6, f. 93r.-96r., den GB 1925, S. 2 und 25 Jahre, S. 19.

126 Vgl. 25 Jahre, S. 20, D. Rebentisch, Ludwig Landmann, S. 237 ff. und K. Maly, S. 395 f.

127 „Das architektonische Bild der Ausstellung", in: FN vom 12. Juni 1927.

128 Ebd. Siehe auch: D. Rebentisch, Frankfurt, S. 461 f.

129 „Europa in Frankfurt", in: FN vom 12. Juni 1927. Siehe auch: „Die Frankfurter Musik-Ausstellung", in: FN vom 11. Juni 1927, GB 1927, S. 2 und D. Rebentisch, Frankfurt, S. 461 f.

130 Vgl. den Bericht über die Verhandlungen der Stadtverordneten-Versammlung Frankfurt am Main, Bd. 61, 1928 Frankfurt a. M., S. 812-828. (12. Sitzung vom 5. Juni 1928) und D. Rebentisch, Ludwig Landmann, S. 239.

131 Schreiben (Abschrift) des Frankfurter Verkehrsvereins an die Stadtverordnetenversammlung vom 7. Juni 1928, MA S 2336, Bd. 1.

132 Ebd.

133 Vgl. das Protokoll der Sitzung des Aufsichtsrats der Messe- und Ausstellungs-Gesellschaft vom 25. Juni 1928, MA S 2336, Bd. 1 und D. Rebentisch, Ludwig Landmann, S. 240 f.

134 „Die Sensation in der Frankfurter Festhalle", in: FN vom 26. Februar 1928 (3. Beiblatt). Siehe auch: M. Schmeling, S. 108. Max Schmeling boxte am 11. April 1930 im Rahmen seiner Schaukampftournee zur Vorbereitung auf den Weltmeisterschaftskampf gegen Jack Sharkey noch einmal in der Festhalle; hierzu: „Nicht nur Schmeling", in: FN vom 9. April 1930 (3. Beiblatt).

135 Vgl. das Protokoll der Sitzung des Aufsichtsrats der Messe- und Ausstellungs-Gesellschaft vom 6. Februar 1928, MA S 2336, Bd. 1, „Das Ziel ist erreicht!", „Die Festhalle als Sportpalast" und „Nach der Messe Sport!", in: FN vom 3., 4. und 5. November 1928.

136 Vgl. das Schreiben von Paul Schwarz an die Messe- und Ausstellungs-Gesellschaft vom 18. April 1933, MF 335, den Bericht des Rechnungsprüfungsamts über die Prüfung der Bestands- und Erfolgsrechnung der Messe- und Ausstellungs-Gesellschaft vom 14. August 1934 als Anlage zum GB 1933, S. 5 und „Goldstein überschrie den Lautsprecher", in: FNP vom 29. November 1978.

137 Vgl. „Was wird aus der Messe?", in: FN vom 17. April 1929 (2. Beiblatt).

138 Julius Schnorr, Programm der Messe- und Ausstellungsgesellschaft mbH, Frankfurt a. M. für die kommenden Jahre vom 15. August 1930, S. 1, MA 7096, f. 2r. Siehe auch den Vortrag des Magistrats an die Stadtverordnetenversammlung vom 11. Juni 1929, MA S 2336, Bd. 1.

139 Vgl. J. Modlinger, o. S., 25 Jahre, S. 22-30, U. Haver, S. 95-102 und D. Rebentisch, Frankfurt, S. 477.

140 Vgl. D. Rebentisch, Frankfurt, S. 469-476.

141 „Hitler-Versammlung", in: FZ vom 4. August 1930 (Abendblatt).

142 Ebd.

143 Ebd. Zum Folgenden: D. Rebentisch, Frankfurt, S. 473 f.

144 „Rechtsradikale – Linksradikale", in: FZ vom 9. März 1931 (Abendblatt). Siehe auch: „Umzugsverbot in Frankfurt" und „Ausschreitungen gegen die Polizei", in: FZ vom 6. März 1931 (Morgenblatt) und 9. März 1931 (Morgenblatt).

145 Vgl. GB 1931, S. 6 und GB 1932, S. 4 sowie T. Bauer, Frankfurter Waldstadion, S. 67.

146 Das braune Hemd war Teil der Uniform nationalsozialistischer Organisationen.

147 „Adolf Hitler in Frankfurt", in: FN vom 24. Februar 1933. Vgl. D. Rebentisch, Frankfurt, S. 482-487.

148 Vgl. das Schreiben des Magistrats an die Messe- und Ausstellungs-Gesellschaft vom 29. Juni 1933, MA 7096, K. Maly, S. 546, B. Tüffers, S. 30, 156, 168 und 177-182 sowie M. Bermejo, S. 110-114 und 166 f.

149 Vgl. die Personalakte 134.600: August Wiederspahn (ISG) und „Messedirektor Dr. Schnorr", in: FNP vom 18. Oktober 1954.

150 Vgl. A. Hansert, S. 402-410. Hansert hat mit seinem Beitrag Neuland betreten und auf eine Forschungslücke aufmerksam gemacht.

151 Vgl. ebd., S. 405, GB 1934, S. 2 ff. und „Eröffnung der Rhein-Mainischen Braunen Messe", in: Städtisches Anzeigenblatt Frankfurt a. M. vom 12. Mai 1935.

152 GB 1935, S. 6.

153 Vgl. GB 1934, S. 3 ff., GB 1935, S. 5 ff., GB 1936 S. 1 f. und GB 1937, S. 2 ff.

154 Vgl. GB 1937, S. 2 f. und U. Haver, S. 106-109.

155 H. Pohl, S. 24. Zum Folgenden siehe: T. Anspach, S. 212 f.

156 „Olympia-Turner in Frankfurt", in: GA vom 30. März 1937.

157 „Appell an das Verantwortungsgefühl", in: FZ vom 18. März 1936. Vgl. A. Hansert, S. 406 f. sowie die GB 1936 bis 1938.

158 Vgl. „Adolf Hitler in Frankfurt", in: FZ vom 17. März 1936 und H. M. Müller, S. 274.

159 Vgl. das Schreiben des Frankfurter Verkehrs- und Wirtschaftsamtes an den Deutschen Gemeindetag vom 12. Januar 1939, Landesarchiv Berlin B Rep. 142-07, Nr. 1-2-6-1, f. 25 r./v. Abhandlungen über die Ereignisse, die sich im November 1938 in der Festhalle zugetragen haben, fußten bislang auf Augenzeugenberichten. Den Hinweis auf das an entlegener Stelle archivierte Dokument zur Bereitstellung der Festhalle vom 10. bis zum 16. November 1938 für die Gestapo verdanke ich der Mitarbeiterin des Frankfurter Fritz Bauer Instituts, Monica Kingreen.

160 Vgl. J. Kromer, S. 345.

161 J. Steen, W. v. Wolzogen, S. 171-180, D. Schiefelbein, S. 46-49 und M. Kingreen, S. 55 ff.

162 Georg Salzberger, Der 9. Nobvember 1938 in Frankfurt am Main, Erlebnisbericht (ISG). Der Opernsänger Hans Erl war von 1918 bis 1933 Erster Bassist an der Frankfurter Oper. Am 11. Juni 1942 deportiert, gilt Erl offiziell als verschollen.

163 Erlebnisbericht von Heinrich Perlhefter, geschrieben um 1963, Hessisches Hauptstaatsarchiv Wiesbaden, Abt. 461/ 30983/13. Siehe auch den von Julius Meyer 1940 niedergeschriebenen Erlebnisbericht über die Vorfälle in der Festhalle im November 1938, in: D. Andernacht, E. Sterling, S. 32-44.

164 Die Festhalle wurde vom 10. bis zum 16. November 1938 in Anspruch genommen, siehe das Schreiben des Frankfurter Verkehrs- und Wirtschaftsamts, wie Anm. 159. Die von dem Bildhauer Willi Schmidt im Auftrag der Stadt Frankfurt hergestellte Gedenktafel trägt die Inschrift: „In der Festhalle wurden in der Nacht vom 8. zum 9. November 1938 hunderte von Frankfurter Juden zusammengetrieben und schwer misshandelt. Von hier gingen die ersten Massentransporte in die Konzentrationslager." Das falsche Datum auf der Gedenktafel wurde entgegen anders lautender Presseberichte bis heute nicht verbessert; vgl. „Feier mit falschem Datum" und „Denk-Mal, ohne Datum", in: FR vom 9. und 22. Februar 1991.

165 Aktenvermerk 31. August 1939 betr. die Anforderung des Obergeschosses des Hauses der Moden für das Heeresbekleidungsamt von Adolf Miersch, MA 7102. Siehe auch das Protokoll der Amtsleiter-Besprechung am 28. März 1939, den Vermerk über den Beginn der Getreideeinlagerung vom 8. Juni 1939, den Briefwechsel zwischen Oberbürgermeister Krebs und dem Reichsminister für Ernährung und Landwirtschaft vom 26. Juni und 19. Juli 1939 sowie die Besprechungsnotiz vom 9. August 1939 „Beschlagnahmung der Festhalle durch die Reichsgetreidestelle", alle: MA 1939 (Akte nicht paginiert).

166 Vgl. das Protokoll der Besprechung bei Oberbürgermeister Krebs vom 12. April 1940, MA 1939 und das „Feldurteil" des Feldkriegsgerichts der Division Nr. 159 vom 2. Mai 1941, S. 4 f., MA 1939.

167 Vgl. den „Bericht des Kommandeurs der Feuerschutzpolizei Frankfurt a/M., Oberstleutnant d. FschP. Dr. Langbeck über das Großfeuer in der Festhalle von Frankfurt a/M. am 18.12.1940", MF 335 und das Schreiben Langbecks an Oberbürgermeister Krebs vom 19. Dezember 1940, MA 1939.

168 Vgl. den „Feuerbericht" der Feuerwache III vom 24. Dezember 1940, MF 335. Siehe auch C. Kaross, S. 62.

169 Feldurteil des Feldkriegsgerichts der Division Nr. 159 in der Strafsache gegen den Vorarbeiter Richard Möllinger und andere vom 26. April 1941, S. 9, MA 1939.

170 Vgl. ebd., S. 2.

171 Bericht des MAN-Vertreters Kappler über die Besichtigung der Brandstätte Festhalle vom 21. Dezember 1940, MF 336. Vgl. Georg Petry, Frankfurt wie es war, Frankfurt a. M. 1967, S. 26 f. (Typoskript im Archiv der Messe Frankfurt GmbH) und den in der FR vom 4. Januar 1968 abgedruckten Leserbrief von Oberbaurat a. D. Georg Petry: „Bei der Festhalle, die am 18. Dezember 1940 ausbrannte, ist es mir genauso ergangen wie beim Opernhaus. Hier waren die maßgebenden Herren aus städtebaulichen und architektonischen Gründen an dem Abbruch der Halle interessiert. Die Halle war schon zur Sprengung vorbereitet. Im letzten Augenblick konnte ich die Vernichtung dieser statisch sehr interessanten Halle verhindern." Zum Folgenden siehe die Abschrift des Schreibens von Professor Klöppel an Oberbürgermeister Krebs vom 29. Januar 1941, MA 1939.

172 Briefentwurf für ein Schreiben von Oberbürgermeister Krebs an Gauleiter Sprenger vom 2. Januar 1941, MA 1939. Zu den Spannungen zwischen Krebs und Sprenger: D. Rebentisch, Frankfurt, S. 499-502. Vgl. auch das Protokoll der Aufsichtsratssitzung vom 23. Dezember 1940, MA 1939.

173 Vgl. die Abschrift des Schreibens des Stabsamtsleiters an Oberbürgermeister Krebs vom 7. Februar 1941 und das Schreiben des Oberkommandos des Heeres an Oberbürgermeister Krebs vom 9. Juli 1941, beide: MA 1939.

174 Vgl. den Bericht von Oberbaurat Fischer über die Situation an der Festhalle vom November 1941, MA 1939, die Durchschrift des Schreibens der Messe- und Ausstellungs-Gesellschaft an den Architekten Born vom 7. Januar 1942 sowie die Schreiben (Abschriften) der Allianz AG an die Messe- und Ausstellungs-Gesellschaft vom 16. Juli und 26. Oktober 1943, MF 336.

175 Schreiben der Messe- und Ausstellungs-Gesellschaft an Oberbürgermeister Krebs vom 4. Mai 1944, MA 3809, f. 295r. „Gefolgschaftsmitglieder" = Mitarbeiter der Messe- und Ausstellungs-Gesellschaft. Siehe auch die Briefe der Messe GmbH an den Aufsichtsratsvorsitzenden Lingnau vom 7. Januar und 8. Oktober 1944, MA 7099, D. Rebentisch, Frankfurt, S. 512 ff. und G. K. Lerch, S. 59-63.

176 Vgl. den Entwurf für ein Schreiben von Oberbürgermeister Kolb an das Großhessische Staatsministerium für Wirtschaft und Verkehr vom September 1946, MA 7102, die Aufzeichnungen des Mitarbeiters der Messe GmbH Schmidt, S. 1, MF 343 und F. Balser, S. 16 f.

177 Vgl. T. Bauer, Walter Kolb, S. 31 f.

178 W. Kolb, S. 11. Zu Kolbs Messepolitik siehe: T. Bauer, Walter Kolb, S. 74-79.

179 „Frankfurt soll wieder Messestadt werden", in: FNP vom 26. August 1946. Siehe auch: U. Haver, S. 111 sowie „Wieder Messe in Frankfurt", in: FR vom 27. April 1946.

180 Vgl. den Entwurf des am 18. April 1946 an das Großhessische Staatsministerium gerichteten Schreibens von Oberbürgermeister Blaum, MA 7093 und T. Bauer, Walter Kolb, S. 74 f.

181 Vgl. „Der Wiederaufbau der Frankfurter Messehallen", in: Giessener Freie Presse vom 28. August 1948, Oskar Braune, Wie ich zur Messe & Ausstellungs GmbH kam. 11. Aug(ust) 1947, Manuskript im MF 897, das Schreiben des Rechneiamts an Oberbürgermeister Blaum vom 17. April 1946, MA 7099, T. Bauer, Walter Kolb, S. 33-38 und W. Bendix, S. 281 ff.

182 Vgl. die als „streng vertraulich" eingestufte Niederschrift über die Sitzung des Aufsichtsrats der Messe- und Ausstellungs-Gesellschaft vom 10. April 1947, MA 7100.

183 Vgl. „Glanzvoller Tag der Landwirtschaft", in: FR vom 30. August 1948.

184 So die von der Presse in indirekter Rede wiedergegebene Erklärung Erhards, „Frankfurts Messe eröffnet", in: FR vom 4. Oktober 1948.

185 Vgl. „Erfolgversprechender Auftakt. 54000 Besucher am ersten Tag" und „Frankfurter Messe – Umsatz über 600 Millionen Mark", in: FR vom 4. und 9. Oktober 1948 sowie W. v. Wolzogen, Soziale und kulturelle Voraussetzungen, S. 423 ff.

186 Messeamt, S. 12. Vgl. die Niederschrift über die Sitzung des Aufsichtsrats der Messe- und Ausstellungs-Gesellschaft vom 21. März 1949, S. 2, MF 88, U. Haver, S. 114 und „Aufbau fester Ausstellungshallen", in: FR vom 17. Juni 1949.

187 Vgl. das Schreiben des Staatlichen Materialprüfungsamtes Berlin-Dahlem an die Messe- und Ausstellungs-Gesellschaft vom 16. Februar 1948 und das „Prüfungszeugnis" des Materialprüfungsamtes für die Festhalle vom 23. Mai 1949, beide: MF 49.

188 K. Klöppel, Vorläufiges Gutachten über die Frankfurter Festhalle, Darmstadt 20. April 1948, S. 1, MF 49 (Typoskript).

189 Im Januar 1947 schlossen sich die amerikanische und die britische Besatzungszone zum Vereinigten Wirtschaftsgebiet der Bizone zusammen. Oberstes Organ der Bizone war der Wirtschaftsrat. Die Exekutive bildeten sechs Verwaltungen für Ernährung und Landwirtschaft, Verkehr, Finanzen, Post und Fernmeldewesen, Arbeit und last, but not least Wirtschaft.

190 Vgl. die Schreiben der MAN und der Verwaltung für Wirtschaft des Vereinigten Wirtschaftsgebietes an die Messe- und Ausstellungs-Gesellschaft vom 15. Juni 1948 und 13. Mai 1949, den Briefwechsel zwischen der Messe-Gesellschaft und dem Hessischen Minister für Wirtschaft und Verkehr sowie dem Hessischen Innenminister November 1948 bis Februar 1949, MA 1939, den Entwurf für ein Schreiben des Magistrats an den Regierungspräsidenten und dessen Antwortbrief vom 2. März und 13. Juni 1949, MA 7100.

191 „25 Tonnen wiegt die Festhallenkuppel", in: FNP vom 7. Mai 1949.

192 Vgl. H. K. Marschall, S. 315, „Gefährliche Arbeit an der Festhallen-Kuppel", in: FR vom 22. Juni 1949 und die Aufstellung der Bauabteilung der Messe-Gesellschaft zum Wiederaufbau der Festhalle vom 18. Januar 1950, MF 336.

193 „Festhalle vor dem Richtfest", in: FR vom 25. Februar 1950.

194 Vgl. die Schreiben der Festhallen-Bauleitung an Stadtrat Wolf vom 20. Oktober 1949 und 11. Dezember 1950, MF49.

195 Zitiert nach: „Richtfest für die wiedererstandene Festhalle", in: FNP vom 1. März 1950. Zum Folgenden: Messeamt, S. 16 und „Richtkrone über den Messebauten", in: FR vom 1. März 1950.

196 Vgl. „Rekordbesuch auf Frankfurter Messe", in: Berliner Blatt/Die neue Zeitung vom 22. März 1950, „Frankfurt – eine große Messe", in: Der Tag vom 26. März 1950, die Niederschrift über die Sitzung des Finanzausschusses der Messe-Gesellschaft vom 10. Januar 1950, MF 97 und Messeamt, S. 16 ff.

197 „Frankfurter Sozialistenkongreß gegen Remilitarisierung der Bundesrepublik", in: FR vom 21. August 1950. Siehe auch: „Abschiedsfeier für Prälat Dr. Herr", in: FR vom 11. April 1950.

198 Begrüßungsansprache des Oberbürgermeisters der Stadt Frankfurt am Main Dr. Walter Kolb, in: Ansprachen anläßlich der Internationalen Frankfurter Messe 11. bis 16. März 1951, S. 5. Siehe auch: „Heißer Messekrieg", in: FAZ vom 2. August 1952 und W. Bendix, S. 285-291.

199 Vgl. die Protokolle der Sitzungen des Aufsichtsrats der Messe- und Ausstellungs-Gesellschaft vom 10. und 19. August 1950, MA 7100 und den GB 1951, S. 3.

200 „Messebauten entstehen im Eiltempo", in: FR vom 10. Januar 1951. Siehe auch: O. Fischer, S. 78-81 und die Speisenkarte der Festhallen-Gaststätten-Betriebe vom 11. März 1951, MF 335. Pläne für ein „Haus der Tagungen" auf dem nördlichen Teil des „Hauses der Moden" gab es bereits im Jahr 1937, vgl. „Wie bleibt Frankfurt die Stadt der Ausstellungen?", in: FZ vom 21. Oktober 1937.

201 Vgl. M. Kutscher, S. 80-92 und T. Bauer, Walter Kolb, S. 79 ff.

202 Gesellschaftsvertrag der Messe- und Ausstellungs-Gesellschaft mbH Frankfurt am Main vom 15. August 1952, § 2, MA 1940. Vgl. den Vortrag des Magistrats an die Stadtverordnetenversammlung die Kapitalerhöhung und Satzungsänderung bei der Messe- und Ausstellungs-Gesellschaft vom 21. April 1952, MA 1938.

203 Vgl. August Wiederspahn, Frankfurter Messegelände im Frühjahr neu gestaltet, in: Mitteilungen der Industrie- und Handelskammer Frankfurt a. M. vom 17. September 1952, „Zehn-Millionen-Bauprojekt der Messe", in: FR vom 5. Juni 1952 und „Die Festhalle hat einen neuen Eingang", in: FAZ vom 13. August 1953.

204 Zitiert aus der Rede von Oberbürgermeister Werner Bockelmann, in: Ansprachen anläßlich der Internationalen Frankfurter Messe vom 1. bis 5. März 1959, Frankfurt a. M. 1959, S. 4.

205 Zitiert nach: U. Haver, S. 122. Siehe auch: W. Bendix, S. 291 und Magistrat der Stadt Frankfurt, S. 273.

206 Vgl. A. Andersen, S. 21-27.

207 Zitiert nach: „Adenauer: Visitenkarte Deutschlands", in: FNP vom 27. April 1951. Siehe auch: „Kommt die Deutsche Automobilausstellung 1950 nach Frankfurt?", in: FR vom 17. September 1949 und W. v. Wolzogen, Die Frankfurter Messe, S. 443 ff.

208 Alfons Montag, Wohlstand auf Rädern, in: FR vom 18. September 1959.

209 Vgl. U. Haver, S. 135-159, Magistrat der Stadt Frankfurt, S. 273 und W. v. Wolzogen, Die Frankfurter Messe, S. 435 f.

210 „Badewannen wie im Film. Unfachmännischer Messebummel eines sanitär mittelmäßig Gebildeten", in: FR vom 18. Mai 1960. Siehe auch: T. Bauer, Von Kenneln, S. 106-110.

211 Vgl. „Schallteller unter der Festhallenkuppel", in: FAZ vom 19. Juli 1957, U. Haver, S. 160 ff. und die Presse-Information für die Deutsche Rundfunk-, Fernseh- und Phonoausstellung vom 27. Juni 1957, MF 57.

212 Ansprache des ARD-Vorsitzenden, Intendant Dr. Walter Hilpert, zur Eröffnung der Deutschen Rundfunk-, Fernseh- und Phonoausstellung Frankfurt a. Main am 2. August 1957, MF 57.

213 Otto Höpfner leitete die Sendung bis Ende 1965, anschließend Heinz Schenk und Lia Wöhr.

214 Vgl. das Sendeprogramm vom 2. bis 11. August 1957 und den Abschlussbericht der Deutschen Rundfunk-, Fernseh- und Phonoausstellung vom 11. August 1957, MF 57 sowie „Festhalle im neuen Glanz", in: FR vom 4. August 1959.

215 Richard Kirn, Das gute Beispiel, in: Der neue Sport vom 24. März 1947.

216 Vgl. das Schreiben der Special Service Section an die Messe- und Ausstellungs-Gesellschaft vom 22. Mai 1951 und den zwischen der Messe-Gesellschaft und dem Manager der Harlem Globetrotters Al Warner vereinbarte Mietvertrag für die Festhalle vom 5. Juli 1951, MF 45.

217 Vgl. „Die Sportrevue, die Frankfurt noch nicht sah", in: FR vom 15. August 1951.

218 „Eisrevue – einmal ganz anders", in: FR vom 19. Dezember 1951. Siehe auch die „Holiday on Ice"-Akte im Archiv der Messe Frankfurt GmbH, MF 46.

219 So der Buchtitel von H. Knopp. Siehe auch: F. Weber, F. Welcker, S. 225-229.

220 „Strahlende Marika", in: FAZ vom 12. Januar 1966. Siehe auch: „Eisrevue des europäischen Geschmacks", „Im Affentempo übers Eis", „Simple Prachtentfaltung – mehr nicht" und „Nach Jahren der Langeweile ein gutes Programm", in: FAZ vom 13. März 1964, 28. Dezember 1964, 7. Januar 1971 und 6. Januar 1972.

221 Vgl. den Paragraph zwei des zwischen der Messe- und Ausstellungs-Gesellschaft und dem Management von „Holiday on Ice" vereinbarten Mietvertrags für die Festhalle vom 23. Juni 1952, MF 46, „Die Festhalle bekommt ihre Radrennbahn" und „Festhallen-Bahn wächst aus spiegelblankem Fichtenholz", beide in: FR vom 16. August und 13. September 1951 sowie 8. Frankfurter Sechs-Tage-Rennen mit internationaler Besetzung vom 27. Oktober bis 2. November 1951 (Programmheft), Frankfurt a. M. 1951.

222 Vgl. „Wenn das van Steenbergen erlebt hätte!", in: FR vom 21. November 1964, „Altig geht – die Twens drängen nach", in: Internationales 6-Tage-Rennen. Die Weltbesten am Start (Programmheft), Frankfurt a. M. 1971, S. 9 f. und das Vertragsformular des Verbandes Deutscher Radrennbahnen e. V. mit Sonderbestimmungen für Sechstagerennen, Münster/Westf. um 1972, MF 928.

223 „Reiter begeisterten Frankfurt", in: FR vom 21. März 1955.

224 „Das höchste Glück dieser Erde…", in: FR vom 21. März 1955. Vgl. T. Anspach, S. 213 ff. und den zwischen der Messe-Gesellschaft und dem Frankfurter Reit- und Fahr-Club vereinbarten Mietvertrag für die Festhalle vom 27. September 1954, MF 52.

225 Vgl. H. Pohl, S. 28 sowie „70.000 Rohziegel" und „Keine Internationalen Reit- und Springturniere", in: FNP vom 28. Februar 1964 und 20. Dezember 1978.

226 Max Danz, Geleitwort, in: 1. Deutsche Leichtathletik-Hallen-Meisterschaften (Programmheft), Frankfurt a. M. 1954, S. 1. Siehe auch: H. Ulzheimer, S. 305 f. und „Frankfurts Leichtathleten Pioniere der Hallen-Ära", in: FR vom 16. Februar 1978.

227 „Vier Hallentitel für Eintracht", in: FR vom 22. März 1954.

228 „Mildenberger in der 7. Runde schwer k. o.", in: FR vom 6. April 1968. Siehe auch: „Mildenberger schlug King klar nach Punkten", in: FR vom 25. November 1961 und H. Scherzer, S. 39 ff.

229 Matthäusevangelium, Vers 5, 39.

230 „Ein Schritt zur deutschen Einheit", in: FR vom 8. August 1956. Siehe auch: „Fragen des Alltags, die jeden berühren", „Zwischen Suchen, Hoffen und Erleben" und „Die Fenster weit aufmachen", in: FR vom 10. und 11. August 1956.

231 Vgl. Georg Stierle, Zum 1. Mai 1952, in: Festschrift zur Maifeier der Sozialdemokratischen Partei Unterbezirk Frankfurt am Main am Donnerstag, dem 1. Mai 1952 in der Festhalle (Programmheft), Frankfurt a. M. 1952, S. 5 ff., „Bündnis im Kampf gegen Atomgefahr" und „CDU sieht keine Gemeinsamkeit", in: FR vom 3. Mai 1958 und 3. Juli 1961.

232 Vgl. „Erhard lehnt Staatseingriffe ab" und „Teilnahme an ‚inter-oil' lohnte", in: FR vom 20. und 22. Juni 1963 sowie „Symposion um das ‚flüssige Gold'", in: FAZ vom 21. Juni 1963.

233 Vgl. „Schwestern kamen in Saris und Kimonos" und „Manchmal war es ein ‚tanzender Kongreß'", in: FR vom 17. und 25. Juni 1965.

234 „Widerstandskongreß wurde vorzeitig beendet", in: FR vom 4. Juni 1968. Siehe auch: „Zu Pfingsten: Schüler- und Studenten-Kongreß" und „Polizei besetzt Universität – Studenten stürmen Schauspielhaus", in: FR vom 30. und 31. Mai 1968 sowie H. M. Müller, S. 381 f.

235 Lothar Vetter, Led Zeppelin – Götterdämmerung in der Festhalle, in: FR vom 20. Juli 1970.

236 Ebd.

237 Vgl. „Bombendrohung – Steinhagel", „Stones? Nun ja" und „Mit den ‚Stones' kam der Krach", in: FR vom 6. und 7. Oktober 1970 sowie „An Hallensheriff Willi kommt keiner vorbei", in: Abendpost-Nachtausgabe vom 8. November 1986.

238 Vgl. „In der Festhalle: Die Technik löst den Sport ab", „Automechanika jetzt als Ersatz für die IAA" und „Automechanika schon 1972", in: FR vom 14. März 1967, 16. März 1971 und 22. November 1971 sowie den GB 1971, o. S.

239 Vgl. „Wird die Festhalle zur Sportstätte umgebaut?", in: FR vom 26. Juni 1965, „Zentrum für den Sport" und „Festhalle nicht nur für den Sport", in: FNP vom 28. Juni 1965 und 1. April 1970.

240 Vgl. „Hochbauten an der Messestraße der Nationen" und „Eine klare Konzeption für die Frankfurter Messe", in: FAZ vom 2. März 1960 und 16. August 1961, „Brücke über Messegelände", in: FNP vom 15. Dezember 1962, H. Alsheimer, S. 40 sowie „Neubauten der Frankfurter Messe termingerecht vollendet", in: Mitteilungen der Messe- und Ausstellungs-GmbH Frankfurt a. M. (1971), Heft 3, S. 11 f.

241 Herbert Neumann, Leben in der guten Stube, in: FAZ vom 24. Februar 1973. Siehe auch: Herbert Hoffmann, Der Sport – in der Festhalle nur „zu Gast", in: FNP vom 20. März 1971.

242 Vgl. „Sporthallenbau nur mit Bürgerinitiative möglich", in: FR vom 11. Februar 1972 und T. Bauer, Frankfurter Waldstadion, S. 144-150.

243 Vgl. H. Neumann, wie Anm. 241, „Stube", in: Frankfurter Wörterbuch, Bd. 6, hrsg. von Wolfgang Brückner, Frankfurt a. M. 1988, S. 3091 f. und die Anlage zur Ortssatzung vom 10. Februar 1972 über geschützte Bauwerke, Straßen, Plätze und Ortsteile, Denkmäler, Brunnen, Uhrtürmchen, Heiligenstöcke und Ruhebänke, in: Mitteilungen der Stadtverwaltung Frankfurt a. M. (1972), Nr. 12, S. 82.

244 Vgl. „Die Festhalle wird renoviert: Neuer Anfang für eine Mehrzweckhalle?", in: FAZ vom 4. Mai 1974, „Wie aus dem Wunderwerk von einst ein Alptraum wurde" und „Jetzt sucht die Festhalle Veranstalter", in: FR vom 9. Mai und 13. November 1974.

245 Vgl. „Neues Management für die Festhalle gefordert", in: FR vom 11. Dezember 1974, „Die Festhalle im Dornröschenschlaf" und „Festhalle ist nahezu ausgebucht", in: FAZ vom 19. und 27. Juli 1977.

246 Frankfurter Aufbau AG, Gutachterliche Untersuchung von Nutzungsmöglichkeiten Festhalle Frankfurt am Main – Kurzbericht, Frankfurt a. M. 1976, S. 30 (MF 304).

247 Ebd., S. 36.

248 Vgl. ebd., S. 38 ff., 42 und 50-72 sowie „Die Festhalle bekommt einen neuen Boden", in: FR vom 24. Mai 1978 und „Sportler und Aussteller unter einem Dach", in: FAZ vom 2. August 1979.

249 GB 1980, o. S.

250 Vgl. ebd. und H. M. Müller, S. 419 f.

251 Vgl. GB 1980, o. S.

252 „Lichtfluten und Glitzer bei der Festhallen-Premiere", in: FR vom 28. Januar 1982. Siehe auch: „Die großen Sprünge sind rarer geworden", in: FR vom 4. Januar 1975 und „Ausverkauftes Haus für Holiday on Ice", in: FAZ vom 23. Dezember 1977.

253 Zitiert nach: H. Neumann, Stoltzes stolze Begrüßung, S. 211. Hierzu auch: Festführer. Deutsches Turnfest 1983 Frankfurt am Main, hrsg. vom Organisationskomitee, Frankfurt a. M. 1983, S. 15-27 und „Es geht sprunghaft und ständig aufwärts", in: FAZ vom 2. Juli 1983.

254 Vgl. H. Boelsen, S. 174-177 und „Sieger heißen Thurau/Tschan!", in: FNP vom 26. Oktober 1977.

255 Zitiert nach: „Sport und sein moralischer Zinsfuß", in: FR vom 26. Juni 1980.

256 Vgl. H. Boelsen, S. 177-181, „Braun war glücklicher als der Sieger Thurau", in: Abendpost-Nachtausgabe vom 3. November 1983 und „Das 37. Frankfurter Sechstagerennen fällt aus", in: FR vom 11. Oktober 1984.

257 „Feind spielt mit", in: FAZ vom 29. Dezember 1984. Zum Folgenden: „Festhallenturnier findet auch 1985 statt", in: FNP vom 29. Dezember 1984.

258 Vgl. D. Hochgesand, S. 144 ff. und „Mitten in der Nacht wollte Connors nicht mehr spielen", in: FR vom 11. Dezember 1978.

259 Zitiert nach: D. Hochgesand, S. 148.

260 Vgl. ebd., S. 148 ff.

261 Vgl. „Davis-Pokal: Festhalle gewinnt das Halbfinale", „Beckers Pflichtübung und das Marathonspiel Westphal – Smid" und „Die Nacht in der Festhalle, in der Westphal zum Star wurde", in: FR vom 22. August, 5. und 7. Oktober 1985 sowie D. Hochgesand, S. 151.

262 Vgl. „Wollüstiger Kuppelbau", in: FNP vom 14. Oktober 1985. Der Artikel beginnt mit dem Satz: „Wie sie dasteht auf der runden, eigens für sie errichteten Lichtscheibe, genau unter der wollüstigen Rundung des Kuppelbaus."

263 Zitiert nach: Michael Mönninger, Bis keiner mehr hingeht. Ist die Festhalle wirklich nicht zu retten?, in: FR vom 1. September 1984. „Ceterum censeo" = [lat.] im übrigen meine ich (als Einleitung einer immer wieder vorgebrachten Forderung).

264 M. Mönninger, wie Anm. 263.

265 Messe- und Ausstellungs-GmbH (Hrsg.), Das visuelle Erscheinungsbild der Messe, Frankfurt a. M. 1982. Zur Namensänderung in „Messe Frankfurt GmbH" siehe die Mitarbeiterinformation „Umfirmierung" vom 19. Oktober 1983, MF 343.

266 „Strukturplan für die Messe", in: Ihre Messe für Morgen. Informationen der Frankfurter Messe, Juli 1980, S. 1, MF 314. Hierzu siehe auch das von der Speerplan Regional- und Stadtplaner GmbH am 30. November 1978 vorgelegte „Vorgutachten Ausgliederung des Festhallenbereichs aus dem Messegelände Frankfurt am Main", MF 312.

267 Vgl. „Fünf A aus der Sicht des Architekten", in: Struktur-Info. Messe Frankfurt. Ihre Messe für Morgen, Nr. 3, März 1981, S.5, „Großzügig und kompakt. Synthese aller Messefunktionen im neuen Haus", in: ebd., Nr. 4, Oktober 1981, S. 4 f., „Die neue Mitte der Messe Frankfurt", in: ebd., Nr. 5, März 1982, S. 5 f. (alle: MF 314), GB 1984, S. 15, GB 1985, S. 9 und „Wo das Geschäftsleben heiß pulsiert", in: GZM, Januar 1985, S. 8 f.

268 Vgl. „Auch Ungers ist wieder dabei" und „Öffnung zu großem Messeplatz", in: FR vom 4. September und 17. Oktober 1985 sowie „Der alte Traum von der neuen Festhalle wird Wirklichkeit", in: FAZ vom 28. Dezember 1985.

269 Vgl. „Die Festhalle pausiert für sieben Monate", in: FAZ vom 5. April 1986, „Messeausbau um weitere 3,7 Millionen teurer", in: FR vom 29. November 1986, „Schönheitskur für ein Kulturdenkmal", in: GZM, August/September 1986, S. 52 f. und Horstmar Stauber, Zweiter Frühling für die alte Dame: Die Neueröffnung der Festhalle steht bevor, Pressekonferenz am 2. Oktober 1986, MF 791. Das ölbefeuerte Kesselhaus auf der Südseite der Festhalle wurde 1987 stillgelegt.

270 H. Stauber, wie Anm. 269, S. 3.

271 Vgl. „Ein Manager für die Festhalle", in: FAZ vom 15. April 1986, „Schräge Töne und alte Witze", in: FNP vom 10. November 1986 und „Die falsche Arie ausgesucht" und „Ein Ort für alle Frankfurter", in: FR vom 11. November 1986 und 1. Juli 1987.

272 H. Stauber, wie Anm. 269, S. 3. „Archimedischer Punkt" = von dem griechischen Mathematiker Archimedes (um 285-212 v. Chr.) geforderter fester Standpunkt außerhalb der Erde, von dem aus er die Erde in Bewegung setzen könne. Zur Architektur: Dieter Bartetzko, Die neue Frankfurter Festhalle. Zwischen Mythos und Messe, in: az, November 1986, S. 14-17, „Kompromiß zwischen 1908 und 1986", in: Die Welt vom 16. April 1986 und „krönender Abschluß – 4000 Quadratmeter Kupferplatten", in: FNP vom 10. Juni 1987.

273 GB 1989, S. 12. Siehe auch: GB 1987, S. 8.

274 Vgl. GB 1989, S. 7-12 und GB 2006, S. 6, 35 und 53.

275 Helmut Jahn, Der Turm zeugt vom ästhetischen Willen der Stadt, in: GZM, Juni-September 1989, S. 11. Siehe auch: „Karten auf den Tisch und im Osten viel Neues", in: ebd., August/September 1986, S. 14 f. und „Halle 1 und Besuchereingang City fertig gestellt", in: ebd., Februar-Mai 1989, S. 44.

276 Vgl. „Auf Schleichwegen zur Eis-Show in die Festhalle", in: FNP vom 4. Januar 1995, „Festhallen-Eingang: Messe verteidigt Verlegung", in: FAZ vom 4. März 1995, „Die langen Wege zur Frankfurter Festhalle bleiben", in: FR vom 15. März 1996 und „Nordeingang zur Festhalle bleibt zu", in: FNP vom 29. November 2002 sowie Albert Speer & Partner GmbH, Kooperatives Wettbewerbsverfahren „Umfeld der Festhalle Frankfurt" – Dokumentation des Wettbewerbsverfahrens, Frankfurt a. M. 2008, S. 4 f.

277 GB 2000, S. 88. Siehe auch: GB 1993, S. 36, GB 1995, S. 37, GB 1996, S. 12 f. und GB 2000, S. 42 f.

278 Michael Lennartz, Fast 20 Millionen für den Festhallen-Umbau, in: FNP vom 12. September 1995.

279 Vgl. „Sanitär-Messe ISH mit Besucher-Rekord", in: FR vom 13. März 2007, „Klempners Liebling", in: FAZ vom 10. März 2009 und Messe Frankfurt Exhibition, S. 86.

280 Zitiert nach: „Das Rock-Publikum ist hier König", in: GZM, Mai-August 1993, S. 57.

281 Zitiert nach: ebd.

282 Zitiert nach: „Da ist die Konkurrenz platt: Die Festhalle ist die Größte", in: FNP vom 2. Dezember 1992.

283 Zitiert nach: „Rau(h), aber herzlich", in: GZM, Januar-Mai 1988, S. 56. Siehe auch: „Festhalle bestand den Test", in: FR vom 8. Juli 1987, „Viel Beifall für Pavarotti – und für die Festhalle", in: FNP vom 21. Mai 1990 und „Große Gefühle im Breitwandformat", in: FAZ vom 9. März 1995.

284 Zitiert nach: „Die ‚Gudd Stubb' ist die bestgenutzte Halle Deutschlands", in: FAZ vom 2. September 1996. Siehe auch: GB 1988, S. 50.

285 Vgl. „Geflüster" und „Ex-Festhallen-Manager. Der tiefe Fall des Peter von Löbbecke", in: FR vom 22. Dezember 1999 und 6. September 2000, „Dieter Otto – Partner für Special Events", in: GZM, Juli-Oktober 2000, S. 33 sowie den GB 2003, S. 16.

286 Martin Scholz, Kommt ein Flügel geflogen…, in: FR vom 10. November 1997.

287 Vgl. „The winner is – Frankfurt" und „Pop-Heroen mit Sicherheitsabstand", in: FR vom 24. Januar und 9. November 2001.

288 Vgl. „Gestern schlug das Herz des Fußballs in Frankfurt" und „Nur Grönemeyer bringt Stimmung in die Festhalle", in: FR vom 6. Dezember 2003.

289 Zitiert nach: „Andre Agassi ist der neue Weltmeister", in: FR vom 19. November 1990. Siehe auch: „Spiel, Satz und Sieg für die Festhalle", in: GZM, Juni-September 1990, S. 56.

290 Zitiert nach: „Festhalle ist für ein Turnier perfekt", in: FR vom 14. November 1995. Siehe auch: D. Hochgesand, S. 140 und „Intergalaktisches Abschiedsgeschenk des Hausmeisters", in: FR vom 20. November 1995.

291 Vgl. Thomas Bauer, Der lange Atem der Frankfurter Sportgeschichte: Marathon, in: Jahresbericht 2002 des Sport- und Bäderamtes, Frankfurt a. M. 2003, S. 29 und „Ein Joker und ein launiges Laufduo", in: FAZ vom 27. Oktober 2008.

292 Vgl. „Paul Darragh entschied es im letzten Ritt", in: FR vom 10. Dezember 1990.

293 Vgl. T. Anspach, S. 216 f. und „Sprung und Dressur", in: SportsBiz vom 18. November 2005.

294 Frankfurter Aufbau AG, Festhalle Messe Frankfurt. Machbarkeitsstudie zur Rekonstruktion der Fassade, Frankfurt a. M. 2004, S. 5.

295 Petra Roth, Ausführungen anlässlich der Pressekonferenz denkmalgerechte Rekonstruktion der Festhalle am 13. Oktober 2005, S. 1.

296 Uwe Behm, Ansprache Rekonstruktion der Festhalle am 13. Oktober 2005, S. 1. Siehe auch die Presseerklärung der Messe Frankfurt GmbH „Neuer Glanz für eine große Halle: Messe Frankfurt investiert in denkmalgerechte Sanierung der Festhalle" vom 13. Oktober 2005 und „Türmchen krönen die Gud Stubb", in: FNP vom 14. Oktober 2005.

297 Zitiert nach: „Wie zu Kaisers Zeiten: Neuer alter Glanz für die Festhalle", in: FAZ vom 13. April 2006. Siehe auch: S. Timpe, S. 9 und 13 ff. sowie Stefan Klöckner GmbH, Restauratorischer Voruntersuchungsbericht über verschiedene Fassadenbauteile der Nordseite und die Empfangsräume der sog. Rotunde der Festhalle in Frankfurt am Main, Gelnhausen 2004.

298 Vgl. „Festhalle: Kuppel kehrt zurück", in: FNP vom 22. Juli 2006.

299 Ann-Katrin Nolte, Hütchenspiele an der Festhalle – Weltkugeln für die Ecktürme, Pressemitteilung der Messe Frankfurt GmbH vom 21. September 2006.

300 Zitiert nach: „Denk ich an damals… Die Rekonstruktion der Festhalle schreitet voran", in: agora Nr. 1 (2007), S. 11. Vgl. „Versteinerte Blüten krönen die Festhalle", in: FNP vom 8. Mai 2007.

301 Frankfurter Aufbau AG, wie Anm. 294, S. 25. Siehe auch: „Festhalle wieder in alter Pracht", in: FR vom 30. Juni 2007.

302 Vgl. Albert Speer & Partner GmbH, wie Anm. 276, passim sowie „Schale mit Grün", in: FAZ vom 21. Dezember 2007 und „Stadtgarten vor der Gud Stubb", in: FR vom 21. Dezember 2007.

303 Zitiert nach: „Der Ausbau der Messe endet nie", in: FR vom 9. Januar 2007. Im Rahmen der Modernisierung und Weiterentwicklung des Messe-Geländes wurde am 8. Oktober 2007 der Grundstein für die neue Halle 11 gelegt. 2009 werden zwei neue Gebäude fertig gestellt: die zweigeschossige Halle 11 und das separate Eingangsterminal West; vgl. GB 2007, S. 52.

Literaturverzeichnis

Alsheimer, Herbert: Die Frankfurter Messen, in: IHK Frankfurt am Main Mitteilungen vom 15. Januar 1990, S. 34-40.

Andernacht, Dietrich / Sterling, Eleonore: Dokumente zur Geschichte der Frankfurter Juden 1933-1945, hrsg. von der Kommission zur Erforschung der Geschichte der Frankfurter Juden, Frankfurt a. M. 1963.

Andersen, Arne: Der Traum vom guten Leben. Alltags- und Konsumgeschichte vom Wirtschaftswunder bis heute, Frankfurt a. M., New York 1999.

Anspach, Toni: Vom Hippodrom in die „Gut Stubb" Festhalle, in: Ereignisse. Sport in der Region, hrsg. von Peter Rhein, Fritz und Michael Weber, Frankfurt a. M. 1993, S. 212-219.

Bähr, Johannes / Banken, Ralf / Flemming, Thomas: Die MAN – Eine deutsche Industriegeschichte, München 2008.

Balser, Frolinde: Aus Trümmern zu einem europäischen Zentrum. Geschichte der Stadt Frankfurt am Main 1945-1989, hrsg. von der Frankfurter Historischen Kommission, Sigmaringen 1995 (Veröffentlichungen der Historischen Kommission, Bd. 20).

Bauer, Thomas: Von Kenneln, Kranen und Kesseln. 100 Jahre Innung Sanitär Heizung Klima Frankfurt am Main 1898-1998, hrsg. von der Innung Sanitär Heizung Klima, Frankfurt a. M. 1998.

Bauer, Thomas: „Seid einig für unsere Stadt" Walter Kolb – Frankfurter Oberbürgermeister 1946-1956, hrsg. von der Historisch-Archäologischen Gesellschaft, Frankfurt a. M. 1996.

Bauer, Thomas: Frankfurter Waldstadion. 75 Jahre Sportgeschichte 1925-2000, hrsg. von der Stadion GmbH, Frankfurt a. M. 2000.

Bauer, Thomas: Für die Zukunft der Kinder. Die Geschichte der Frankfurter Stiftung Waisenhaus, hrsg. von der Stiftung Waisenhaus, Frankfurt a. M. 2004.

Bendix, Werner: Die Hauptstadt des Wirtschaftswunders. Frankfurt am Main 1945-1956, Frankfurt a. M. 2002.

Bermejo, Michael: Die Opfer der Diktatur. Frankfurter Stadtverordnete und Magistratsmitglieder als Verfolgte des NS-Staates, Frankfurt a. M. 2006 (Veröffentlichungen der Frankfurter Historischen Kommission XXIII).

Boelsen, Helmer: Didi und das Frankfurter „Jahrhundert-Ereignis", in: Ereignisse. Sport in der Region, hrsg. von Peter Rhein, Fritz und Michael Weber, Frankfurt a. M. 1993, S. 174-181.

Borig, Josef / Schaefer-Weiffenbach, Ph. (Bearb.): Offizielles Handbuch zum 28. Bundesfest des Deutschen Radfahrer-Bundes in Frankfurt am Main 4. bis 13. August 1911, Frankfurt a. M. 1911.

Brundert, Jürgen: Der Sportclub „Frankfurt 1880" e. V. Eine Frankfurter Jahrhundertgeschichte, Frankfurt a. M. 2002.

Drüner, Hans: Im Schatten des Krieges. Zehn Jahre Frankfurter Geschichte von 1914-1924, Frankfurt a. M. 1934.

Fischer, Otto: Neubauten auf dem Frankfurter Messegelände, in: Bauwelt (1952), Heft 20, S. 78-81.

Fladung, Georg: Zur Geschichte des Deutschen Arbeiter-Sängerbundes wie des Rhein-Maingaus, in: I. Gau-Sängerfest zu Frankfurt a. M. Pfingsten 1912, hrsg. vom Festausschuß, Frankfurt a. M. 1912, S. 6-13.

Frost, Reinhard: Adickes, Franz, in: Frankfurter Biographie, Erster Band A – L, hrsg. von Wolfgang Klötzer, Frankfurt a. M. 1994, S. 11-14 (Veröffentlichungen der Frankfurter Historischen Kommission XIX/1).

25 Jahre Frankfurter Messen, Ausstellungen und Veranstaltungen 1907-1932. Jubiläumsschrift, hrsg. von der Messe- und Ausstellungs-GmbH, Frankfurt a. M. 1932.

Gravert, F. W.: Frankfurter Hallen, in: Jahrbücher für Architektur (1984), S. 13-59.

Hansert, Andreas: Die Frankfurter Messe im Nationalsozialismus, in: Brücke zwischen den Völkern – Zur Geschichte der Frankfurter Messe, Bd. 2: Beiträge zur Geschichte der Frankfurter Messe, hrsg. von Rainer Koch und Patricia Stahl, Frankfurt a. M. 1991, S. 402-410.

Haver, Ursula: Am Straßenkreuz Europas. Frankfurter Messen und Ausstellungen in Vergangenheit und Gegenwart. Festschrift zum 50jährigen Bestehen der Messe- und Ausstellungs-Gesellschaft mbH, Frankfurt a. M. 1957.

Hochgesand, Dieter: Die Feste der Super-Stars Steffi und Boris, in: Ereignisse. Sport in der Region, hrsg. von Peter Rhein, Fritz und Michael Weber, Frankfurt a. M. 1993, S. 140-152.

Hoede, Roland: Frankfurter Internationale Messe – Neubeginn in der Ära Landmann, in: Brücke zwischen den Völkern – Zur Geschichte der Frankfurter Messe, Bd. 2: Beiträge zur Geschichte der Frankfurter Messe, hrsg. von Rainer Koch und Patricia Stahl, Frankfurt a. M. 1991, S. 388-401.

Hoffmann, Detlef: Die Weltkriegssammlung des Historischen Museums Frankfurt, in: Ein Krieg wird ausgestellt. Die Weltkriegssammlung des Historischen Museums (1914-1918), Frankfurt a. M. 1976, S. 63-74 (Kleine Schriften des Historischen Museums, Bd. 8).

Kaross, Christoph: Die Frankfurter Festhalle. Nachgereichte Würdigung des Planes und der Errichtung einer Ausstellungs- und Festhalle zu Frankfurt am Main aus Anlaß ihres 70jährigen Bestehens, hrsg. von der Messe- und Ausstellungs-Gesellschaft mbH, Frankfurt a. M. 1977.

Kingreen, Monica: Von Frankfurt in das KZ Dachau. Die Namen der im November 1938 deportierten Männer, in: „Nach der Kristallnacht" Jüdisches Leben und antijüdische Politik in Frankfurt am Main 1938-1945, hrsg. von Monica Kingreen, Frankfurt a. M., New York 1999, S. 55-90. (Schriftenreihe des Fritz Bauer Instituts, Bd. 17).

Klötzer, Wolfgang: Franz Adickes 1846-1915, in: Männer der deutschen Verwaltung. 23 biographische Essays, Köln, Berlin 1963, S. 245-259.

Knopp, Heino: Kilius/Bäumler – Traumpaar auf dem Eis, München 1964.

Koch, Rainer: Franz Adickes, in: Geistesgeschichte im Spiegel einer Stadt. Frankfurt am Main und seine großen Persönlichkeiten, hrsg. von Günther Böhme, Frankfurt a. M. 1986, S. 101-121.

Kolb, Walter: Tätige Stadt Frankfurt, Frankfurt a. M. 1949.

Kromer, Joachim: Bad Soden am Taunus. Leben aus den Quellen, hrsg. vom Magistrat der Stadt, Bad Soden 1990.

Kutscher, Markus: Geschichte der Luftfahrt in Frankfurt am Main. Von Aeronauten und Jumbo-Jets, Frankfurt a. M. 1995.

Lerch, Gustav K.: Frankfurt am Main im Luftkrieg 1942. Pfadfinder und Christbäume, Frankfurt a. M. 1998 (Typoskript im ISG).

Magistrat der Stadt Frankfurt (Hrsg.): 1945-1965 Frankfurt am Main. Ein 20-Jahresbericht der Stadtverwaltung, Frankfurt a. M. 1965.

Marshall, Horst Karl: Friedrich von Thiersch. Ein Münchner Architekt des Späthistorismus 1852-1921, hrsg. von der Architektursammlung der Technischen Universität München, München 1982.

Messeamt: Frankfurt am Main. Die Stadt der Messen und Ausstellungen. Ein Rückblick und Ausblick anlässlich des Richtfestes auf dem Messegelände am 28. Februar 1950, hrsg. von der Messe- und Ausstellungs-GmbH, Frankfurt a. M. 1950.

Modlinger, Josef: Das Frankfurter Messe- und Ausstellungswesen im Jahre 1929, in: Der Bund (1929), Heft 6, o. S.

Modlinger, Josef / Sutter, Otto Ernst: Vorschläge für ein Messebauprogramm. Messeneubauten und Schulenersatz, hrsg. vom Messamt, Frankfurt a. M. 1920.

Müller, Helmut M.: Schlaglichter der deutschen Geschichte, Mannheim 1996³.

Neumann, Herbert: Stolzes stolze Begrüßung: Wir haben noch nie uns lumpen lassen. Viermal – 1880, 1908, 1948 und 1983 – war Frankfurt als Turnfest-Stadt ein allseits gelobter Gastgeber, in: Ereignisse. Sport in der Region, hrsg. von Peter Rhein, Fritz und Michael Weber, Frankfurt a. M. 1993, S. 192-211.

Pohl, Helmut: Vom Hippodrom zur Festhalle. Kleine Geschichten um die großen Frankfurter Reit-Turniere, in: Internationales Reitturnier Festhalle Frankfurt am Main (Programmheft), hrsg. vom Frankfurter Reit- und Fahr-Club e. V., Frankfurt a. M. 1967, S. 21-28.

Rebentisch, Dieter: Frankfurt am Main in der Weimarer Republik und im Dritten Reich 1918-1945, in: Frankfurt am Main. Die Geschichte der Stadt in neun Beiträgen, hrsg. von der Frankfurter Historischen Kommission, Sigmaringen 1991, S. 423-519.

Rebentisch, Dieter: Ludwig Landmann. Frankfurter Oberbürgermeister der Weimarer Republik, Wiesbaden 1975.

Rödel, Volker: Ingenieurbaukunst in Frankfurt am Main 1806-1914, Frankfurt a. M. 1983.

Roeckle, Franz: Bebauungsstudie für das Festhallengelände, Frankfurt a. M. 1920.

Roth, Ralf: Gewerkschaftskartell und Sozialpolitik in Frankfurt am Main. Arbeiterbewegung vor dem Ersten Weltkrieg zwischen Restauration und liberaler Erneuerung, Frankfurt a. M. 1991 (Studien zur Frankfurter Geschichte, Bd. 31).

Roth, Ralf: Stadt und Bürgertum in Frankfurt am Main. Ein besonderer Weg von der ständischen zur modernen Bürgergesellschaft 1760-1914, München 1996 (Stadt und Bürgertum, Bd. 7).

Scherzer, Hartmut: Alis Flucht zum Geldverdienen führte auch an den Main, in: Ereignisse. Sport in der Region, hrsg. von Peter Rhein, Fritz und Michael Weber, Frankfurt a. M. 1993, S. 35-42.

Schiefelbein, Dieter: „Reichskristallnacht" in Frankfurt am Main. Eine Skizze, in: Pogromnacht und Holocaust. Frankfurt, Weimar, Buchenwald... Die schwierige Erinnerung an die Stationen der Vernichtung, hrsg. von Thomas Hofmann, Hanno Loewy, Harry Stein, Weimar, Köln, Wien 1994, S. 32-57 (Schriftenreihe des Fritz Bauer Instituts, Bd. 5).

Schmeling, Max: Erinnerungen, Frankfurt a. M., Berlin, Wien 1977.

Steen, Jürgen / Wolzogen, Wolf von: „Die Synagogen brennen...!" Die Zerstörung Frankfurts als jüdische Lebenswelt, Frankfurt a. M. 1988.

Thiersch, Friedrich von: Die Ausstellungs- und Festhalle der Stadt Frankfurt a. M. Denkschrift zur Feier der Einweihung im Mai 1909, Frankfurt a. M. 1909.

Thiersch, Friedrich von / Lömpel, Heinrich: Das Ausstellungsgelände zu Frankfurt a. M. Eine Studie für die bauliche Entwicklung des Gebietes der Ausstellungs- und Festhalle, Frankfurt a. M. 1920.

Thiersch, Hermann von: Friedrich von Thiersch. Der Architekt 1852-1921, München 1921.

Timpe, Stefan: Friedrich von Thierschs Frankfurter Festhalle. Zur Wiederherstellung ihres äußeren Erscheinungsbildes, in: Denkmalpflege & Kulturgeschichte (2008), Heft 2, S. 9-17.

Tüffers, Bettina: Der Braune Magistrat. Personalstruktur und Machtverhältnisse in der Frankfurter Stadtregierung 1933-1945, Frankfurt a. M. 2004 (Studien zur Frankfurter Geschichte, Bd. 54).

Ulzheimer, Heinz: Eigene Erinnerungen und auch vom Hörensagen, in: Ereignisse. Sport in der Region, hrsg. von Peter Rhein, Fritz und Michael Weber, Frankfurt a. M. 1993, S. 299-308.

Volze, Andreas (Hrsg.): Turn-Ordnung für das 11. Deutsche Turnfest, Frankfurt a. M. 1908.

Weber, Fritz / Welcker, Fritz: Das Duell der „Frankfurter Kinner" in ihrer Heimatstadt, in: Ereignisse. Sport in der Region, hrsg. von Peter Rhein, Fritz und Michael Weber, Frankfurt a. M. 1993, S. 225-229.

Wolzogen, Wolf von: Soziale und kulturelle Voraussetzungen zum Neubeginn der Frankfurter Messe 1948 – Kontinuitäten und neue Konzeptionen, in: Brücke zwischen den Völkern – Zur Geschichte der Frankfurter Messe, Bd. 2: Beiträge zur Geschichte der Frankfurter Messe, hrsg. von Rainer Koch und Patricia Stahl, Frankfurt a. M. 1991, S. 411-430.

Wolzogen, Wolf von: Die Frankfurter Messe heute – 35 Messen hat das Jahr, in: Brücke zwischen den Völkern – Zur Geschichte der Frankfurter Messe, Bd. 2: Beiträge zur Geschichte der Frankfurter Messe, hrsg. von Rainer Koch und Patricia Stahl, Frankfurt a. M. 1991, S. 431-452.

Bildquellennachweis

Associated Press GmbH 173

Butz, Else und Paul 44 (oben)

Frankfurter Neue Presse (Archiv) 147-149, 151 (re.), 154, 155, 158, 168, 177 (oben), 188

Frankfurter Sportmuseum 33 (unten), 37 (unten), 45 (unten), 47, 48 (oben), 126 (re.), 127 (oben), 128 (re.), 144, 150, 151 (li.)

Frömelt, Helmut 11, 40-43, 46 (unten), 48 (unten), 50 (unten), 61, 73, 75, 82, 84 (li.), 87, 90, 116, 125 (re.), 139, 153, 157, 161, 170 (oben), 176, 177 (unten), 181 (li.)

Herber, Günter 36 (oben)

Historisches Museum Frankfurt 6-8, 31, 54, 70, 78

Institut für Stadtgeschichte, Frankfurt a. M. 12, 18, 24, 28, 35, 49, 50 (oben), 55, 56, 60, 62-64, 68, 74, 76, 77, 81, 85, 86, 100, 102, 103, 105, 107, 110-115, 119 (unten), 121, 123, 128 (li.), 130, 135-137, 140, 143

Koelbl, Herlinde 4

Messe Frankfurt GmbH 3, 5, 10, 14-16, 20-23, 26, 27, 30, 32-34, 38, 44 (unten), 46 (oben), 51, 52, 58, 65, 67, 69, 72, 83, 84 (re.), 92-94, 98, 104, 106, 109, 118, 119 (oben), 120, 122, 124, 125 (li.), 126 (li.), 127 (unten), 129 (re.), 131-133, 138, 142, 146 (li.), 152, 156, 160, 162-167, 169, 171, 172, 174, 179, 180, 182, 184, 186, 187, 208

MLP Finanzdienstleistungen AG 170 (unten)

motion events GmbH 181 (re.)

Stadtarchiv München 22 (oben)

Städel Museum (Ursula Edelmann/ARTOTHEK) 19

Wygoda, Hermann 134

Wir haben uns bemüht, die Rechteinhaber der einzelnen Abbildungen festzustellen. Bei versehentlich nicht berücksichtigten Ansprüchen bitten wir um Benachrichtigung.

Danksagung

Das vorliegende Buch ist keine Einzelleistung. Mitarbeiter der Messe Frankfurt haben bei der Entstehung mitgeholfen. Karin Blasczyk, Marketingreferentin der Festhalle hat als Koordinatorin des Buchprojekts für einen reibungslosen Ablauf gesorgt. Veranstaltungstechniker Helmut Frömelt, der die Festhalle wie seine Westentasche kennt, nahm an der Entstehung des Jubiläumsbuchs regen Anteil und gab wertvolle Hinweise. Aus der über Jahre von Frömelt aufgebauten Privatsammlung stammen zahlreiche Vorlagen der in dem Band abgebildeten Illustrationen. Messe-Archivar Peter Kerwien hatte für Fragen und Wünsche jederzeit ein offenes Ohr und stellte die Schätze aus der Geschichte des Unternehmens zur Verfügung. Über die von 2003 bis 2007 betriebene denkmalgerechte Rekonstruktion der Festhalle informierte Diplom-Ingenieur Marc Legg, Fachreferent im Baumanagement der Messe Frankfurt.

Im Institut für Stadtgeschichte sorgte die Leitende Direktorin Dr. Evelyn Brockhoff trotz der anhaltenden Sanierungsarbeiten für optimale Arbeitsbedingungen. Die Fotografen Ursula Seitz-Gray, Michael Schmidt (ISG) und Horst Ziegenfusz (HMF) steuerten die Abbildungsvorlagen bei. Astrid Auktor und Sybille Wilhelm gaben dem Text den letzten Schliff. Peter Sauer und die Messe Frankfurt Medien und Service GmbH haben aus dem vorgelegten Text- und Bildmaterial ein schönes Buch gemacht. Ihnen allen danke ich.

Frankfurt am Main, im Mai 2009
Thomas Bauer

Der Autor

Dr. Thomas Bauer promovierte 1997 nach Geschichtsstudium und Museumsvolontariat in Frankfurt am Main. Als freiberuflicher Historiker hat er zahlreiche Bücher und Ausstellungen zur Stadtgeschichte realisiert und an der zur 750-Jahr-Feier der Frankfurter Messe im Historischen Museum gezeigten großen Ausstellung „Brücke zwischen den Völkern" mitgewirkt. Bauer ist Mitglied der Frankfurter Historischen Kommission und gehört dem Denkmalbeirat der Stadt Frankfurt am Main an.

Kehraus in der Festhalle.
Fotografie von Norbert
Miguletz, 2002